名家访谈录系列

智性的拷问

当代文化理论大家访谈集

生安锋 编著

Zhixing De Kaowen

北京大学出版社
PEKING UNIVERSITY PRESS

图书在版编目(CIP)数据

智性的拷问:当代文化理论大家访谈集/生安锋编著. —北京:北京大学出版社,2010.1

(名家访谈录系列)

ISBN 978-7-301-16218-7

Ⅰ.智…　Ⅱ.生…　Ⅲ.文化理论-文集　Ⅳ.G0-53

中国版本图书馆 CIP 数据核字(2009)第 206904 号

书　　名:智性的拷问——当代文化理论大家访谈集

著作责任者:生安锋　编著

责 任 编 辑:艾　英

封 面 设 计:奇文云海

标 准 书 号:ISBN 978-7-301-16218-7/G·2738

出 版 发 行:北京大学出版社

地　　址:北京市海淀区成府路 205 号　100871

网　　址:http://www.pup.cn　　电子邮箱:pkuwsz@yahoo.com.cn

电　　话:邮购部 62752015　发行部 62750672　出版部 62754962

编辑部 62752022

印 刷 者:北京宏伟双华印刷有限公司

经 销 者:新华书店

650mm×980mm　16 开本　16.75 印张　300 千字

2010 年 1 月第 1 版　2010 年 1 月第 1 次印刷

定　　价:30.00 元

目　录

霍米·巴巴访谈录[①]

编者按:当代欧美后殖民理论思潮的代表性人物、美国哈佛大学安娜·罗森伯格英美语言文学讲座教授霍米·巴巴(Homi K. Bhabha)应邀于2002年6月下旬访问了北京清华大学,除了在由清华大学外语系和比较文学与文化研究中心共同主办的"清华—哈佛后殖民理论高级论坛"上作主题演讲外,还于6月26日在该校作了一次公开演讲。在繁忙的学术活动之余,巴巴接受了笔者的访谈。在访谈中,巴巴教授追溯了自己所受的学术影响和学术渊源,指出了后殖民理论与马克思主义的关联,阐释了自己对全球化和民族主义的理解,根据自己的切身体会剖析了身份认同问题,他极力倡导保障公民的叙述权,提出了作为一种后殖民主义策略的"少数族化",也涉及了后殖民主义文论中语言的复杂性问题等。

一、后殖民性、全球化和文学的表述

问:巴巴教授,在您的作品中,您多次提到弗朗茨·法侬、沃尔特·本雅明、雅克·拉康、雅克·德里达、米歇尔·福柯、F. 詹姆森、S. 弗洛伊德、爱

① 本访谈作于2002年6月,地点在北京友谊宾馆。因篇幅太长,故分两次分别发表于:《南方文坛》2002年第6期,题为《后殖民性、全球化和文学的表述——霍米·巴巴访谈录》;《外国文学》,2002年第6期(总第179期),题为《后殖民主义、身份认同和少数人化——霍米·巴巴访谈录》。今合为一篇,原标题分别为现在的两个副标题。2009年初,霍米·巴巴教授又对本访谈的英文版作了一些调整和补充,并发表于国际上著名的文化研究刊物*A Review of International English Literature*, Vol. 40, No. 1, 2009。因此,本文也根据其最新英文版作了相应的补充和调整。

德华·萨义德、M.M. 巴赫金等思想家的理论和作品;在作家中,您似乎对陶妮·莫里森、茹什迪、康拉德、福斯特、高第莫尤其感兴趣。能否谈谈他们都是怎样影响您的?

答:我想你给出了对我产生过影响的一份名单,但是要想分析他们每个人对我的影响是非常困难的,因为影响不能被看做是施加给你印象的一堆作品,就像是某种未被打断的理想化叙事。通常的情况是,当你在思考中遇到问题时,你就去读某个人的作品,因此,影响不是一条思想的河流,却更像一种解决问题的活动,更像是对你自己的或者别人思想的一种调解和干预。所以说,影响更像是网络,而不是整体性的思想传统。不过,还是让我试图谈谈你所提到的一些人物。

首先你说到弗朗茨·法侬。我对法侬感兴趣是因为:他在理解任何形式的政治能动体(agency)或社会能动体时,注意到了心理、心理幻想和心理分析的整体问题。你也知道,法侬是殖民领域中最早的思想家之一,在他的著作《黑皮肤,白面具》中,他直接引用过拉康的作品。众所周知,拉康是一个相当复杂的思想家。法侬既是一个政治上的积极活动者,又是一位心理分析治疗专家,因此他对于拉康的引用就特别使我感兴趣。我对于法侬的兴趣在于他坚持认为:在试图探讨反殖民主义、民族主义、独立或者任何此类的政治行为时,欲望、无意识、梦、精神病理学等应该得到阐释说明。

拉康的作品对我来说很重要,这是因为拉康对主体性的整体性(the totality of subjectivity)和主体性的主权(the sovereignty of subjectivity)都提出了质疑。在拉康的著作中,只有在出现于一种依存/从属关系——即通过他性,通过拉康所谓的"他者"而处于一种从属化关系中时,主体才成其为主体。对拉康来说,主体总是通过一种神秘而不可把握的情境,即他所谓的*object petit a*,被构筑起来的。因而,主体不是被构筑成一个整体的人,不是作为一个整体性,不是作为一个个体,而是作为一系列或一套转喻性的关系,拉康的主体是一个网络。现在,殖民文学中一个有趣的现象是这样一个观念:殖民地主体总是依附性的主体,他们感觉自己从属于西方中心论的或欧洲中心论的霸权思想,他们从属于欧洲中心主义。精神分析作品和拉康著作中的依附或从属化,是有别于而且也绝不能被认为是类似于如下观念的:一个在文化价值和政治地位上依赖于西方或殖民社会的依附性殖民地主体。拉康的从属化或依附,与殖民地政治场景中的依附不应该被看做是相似的。

然而,让我感兴趣的是,殖民地人民被殖民以后,出现了对于殖民权力和殖民文化的依附;但是通过被殖民的经验,被殖民者也开始解构欧洲中心论的思想。他们开始解构这些欧洲中心论思想,是因为他们意识到西方关于自由、主权和自由主义的主张是多么的肤浅、多么的成问题。殖民地人民意识到,在18和19世纪,欧洲一方面把自己看成是自由和创造性等理想的化身,但与此同时这同一个欧洲却制造了殖民帝国的历史。有些西方人获得了现代性,而殖民地人民则被殖民化,失去了自由。西方的人民变成了公民,而殖民地人民却变成了悲惨的臣民(subject)。因此,看见那些最有洞察力的殖民地人民,从与强权相关的过度心理依附这一立场出发,运用他们自己的经验去理解欧洲中心论的启蒙理想的局限性、缺点和自恋情结,是非常有趣的。

我对雅克·德里达的作品感兴趣,尤其是因为他给了写作的整体行为本身——即他所说的"*écriture*"——一种能动力(a sense of agency)。写作并非某种从属性的新闻报道,写作是构成一种主体感,一种文本感、社会感的东西。他能够将写作问题带入建构我们的理想、生活世界或社会文本的中心。进一步说,德里达的作品之所以让我感兴趣,是因为他认为:在社会世界对意义的表述中,没有透明性,没有必要的共时性,因此,只有通过中介(mediation)、通过他所谓的"异延"(*différance*)、通过"时间滞后"(time-lag)、通过"移位"(displacement),意义才能够被构成。这当然又在殖民地文化中引起了特别的共鸣,因为在一种殖民地文化中,总是有这样一种感觉:在与主宰你的、施予权力的霸权殖民文化的关系中,你自己的历史位置总是被移位的。我发觉这种思考殖民地文本中的"异延"或者"延缓"的方式是非常有趣的。

至于福柯,简而言之,他的重要性在于,所有的话语都是关于授权(authorization,委任、核准)的,所有的话语无一不是被隐含在权力斗争中的。所以,任何立场,甚至包括最无力的立场,也都固有地、潜在地具有抵制的可能性。福科将权力与抵抗或者主权与从属性之间的关系,看成是处在一种暧昧不明的论战性的关系中,看做是一场围绕着权威和关于作者资格的斗争，而不仅仅是政治权威，相反，在表述的领域内，也是关于作者资格的问题；福科这种看法使其作品具有了一种不可抗拒的吸引力。显而易见，我不可能分析你提到的所有的思想家，尽管你提到的其他思想家对我来说也很重要。但我已经试图解释了这些思想家的影响，他们彼此之间是如何相互交叉、相互影响的，以及他们与我对殖民地文本和殖民地状况的阐释是如何相互影响的。

你所提到的作家如陶妮·莫里森、茹什迪、康拉德、高第莫（Nadine Gordimer, 1923— ）、瑞驰（Adrienne Rich, 1931— ）等等，都是我所感兴趣的作家，但要深入地讨论他们，一次访谈恐怕是远远不够的，我只能泛泛地谈一下他们。他们都对少数族化问题、差异问题、国家对许诺的民主未加以兑现等问题感兴趣。他们感兴趣于那些局外人的经验。那些人被排除在外，要么是因为性别，要么是因为种族的缘故；更重要的是，这些作家都致力于发现那些能够反映这些问题的叙述结构。他们运用叙述来从事历史表述的工作，而且并不仅仅创造出或者为读者提供一种社会现实主义，他们离开了更加透明、更加稳妥的现实主义的文类传统，转而采用了一种复杂的叙述结构，这就使读者能够以演现的（performative）方式参与其中，思索他们生活中的复杂的道德问题。

就以陶妮·莫里森的《娇女》为例。那个做奴隶的女人主动杀害了自己的孩子，这在历史上被看做是一种主动的绝望行为，因为在当时的奴隶统治下，当奴隶母亲在地里干活时，奴隶主不让她有充足的时间给孩子喂奶，那时的婴儿死亡率非常高。我是通过研究奴隶制度下的婴儿死亡率发现这一点的。因此，母亲并不主动杀死他们的孩子，但她们常常让她们的婴儿在出生之后就很快死去，而不是让这些孩子长大后又因饥饿和无人照管而死去，因为奴隶主不允许女奴抚养孩子。莫里森的叙述本来能够使故事中这位名叫赛萨的奴隶母亲成为一个英雄、一个女英雄，让她通过杀死自己的孩子将其从生不如死的奴隶制种植园生活中解放出来。但是，陶妮·莫里森极富挑战性又很成功地拒绝了这种做法。她将那个死去的孩子塑造为一个幽灵，把她重新引入故事场景，返回到母亲所生活的世界里，并不住地责备杀死自己的母亲。她说："你杀了我。我是你的孩子。你让我怎么相信你呢？"对于陶妮·莫里森所作的安排，我不可能给出一个圆满的解释，但是，她做了两件事。首先,在极其复杂的奴隶制传统中,虽然母亲杀死孩子是为了孩子的解脱,为了把孩子从确定无疑的死亡、从一种悲惨的未来的死亡中解脱出来,孩子仍旧不能理解妈妈为什么要杀死她。结果是,当历史实际发生时,莫里森不允许历史去简化各种复杂的思想、感情和各种伦理选择。通过这样的安排,莫里森还暗示我们,即便是像赛萨这样的奴隶制的受害者,也要质问自己的行为、反思自己的选择,而不论作出这种选择和这种行为时的历史状况是怎样的。这样,陶妮·莫里森就表述了一种十分艰难的自由;我说过,比较容易的做法是将赛萨描写成一个受虐待的奴隶,她通过杀死自己的孩子,将其从奴隶制的痛苦、从奴隶制下的必然死亡中解救出来。但是陶妮·莫里森却通过自己的安排指出,只有当受害者开始质问自己的行为(尽管这种行为是产生于不公平的制度如奴隶制,是由这种制度造成的)时,只有通过反思这些行为,受害者才能找到自己的能动性,才能找到自己的自由。自由不可能由别人给予受害者。自由更是一种内里的过程,一种从内里反思并寻找能动性源泉的过程。

问:我有个问题,是关于将西方定义为一个同质性的实体,与被殖民者形成对比;被殖民者不得不找到一条途径,去解构欧洲中心主义。我认为事情会更复杂些,在西方内部,与殖民主义有关的问题也有很多。我必须从历史主义的角度将西方看得复杂一些,因为你谈到自由和民主等各种启蒙主义遗产。从历史上看,西方对自己的看法总是很成问题的。

答:我完全同意你的看法。这也是我为什么将它称作自恋情结。这是西方的自恋情结。当然,即便是在奴隶制建立之初,就有西方人反对奴隶制。西方也不是铁板一块的,西方同其他地方一样的复杂,也是在社会方面和道德方面协商的结果。但是欧洲国家在积极地进行殖民的时候,就重写了自己的历史,产生了霸权。西方将这种强权和影响强加于殖民地人民,而有过这种经历的殖民地人民就能够揭露西方内在的矛盾。

问:这就是你所说的“模拟”(mimicry)。

答:绝对正确。感谢你指出这一点。

问:马克思主义也强烈反对殖民主义,对于你对马克思主义的看法,学界有着不同的看法。能否谈谈你的理论与马克思主义之间的关系？

答：在20世纪或21世纪，一个人如果不受到马克思的影响，就不能成为一个批判性思想家，这一点是非常清楚的。原因有很多，我认为最重要的一点是，马克思主义理论从意识形态觉悟的层面上解释了物质条件的中介（功能）。你可以同意马克思关于意识的观念，也可以不同意。而非常有意思的是，从某种意义上说，弗洛伊德可以算是马克思距离较近的同代人，虽然他实际上比马克思要晚许多，但也可以被看做是那个时代伟大的思想家。弗洛伊德将无意识复杂化了，他在意识的层面上引入了差异、幻想、移位的原则，而这是马克思没有做过的。现在，人们应该将“中介理论”（“theory of mediation”）归功于马克思，当然，马克思在某种程度上也从黑格尔和其他思想家那里吸取了辩证法的思想，这些都是非常重要的贡献。

然而，较为宽泛地说，马克思主义理论聚焦于阶级差异问题，而我对殖民和少数族化的兴趣则提出了一整套形式完全不同的社会差别和社会歧视问题——种族、性别、世代、地缘政治运动、移民等，我现在将它们总称为一种社会性的少数族化过程；根据马克思主义者的观点，它总是处在从属于阶级的位置上。我努力地将阶级经验民主化（如果可以这样说的话），我认为阶级是社会差别的因素之一，它必须被置于一种与各种其他因素的阐释关系中来加以解读。故此，我热衷于葛兰西的伦理观念与政治观念。因为我认为，通过葛兰西的这些观念，我们会有机会将阶级置于与社会差异的其他形式的关系中，并重新阐释出政治能动性的问题。

我想我要强调的另一个问题是历史和社会事件中的偶然性（contingency）问题。马克思主义是一种更加倾向于关心决定论式的因果关系的话语，而我实际上更着迷于偶然性在建构历史局面和意义丛（constellations of meaning）中的位置及其运作方式。我还关心无意识在建构政治理性和社会理性中的整体位置；我也同样关心表述的地位，关心社会意义的指号过程（semiosis，逻辑上或者语言学上指语言或非语言起记号指代作用的过程）问题，社会意义的指号过程是创造任何历史运动或历史事件的重要参与者。所以说马克思主要强调生产的客观条件，而我同时也感兴趣于将其与文化再生产、社会再生产和主体化（subjectification）进行关联。

问:近来看您的作品、听您的讲座,发觉现在您似乎对全球化比以前更感兴趣了,能谈谈这种新动向吗?

答:我想这不是一个新转折。是的,我近来开始谈论全球化话语,上个星期也在台湾和清华大学谈起这一话题。我阐述了思考全球化的各种概念性、历史性和社会性的测度方法。但我想我对全球化的兴趣、对当前全球化的兴趣,真正来自于我意识到殖民、奴隶制和契约制的全球性体制。你知道,今天人们都沉迷于新技术,如互联网,这些新技术给了我们与世界各地的联系一种几乎是瞬时速度和加速度的感觉。作为文化批评家,我们为商品的流通而感到惊奇;我们已经意识到国家经济刚刚开始的去国有化(denationalization);我们不断地朝着新型的世界主义奋进。但我也想到,殖民化、轮船远航的发展、电报电话的发明等所有这一切在那时都与今天的新技术一样,是先进的技术进步。我并不是想厚古薄今,但在我对全球化问题的研究中,我想将这二者联结起来,我想更深刻地意识到当代全球化的某种历史记忆,因为我对公民身份(citizenship)这一当代问题颇感兴趣。

有关公民身份的种种问题不但与少数族、流亡者、散居者、移民、被边缘化者和下层民众相关联,它们还以其他方式与那些或许将自己视为多数族的人相关联。公民身份对全球化提出的问题,或者说一系列问题,确实是非常深刻的,因为我们愿意这样看待全球化:它开创了一种更加跨民族的生活方式,或者至少是开创了这种可能性;它使得一整套交换成为可能,不论是金融交换、智力交换,还是其他等等。但与此同时,我们也意识到社会上存在的深刻的不平等,既有资源方面的不平等,也有获取资源的方式方面的不平等。

所以我对全球化的兴趣实际上在于这些无法解决的问题,在于全球化强调现代社会中的断裂的方式,而公民资格是一个非常好的例子,它可以说明你是如何归属和不归属的,它可以展示在一个人们移动更加频繁的世界上,家的感情和情愫是怎样的。我认为这对我来说是一个相当重要的问题,因为,公民资格对我而言是公众行动的可能性。我是说公民资格是一种形式的能动性,它让我们能够在不同形式的社群中彼此共存,也让我能够在任何给定的时刻在公众领域内采取有意义的行动,建构起公众领域。

在我回答这个问题、强调公众领域和公民资格时,还有另外一整套有关公民资格的文本，即一整套有关归属的问题：你如何归属、如何与传统相关联的问题。所以对我而言，公民资格确实强调并且包含了当代全球化内部的种种紧张。如果我们只是将全球化当做一个巨大而无法测度的神秘现实来思考，那我们就容易花费很多时间描述、再描述这种被称为全球化的东西；但如果我们将谈论公民资格或者少数族化当做一种途径，当做测度全球化的尺度之一，那么，我们就会立即面对当前对全球性生活的声称中的所有复杂性和不连续性。

问：这是一个全球化的时代，地方性的闭关自守已经让位于对外开放，如中国自20世纪70年代末80年代初开始的改革开放。原来的国家文化或民族文化受到不同程度的冲击，传统的思想也变得更加复杂化。这种现象引起许多国家的知识分子奋而强调传统文化和民族主义。您是怎么看待这股民族主义新潮流的？它是健康的呢，还是有害的？或者说对这一问题我们应该区别对待，我是说在一些以前受到过殖民统治的国家或地区，那里的人民需要加强他们受到伤害的民族自尊，恢复民族信心，增强建设祖国的动力。同时，也请您谈谈文学与民族主义的关系。

答：首先文学与民族主义的关系问题是一个被很多人谈论过的话题。我想我可能没有什么很新的见解。这里我只想说三点。

一是为争取民族解放而进行的斗争，无论是在印度、安哥拉，还是在非洲的其他地方或者是在加勒比海地区，在争取独立的斗争中——甚至可以追溯到费希特对德国人民所作的发言——文学扮演了一个非常重要的角色，因为文学有一种团结人民的力量，文学将人民当做一个群体并用民族语言对之发言。这当然是费希特所提出的先驱性思想。因此如果民族语言是一个重要问题，是民族主义的一个重要构成条件的话，那么文学界人士、诗人、作家，甚至包括那些编写歌曲和创作国歌的人，都体现着民族语言；这种民族语言从某种意义上来说激起了热情——也就是为独立和国家而战的群体的民族主义热情。这是思考文学与民族主义关系的一种方式。

另一种思考文学与民族主义关系的方式就不是那么志向远大了。这就是用文学来建构民族正典，而这种正典又将其他少数派的声音排除在外。

思考文学与民族主义关系的第三种方式是将我们的注意力转向大学和

研究院,这里的民族主义并不完全是民族主义(虽然也可能是),但主要是民族在文学中的位置。大学是重要的,因为大学是年轻人接触、接受新思想的实验室,他们将带着这些新思想踏上世界;在这种语境中,文学经常在按照民族起源界定的各系部被教授。所以说,常常是民族主义建构了文学系,甚至建构了整个研究院。在比较文学系内,传统上情形也没有多大的区别,因为他们所做的一切就是建构起一副更大的地区地图,在那里,民族国家发挥着同样具有决定性的影响。比较文学通常是关于一种民族文学与另一种民族文学的关联。这就是我思考文学与民族主义、文学与民族性关系的一些方式。

你的第二个问题是关于战后某种仇外主义和民族主义的再度复兴,如在很多国家市场自由化以后出现的这种再度复兴。关于这一方面,也有很多人探讨过了。在两个超级大国间的双极安全体系坍塌之后,第二世界中的很多国家开始遇到了认同这一严重问题。很长时间以来,它们自己的民族意识,被压制到一种更加广泛的冷战心理状态中去。有些国家透过美国看自己,有些国家则透过俄罗斯或苏联看到自己的影像。当整个包容性或框架性的结构倒塌之后,有很多国家失去了方向感,当它们失去方向感后,它们试图通过我所谓的“不可救药的民族主义”(impossible nationalisms)来认识自己,这时的民族主义已经不再像19世纪的民族主义那样具有进步性,不再具有建构国家的历史有机性。这种民族主义通常是只能通过种族清洗和暴力来表达自己的民族主义,它们的民族主义有时候只能通过不进步的方式来表达它们的领土本能,但实际上这些方法只不过是允许它们通过破坏他人的身份来确认它们自己的身份。于是这种非常狂热的、排外的、暴力的和反动的民族主义开始出现。

对于民族主义,目前我所谈论的更多的是政治状况,但我想补充的一点是,经济状况和文化状况也有可能产生出一种夸张的并且经常是危险的民族主义感。试举一例。印度市场的自由化与印度民族主义的卷土重来是否是偶然的巧合?(我用问句的形式提出来,因为我自己对这种现象的了解也不透彻。)我的意思是,尽管我不是该领域的专家,但我们还是可以提出这种观点的。当印度的市场被自由化以后,当印度的自由市场变得更加建制化之后,有人感到印度应该会从自由市场局势中获益。有一种感觉——

我不是说这是一种真正意识层面上的感觉——即:在努力重新界定一个自由市场的世界时,为什么不能更将其认作是一个印度民族?我的意思是说,就印度而言,这也可能是对国家和自由市场的益处的一种重新定义。当然,这是因为,在印度市场的自由化之前,就一直有某种现世主义和社会主义,这种意识试图不去强调印度人和穆斯林之间的群体性差异,而试图去铸造一个更大的自由的民族身份。很多因素导致了这一运动的失败。印度的联邦结构整体是非常非常脆弱的。在印度锡克教徒和南部印度之间一直存在着紧张局面。印度内部存在这些脆弱性。我不是说市场的自由化是这场运动失败的唯一原因,而是说,这种市场局势或许只是问题的一个方面,这种局势似乎只强调一种自由市场的观念和一种将个人作为市场上的一个行为者或者一个能动体的观念。或许,市场所处的这种情形(它以前有社会主义和计划经济的历史),也可能激活一种种族中心主义的、仇视外族的印度民族主义。因此,在将主导性文化和主导性宗教建构为一种多数派的民族主义的欲求和市场本身被自由化的时间之间,或许有某种关联,以至于那些自认为是定义民族人口的那些人,都极力寻求对市场的控制。

问:您提到过您对诗很感兴趣,在6月26日演讲的最后,您的话语也抑扬顿挫,感情丰富,颇有诗的感染力,我想这不应该是偶然的。请问您为什么喜欢诗?对诗的欣赏和喜爱与您的文学文化批评事业有什么重要关系?

答:这个问题太大了。诗对我而言一直是非常重要的。我对诗一直就很感兴趣。在我还是个年轻学者和学生时经常写诗。我一直对诗形式的简约经济和诗的委婉很感兴趣,如果一首诗非常直白,那它就失去了诗的意义。诗几乎可以说是通过它省去的东西来定义的。你所省去的赋予你所写下的以更大的力量。

诗对我来说似乎有很多的用途,它可以起到很多公众的、政治的作用。诗不仅仅是一种褫夺性的(privative)的艺术,诗的挑战性在于强迫你去寻找一种表达思想或者感情的形式,一种你在日常生活更加现实的力量中不能、也没有经验到的形式。我的意思是,在诗这种媒介中,你无法像在其他现实性文体中那样制造出言语行为。在小说写作中,你实际上可以创造出一种参照感(a sense of reference)、一种叙述感,它给你这样的印象,即你正在做的正是表述现实。但是,从现象学的意义上来讲,诗不是关于表述现实的。

这个问题很复杂。我认为这不是一个很好的回答。因为从哲学上看,这是个很复杂的问题……最后这个问题是关于参照和诗的写作的,我确实需要认真思考。但我想确实可以这样说:如果你写一本小说,它似乎可以给人以这样的印象——它与外部的世界有着参照性的关联,而多数的诗呢,即便是非常死板教条的诗,通过其形式的技巧,总是提出它自己的代理问题。

二、后殖民主义、身份认同和少数族化

问:您是印度人,后来到英国留学,现在又在西方的学术中心——美国哈佛大学从事教学和研究,学术界的人士一般都很关心您的身份问题,请问你是怎样处理多重身份认同问题的?

答:身份认同是一个国际性的问题。它与不同种类的机构有关,与形成一个人的生活网络的各种日常行为有关。说起我的认同,我认同于某些特定的专业性项目和知识性项目,它们对我而言是我在美国能做的最合适的事。一般说来,由于我所感兴趣的很多问题,在美国的知识界、文化界和学术界也都是非常重要的,所以在这些方面我感到相当舒心。但是,由于我一生中有很多时间都是在印度和欧洲度过的,因此我与美国的政治领域的认同就没有那么迅速,那并不是一个我急于认同的领域。我理解它,我也知道理解它是非常重要的;我了解它的结构,但是我并不认同它。印度和英国的智性世界比美国的更让我激动。我在美国看到很多糟糕的事物。因此,我与美国的关系一方面是积极的、肯定的,同时也是有冲突的。所以我几乎每年都要去欧洲,有时也要去印度,亲身体验一下那里发生的变化。但实际上我与大多数事物的认同都是这样的,包括与我的家庭:在家庭中有的东西让我感觉非常亲密,也有让我感到非常生气的事物,有时候我也会对孩子们大嚷大叫。而这正是我对美国所做的,实际上我对英国也是这样。

问:您说过我们应该尊重叙述权,我的问题是:发展中国家如何才能保证它们叙述的权力呢?通常情况下,我们可以说跨国公司以及文化市场等

制造太多的唱片、影碟、电影及电视节目等，它们可以将这些文化产品销售到世界的各个角落。在这种压力之下，穷国如何才能保护它们的话语权呢？

答：这个问题问得太棒了。由于时间关系，请让我快速地回答这个问题。我想从两个方面来回答它。首先，我认为发展中国家，首先需要通过更加致力于发展公众教育来获取叙述的权力，至少对于我所了解的那些国家而言是这样的，当然，也有很多发展中国家我是不了解的。发展中国家——至少我的祖国印度是这样——花费了很多钱财去发展原子弹，是不是？我想建议，我们应该开始少从军事方面、少从霸权优势方面来思考问题，而是更多地从社会福利和教育方面来看问题。责怪市场和跨国公司是件相当容易的事。但我知道你说的是什么意思，过一会儿我就解释这一点。但我想，致力于更普及、更完善的教育是非常重要的。可以肯定的是，在很多我所知道的发展中国家，这种对于教育的投入是不存在的。叙述权、表述权、要求被听到的权利等等民主权利并非完全有赖于读书识字和教育，但是它们确实在很大程度上是有赖于后者的。我之所以认为它们并非完全有赖于教育，是因为我相信：读书识字并不是民主行为的一个必要条件，实际上也不是一个充分条件。我知道这些，譬如在印度，尽管知识水平很低，但是当一个像甘地夫人（Mrs. Gandhi，指 Indira Gandhi，尼赫鲁之女，担任印度国大党领袖、政府总理等职）那样的权威政府出现时，即便是没有文化的村民也非常清楚自己该如何做以便通过投票将她赶下台。所以我不再坚持认为没有知识就没有民主，但我确实认为这一整套的权力、公民的权力，是有赖于教育和知识的。在我看来，在国际上这方面做得很不够，而在国家范围内做得也不够。我认为这是一个实质性的、经常出现的问题。

其次，我想指出这是非常困难的。我的第二个建议实际上是一个历史性的注脚。你知道，在过去的二三十年间，发展中国家有了一整套机制，关注从发展中国家的视角来报道新闻。我想这种事情确实存在。当然，你的观点是正确的，很难抵制一个像默多克（Rupert Murdoch）那样的人，他统治着世界上一半的报业，确实很难抵制他。但我们还是可以找到办法来抵制这种媒体的，那就是当发展中国家的精英分子决心不与这些集团为伍、不与它们同流合污的时候。这非常难，非常非常难。你知道，假如默多克走进城里，口袋里装着三亿美元，他想买下孟买的所有无线电台，你必须是一个品德极为高尚的人才能说出下面的话:“非常感谢您,但我还要继续奋斗。”我不是说这些奋斗将会是十分轻松的奋斗。我是要指出,这些媒体大亨、这些大公司是如何削尖了脑袋钻到发展中国家的行业统治集团内部,以及共谋是如何形成的。但是,完全推脱自己的责任,说全是它们造成的结果,是它们进来把我们毁了,这样说是很容易的事。另一方面,我想最重要的事情就是文化和教育程度问题了。这是唯一一个最重要的问题,当你从知识和教育方面来谈论知识和社会福利时,有趣的是,有很多其他因素是根本无法忽视的,譬如说健康。健康也是与文化知识、教育等同样重要的一个因素。我之所以提出教育问题,就是因为教育有赖于许多其他的社会福利机制。很多第三世界国家可以通过集中解决这些问题而做到最好。你知道,人们总是说:饭都没得吃,还讲什么教育?是的,这话不假。但通常情况是,选择并不简单地就是在食物和教育之间进行的。

问:很多人认为,后现代主义出现于现代主义之后,但根据利奥塔的理论,后现代是“现代的一部分”,二者实际上同时出现。我的问题是:我们是否也可以说,后殖民主义也出现于殖民主义和殖民行为开始之时?因为我们知道,殖民地人民,或者其他国家的人民(包括宗主国的人民),从一开始就有可能意识到有必要与殖民主义进行斗争、批评殖民带来的害处。

答:在殖民的初期阶段,同时就有殖民者和反殖民者。通常情况是,在殖民社会内就有人对殖民持批评态度。从 18 世纪末 19 世纪初或者 20 世纪中叶,就有人批评殖民,认为殖民对西方没有好处。有些人认为殖民在经济上是不可取的;有的人则认为跑到别的国家去剥削人家从宗教上看是不好的;有人从殖民一开始就反对奴隶制。所以,从某种意义上看来,你可以说,即使在殖民开始之初,就有人批评它,在这种意义上可以称其为后殖民的。但对这个问题通常的思考方式是既存在掩护殖民的思想家也存在反对殖民的思想家。再就是那些反对殖民主义的人——那些为了祖国的自由而战的人。在获得自由之后,人们又说:瞧,我们并没有得到一个自由的世界,我们拥有的是一个新殖民世界。尽管以前形式上的殖民结束了,但这个世界仍旧被富国和列强控制着,被国际货币基金组织、世界贸易组织控制着。一般说来,它们对发展中国家的态度就是:你必须要跟在我们后头走。如果你想要贷款,从我们富国、从发达国家贷款,那么,你就要像我们这样发展。这就是新殖民主义时期。

坦白地说,我认为"后殖民主义"之类的名称对我来说并不是那么重要,但既然你问到了,我就给你一个答复。后殖民主义强调:曾经被殖民过的国家,尽管后来又经历了新殖民主义,却发展出了它们自己的生活,形成了自己的世界和自己的价值,它们沿着自己的道路走过来。是的,它们受到富国或者国际机构的剥削,但它们受到剥削,并不仅仅是外部力量进来剥削,还有内部的精英分子在剥削自己国家的过程中与外来势力合谋。所以我认为,后殖民主义首先是一种看待事物的方式——这是一种复杂得多的看待事物的方式:曾经被殖民过的地区是如何使自己发展起来的,这种发展既通过内部的动力也通过外部动力。这是其一。其二,我认为后殖民主义是学术研究的一个领域,它强调文化问题,而新殖民主义的范式则强调经济、政治和历史。后殖民主义在经过了在文学系、在人文学科中的发展之后,实际上提出了这样一个问题:后殖民主义实际上将殖民问题及其后续影响提升到了人文学科内的一种范式的高度了。

问:有人说后殖民主义在中国被完全误读了。譬如萨义德的理论融合了文学批评和政治批评,反对中心主义权威和任何形式的独裁暴政,而在中国语境下,很多所谓的后殖民主义批评家则只强调传统文化与民族主义,而有意无意地忽视了知识分子的责任。您发现过您的作品被误读吗?您是怎样看待这种误读的?

答:后殖民主义理论被用来捍卫民族主义?这可确实是个很严重的问题,因为无论是在我的作品中还是在萨义德的作品中,我们对此的观点都非常清楚,在萨义德的作品中甚至更清楚。他代表着流亡者的观点。他说流亡的知识分子具有一种非常积极的价值,他引用阿多诺为自己辩护。在我看来,他相信民族主义是通向国际主义或者世界主义的一个过渡性阶段。我也认为,不能说民族主义是好的或是坏的。民族主义是一种特定形式的意识形态,是在特定时期奋斗的一个特定的平台。这段时间过后,它要么变得具有进步性要么具有反动性——历史会对此作出决定,我们个人是不能作此决定的。但我已经说过,我赞同用文化翻译作为一种理解这个世界的方式，不是将它缩减成一种语言，而是通过理解翻译来理解这个世界；通过文化转译，我们给所有特定的语言传统或文化文本以它们自己的空间。但是，在这项工作中我们也能够看到，有一种对更广的世界发出声音的渴求。满足这种文化或文化目标的渴求、满足这种要对更广大的世界发出声音的渴求，就是后殖民批评家的目的。因为（这一点非常重要），在殖民过程中，殖民化会对其自身造成损害，殖民者会变得冥顽固执，他们的世界观变得日益狭隘，因为他们不得不为他们的殖民统治辩护，而这种殖民统治在某种绝对道德意义上又是不可辩护的。相反，被殖民者尽管是殖民化的受害者，但他们别无选择，只能扩展他们的视野，被迫去面对来自其他文化、其他传统的人民，因此，被殖民者的视野得到了扩展。具有悖论性质和讽刺意义的是，被殖民者变成了本土的世界主义者。

问：我读过一本书叫《在理论中》（*In Theory*: *Class*, *Nations*, *Literature*），作者是艾恰兹·阿哈迈德（Aijiaz Ahmad）。您是如何看待他对你、萨义德和斯皮瓦克所作的批评的。

答：我知道他非常反对我，尤其反对萨义德。至于斯皮瓦克我就说不准了，实际上，在那本书中他几乎没有提到斯皮瓦克，但他确实非常反对萨义德和我；之后他又写了一些东西来批评我。实际上，我甚至都没怎么读他的作品，但别人告诉我他对我持非常强烈的批评态度，我确实读过他的一篇小短文。

你知道，当你写作的时候，你要首先意识到，你不必让所有人都喜欢你。我感到非常幸运的是，我的作品在世界各地被一些人阅读并加以研究，对此我非常感激。但同时我也为此感觉非常卑微。你知道，当你意识到这一点时，你就会感到非常卑微，但是你同时也必须要意识到，并非每一个人都同意你的观点，并非每个人都应该同意你的观点，并非每个人都应该喜欢你。你所有能要求批评者们做的是，他们公正地阅读你的作品，而不是曲解你、误读你。现在，误读是会常常发生的，有时候就像布鲁姆所说的那样，是非常好的误读，而有时候的误读则完全出于恶意，目的是把你拉下马来，他们为你处的显赫位置而感到眼红。但是，在学术性讨论中，就像昨天我们进行的讨论那样，我们交流了很多问题，有些问题是问我的，我就给予答复；而我问的问题也得到了解答,最后达成某种一致意见。有个与会的同事就我所使用的“并置原则”一词对我提出挑战,然后我就指出我对该词的使用是与黑格尔的用法不一样的等等。我作出解释,他接受了我的解释,那么这就是积极的、建设性的。那些问题对于我来说是重要的,而我的答复对于他而言同样是重要的,这就是建设性的。但是有时候你感到有些批评不是那么有建设性,它们不是出于学术研究的精神;学术研究的首要原则就是接受一个人的作品,你可以有不同的意见,但你必须接受其地位,你必须接受作品的完整性。做研究的目的不是要毁掉别人。所以,在我的一生中,我尽量避免对与我的地位或者我是谁有关联的问题作出答复,我从不作这样的答复,因为这会干扰你的学术研究。我为什么要花上两个小时、两天甚至两个星期去回应一个实际上对你的作品根本就不感兴趣的人呢?这只会使一些人得到某种吵架的快感,我不想要这样的结局。我从不这样做。我从未对这样的批评作出过答复,我继续学习我必须要学的东西,继续写我的下一部作品。

有时候,有人走上前来对我说:“巴巴教授,我写了一篇针对您的非常具有批判性的文章。”“这个吗……非常感谢您花了些时间读我的作品。”“难道您不想给我一个答复吗?”我说:“我为什么要答复你?你不得不写一篇批评我的文章,很好!请你尽管去写,让读者去作出判断;但这并不意味着我要劳神去写一篇关于你的文章。我为什么要这样做?”

问:目前,爱德华·萨义德在中国学术界知名度非常高,他的《东方学》和《知识分子论》都已被翻译成中文在中国发行,据说《文化与帝国主义》也将在近期翻译推出。您和佳亚特瑞·斯皮瓦克也都是后殖民主义理论大师,不过据我所知,您的作品中只有三到四篇论文被翻译成中文。您的作品没有被整本翻译,原因之一我想是与您的语言与著述风格有关。一些西方批评家也指出您的很多关键性分析概念如“in-between”、“ambivalence”、“third space”等本身就非常模糊,有时甚至定义也非常矛盾。对此您有没有需要澄清的地方?您的作品都被翻译成哪些文字?它们被接受或被批评的状况如何?

答:首先,我所用的语言并没有那么……也都是有它自己的历史的。如果你读过哈那·厄润特,如果你读过精神分析学以及海德格尔的书,那么你就会知道“in-between”这一概念就来自海德格尔和厄润特的作品;如果你读过存在主义哲学家的作品,你会发现一系列哲学问题,而在这些问题中看,我所用的语言就显得不是那么奇怪了。但有些概念是我自己发展出来的,而一个兢兢业业的转译者(a translator)必须努力去寻找与之相对应的词语。你知道,我的作品或许非常难读,但它们产生的影响——我不想听上去像是很自负的样子——从国际上看来,无论它们多么难读,实际上都有人要去读,并会发现它们很有用。因此说,我想尽力为一些模糊概念和矛盾观点提供某种概念性的框架,这些概念和观点或许本来就是十分难以理解的,因为它们本来就是模糊和矛盾的。而我或许比其他批评家更多地投身于对付这种艰深的材料。很多人也同样经历过这些模糊和矛盾的材料,但因为重重困难,他们要么忽略它们,要么搪塞过去。我愿意担当这种困难,而且愿意这些困难出现在我的作品中并试图赋予它们某种形式。因为我能够面对困难的问题,即使是不太容易表达的问题。人们对我的作品感兴趣,恰恰是因为我敢于面对这些难题,而不是因为我回避难题并且找出一种堂而皇之的方式绕过去。那不是我的做法。我很多的作品都被翻译成或正在被译成多种语言,如意大利语、德语、葡萄牙语、日语等等。所以说,如果它们能够被翻译成这些文字,我看不出为什么不能翻译成汉语。我作品的瑞典语版本可能也正在进行当中,据说很快就要出版了。

问:无论是在美国还是在世界上其他国家,如中国,您的后殖民理论已经变得越来越具有影响力了,因此,我想请您向读者们介绍一下您最近的理论发展和新的研究动向,或者具体地说,请谈谈您即将出版的几部新著。

答:我目前正在写两本书。这两本书的某些章节我已经在北京、在这次亚洲之行的其他地区的讲座中涉及。简而言之,一本是关于从世界主义的视角看民族主义的,也就是我所说的“本土世界主义”(vernacular cosmopolitanism)。该书主要来源于数年前我在哈佛大学所作的“杜波依斯讲座”。与此同时,我正在做另一本书,主要根据2002年初我作的韦勒克讲座(Welleck Lectures)。这两本书关注的都是全球主义(globalism)、叙述权(the right to narrate)、文化权力以及少数族化理论(the theory of minoritization)；关于少数族化理论，我已经在清华昨天的演讲中讲过，它不是指数量上的事实，不是少量的人的少数族化，也不仅仅是指少数民族，而是指一个发生在世界范围内的全球性过程，它力图理解伴随全球化而来的人口分布变化和领土变化这一语境下的一整套权力要求和利益。

问：您这本书的名字确定了吗？

答：现在还没有。我想其中的一本或许叫《全球性的尺度》(A Global Measure)，但我还拿不准。今年(2002)冬天我要在牛津大学作克莱瑞恩讲座，届时我将提出什么是后殖民经典的问题。我们是不是有必要思考一下文学的经典或经典性著作了。

问：解放前的中国曾经被称作"半殖民社会"，中国的学者应该是大有可为的；能不能请您谈谈在中国的语境下，知识分子能够做些什么？

答：我感到很惭愧，无法回答这个问题，因为我来中国大陆才三天，我在台湾也就呆了一个星期，而且这是两个不同的地方。回答这个问题是很难的，我所给出的答案将是肤浅的，对此我必须请你和中国的读者原谅我。但泛而言之，我认为中国的年青人、中国的学者与知识分子可以为世界做的，是努力向我们传达他们所经历过的历史教训，传达他们如何不断地努力吸取儒家传统、毛泽东主义传统和马克思主义传统，从而创造出一种在世界上的生活方式，这种生活方式既是中国所独有的，也关系到全世界所共有的更广的人文理想。我想，目前在中国发生的一件事情是制度、生活方式和政治观念上的一种强有力的转变，这种转变试图将旧与新结合在一起，世界上其他地方可以学习中国的经验。

问：谢谢您。现在我想就您的演讲提一些问题。您曾提到并置和崇高的问题，这是否涉及一些复杂的哲学命题呢？能否请您阐发一下？

巴巴：我想第一个问题基本上是关于"否定之否定"的问题。我认为有一整系列的其他立场，其中就包括我今天通过杜波依斯作品中有关"并置原则"这一观念所提出的立场。虽然印度缺乏扬弃性的逻辑，但是却不乏思考崇高的方法，这里崇高并非是指……被有限制地接受的弗洛伊德式的关于升华的观念，而是这样一种崇高：有一种横向的/侧面的运动，它超越了建立起一个场地、一个补充性场地的矛盾,在这个场地上,各式各样的争论被建构起来。这种思考崇高的方式即是拉康所谓的新网络的重复建构,这种新网络提出了关于根据或领域的问题,而在这一根据之上又建立起一些原发性矛盾。然后就是转变,于是,与思想丛的关联、新意义的建构、新话语的出现等,就都在那里被构成了。崇高让我们所意识到的,并非它掩盖了矛盾,而是它转化了矛盾。我认为,这是一种更有意思的、可以通过葛兰西开始理解我们可能会不经超越地演进的方法,至少在我的新书中是这么阐发的。这毕竟也是哈特和尼格瑞的著作《帝国》中的主要立场。

问:昨天通过您的演讲,我发现,听众对您所提到的西方马克思主义法兰克福学派的理论话语更熟悉些。或许,我们可以通过沃尔特·本雅明然后联想到阿多诺。您是否会这样联系?

答:是的,我会作这种与阿多诺的联系的,但我有两个条件。第一,启蒙时期的忧郁症在阿多诺的作品中已经有了好转,逻辑成为可以预言的了,这是其一;另一个问题——我非常高兴你提出了这个问题,这与我们继续讨论大有干系——是辩证法的超越性运动,是辩证的阿多诺的论题的扬弃性的运动(虽然是短暂的),这一点是非常有趣的。他将这个问题看做是一种半性的近邻。我总觉得阿多诺的这一举措是很有意思的,因为从某种意义上说,它非常类似于并置原则;但是动力缺失了,这就是为什么我开始更多地从一种本雅明式的崇高观念去思考这一问题。

问:那么,这是否意味着,阿多诺认为这是不辩证的?

答:他当然认为这是不辩证的。没有人比阿多诺从本雅明的早期著作中受到的影响更多。我从很早就知道这一点,这就是我怎样从这一具体问题开始思索的。

问:我也想通过本雅明式的寓言来思索,当然,这样就放弃了心智。在本雅明探讨过寓言之后,总体的虚假经验就消失了。在某种意义上,宗教历史的麻烦是形而上学,而他让欧洲也有形而上学。横向运动而非垂直运动是非常重要的,因为它将事物平行地摆放在那里,我们并不是从阿多诺的破裂的自由来处理,不是将其加起来得出的总和,也不是怀有一种完全的梦想,这是现代主义的频率。还有一个问题就是少数族裔问题,能否请您谈谈这个问题呢?在坚持历史和集体形式亦即国家传统时,作为某种文明和单一意识形态或话语之评价标准的生活世界,人们往往倾向于坚持下去;而少数族模式似乎并没有强壮到打破这种对某种整体性的渴求;这种整体性唯一的可能就是通过现代性来获得某种准欧洲或准西方的地位。正是现代性将所有的东西扔进河流中,用您的话说,不仅“煎炒”(scrambles)了所有的东西,而且塑造、指引并界定了某种临时性空间秩序,而就像以前的中国这样的大集体似乎没有别的选择,只能尽力用自己的话语发出声音,但不是以少数族对立的形式通过重新界定、剪裁自己来达到这一目的。这是不是一种两难?

答:是的,我当然不很了解某个特殊的观点。我不知道。对于此事您或许更加了解。至于他们为什么要怀疑少数族化这一概念并不是什么问题,因为我所提出的并非是地球上每个社会必然的将来。我没有做这样的事情。我所做的事就是在一些语境中提出一些主张,这或许是超越民族国家进行思考的一种方法。这当然又是你提出的一个问题。尽管我对那个计划抱有同情,但你知道我实际上感到,在相当程度上并不同意我自己的立场。但你知道,首先,他们的非场地(non-site)的问题(这是一个相当德勒兹式的概念)确实是很成问题的,因为我认为你可以作出某种声明……你可以朝着它前进一步,我认为从概念上或从伦理上讲,你所提出的声明是很成问题的。其次是对不可测度性(immeasurability)的批评。我们从不可测度性来着手这一问题。他们当然是从不可测度性开始的,因为他们要争夺超越者。结果他们后来所做的却是——我不是说做这事很容易,你知道,我为他们的抱负表示祝贺——但结果却是,首先是测度(measure)一词再次从底部、从概念方面进入争论。为什么从底部对空间的划分不同样是一个预先建构的测度方式呢?其次我有一些问题,它们从某种意义上来说是有着本体论冲力(ontological thrust)的假设,即霸权是通向本体论的途径,你知道有关主体性的建构,就像你所说的无中介状态(unmediatedness)。对我而言,从经验上看来,当你说“美国现在有力量直接地影响所有的人”时,从某种历史的意义上看你是正确的。但是美国并非是在无中介状态下有力量影响我们的。这就是问题的症结所在,因为实际上,这是整个问题重又返回的地方。

美国影响了印度、影响了中东,所有这些国家。但它从来就不是在无中介状态下施加影响的。而情况经常是这样,要么通过当地的精英分子,要么通过某种技术设备;因此说我没有被那种本体论的论断说服,我是说,坦白地讲,我听起来或许非常落伍,我采纳关于主体化的福柯式的观念,连同它所有的问题,而不是采纳这种视霸权为本体论的观念。作为一种后指的本体论,我也不得不承认,我不会采纳那种立场,因为我仍然在考虑无意识,并且我知道这是德勒兹式的立场所采纳的一种深刻性,这也是为什么在某种程度上这本书是如此的德勒兹化,正如哈特所说的那样。对我而言,无意识是一种中介式的设备,它不是大脑中某些受压抑的部分,分裂的问题是全部的中介问题。这就是我的想法。最后,关于史密特这一问题,您可以从我提出主权的整个问题看得出来我对他抱有很大同情。对我来说,在某种程度上,少数族化是一种积极的力量,而我也对您提出本雅明的寓言感到非常高兴,因为你同时也就提出了一些变化,不但是认识转变的变化,而且是认识过渡的变化。你知道,谈论过渡性是非常困难的,至于转变性则可以用某种方法作一些探讨。我想这很大一部分就是在有关史密特的民主的旧概念及其问题中仍在争论的问题。但是,当你对我们提出史密特式的悖论时——我对这个悖论是持同情态度的——正如我已经提到的,我也想让我们面对老古董。如果我在一个地方是一个专制君主,而在另一个地方又成了民主人士,那我会做些什么呢?今天,霸权的形成必须要我们正视这个问题,因而我认为这是一个与后殖民主义有关的悖论。我并非是想紧紧抓住后殖民主义不放,我没有占有欲,不想将后殖民主义据为己有。我可以再进一步提出一点吗?我想说的一点与我们所说过的东西有点不协调。我的问题是,你认为语言游戏果真能够解决那么多问题吗?你认为我们每次将世界历史替换为欧洲,因为我似乎觉得……这个问题经常是(按我的经验),欲望提出了重新建构历史主义的范式的独立,不是因为它是基于西方模式之上的,不是因为它必须与西方发生关系,而是因为它深深地渗透了本土霸权的建构。这就是我的想法。我不愿意……我不是一个唯名论者,当你把它叫做后殖民主义或者什么"青香蕉"时,我个人决不介意。但关于新殖民主义之后的后殖民主义,我确实觉得是积极的,是移位的力量(shifted agency)和对我的国家的政治责任和伦理责任。它既谈到力量问题,也谈到过渡性问题,但是它也提出，历史主义是当它在质问中死了很久之后才产生的；然而情况常常是，在西方对于特殊语言（shibbolet）的问题比东方国家提出的更多，所以说到语言游戏，我是敬而疑之的。

问：您在最近的著作和演讲中多次提到“少数族化”这一概念，以此相对于“全球化”概念，请问少数族化是全球化的又一个变体呢还是一种抵制全球化的力量？

答：我对这个问题的看法是它不属于全球化领域的词汇，原因之一是我将它追溯到了更早的时间。我将其定为在20世纪20年代，就是两次世界大战之间的那段时间，那时还没有人将世界描述为全球性的；从历史的角度看，我认为是我定位了这个问题。对我而言，少数族化的问题是随着将某个民族消抹掉而出现的；少数族总是居于一种夹缝之中，从来就不是享有完全资格的真正公民，只享有部分的身份资格。可是，那些微乎其微的没有被容纳进民族空间内的少数族怎么样了呢？在他们身上到底发生了什么呢？我认为这是一个我关注了很久的问题，我们甚至可以说，从20世纪30年代甚至20年代起，少数族化的全部问题都可以用这些词语来解读。所以对我而言，少数族化并不仅仅是一种与全球化并置的东西，而是一种努力去思考不同的——但未必是超越式的——干预措施的方法。

我读的关于全球化的东西越多，我对它就越发持一种批评的态度。有一种东西正在世上流行，它得到金融世界的认可、得到经济世界的认可，政治世界的认可，得到工业和技术的认可，它就叫做全球化，难道不是吗？在我看来，不同领域内的知识分子学者们，似乎都在努力去对付这一庞然大物，或者借用哈特和尼格瑞的术语——“不可测度性”，并从事一种能够对其结构、程序和内容加以描述的批评。我的观点是：如果世界上有个庞然大物，难道我们非要有什么更大的东西来测度它吗？我们有必要用它的逻辑来测度它吗？对我而言，谈论少数族化，就是在某种意义上通过重新思考公民资格之类的东西来测度全球化。一方面，它确实与全球化有关联，哈特和尼格瑞所说的源自全球化和其他各种运动的主要问题之一就是，帝国所留下的唯一英雄是后殖民英雄。他们就是这样说的。与哈特和尼格瑞不同的是，我不相信什么东西都是变动不居的，什么人都是到处流动的。我的信念恰恰相反。我相信,有些人是到处流动的,而有些人则住在他们当地的小村子里从来就没有搬迁过,但是,后者在某种意义上说也在流动。这或许是我们思考问题的另一种方法吧。但对我而言,少数族化是用以测度全球性事物的另一种方法。这种方法主要并不是用来测度空间运动的,而是用以测度暂时性问题(temporality),也用以对付我们一直在谈论的问题,以及关于重新思考或重新展示民主程序的中介本质的问题;不仅仅是将民主程序简单地连接到它自己的个人主义和忍耐的历史上去,而是将它看做是一个中介性的过程。因为毕竟,全球性中就包含着某种偶然性。在某种意义上,这就是一个偶然性和可能性的问题。我指的是我所读过的所有话语。如果你读读有关公民资格这方面的文献,就会发现根本就没有全球性的公民资格这一概念。那里有一整套的程序,有一整套的问题,它们也许能构成这样的概念,也许不能。如果再看看全球性正义的话,你也会遇到同样的问题;如果你读一读关于全球化的金融理论,你也会遇到同样的问题。1978 年,福科曾经问道:“有没有经济全球化?或许有吧。有没有政治全球化?可能有吧。有没有意识(consciousness)的全球化?没门!”从 1978 年到 2002 年或许有些东西已经改变,但我仍然觉得这些问题是备受争议的。我要说,这既不是企图去对全球概貌(就像我想呈现的那样)进行临时性测绘,也不是对它进行的干预。我想这与贱民问题有关。

问:你认为少数族化也会使贱民话语(subaltern discourse)得以充分展现其理论活力吗?那么说它是你后殖民主义策略中的一个新策略了?

答:是的,这就是我为什么提出这一点的原因。我觉得有一种思考贱民性的方法。过去的 20 年来,我们的朋友和有关的学者使得贱民研究得到了很有意思的发展,它与整个民族主义斗争及其种种问题、大历史、小历史和殖民运动息息相关。现在我认为另有一种贱民性的观念,需通过葛兰西的道德政治写作而进一步展开。我发现,在使用葛兰西的理论来阐释少数族化这一概念时,是非常有收获的;这里的少数族不是哪个给定的少数族,也不是事先建构出来的少数族。我不乐意与后者认同;但这还不是我的目的。我认为葛兰西的贱民带有部分关于“部分”的哲学,很有用武之地。关于殖民化的过程问题,这里我谈论的是印度的情形,是加勒比海的印度裔非洲人,我不知道世界上其他地方的情形是怎样的。二百五十年了,一整套的思想,自由主义思想,关于个人主义的思想,关于土地改革、重划疆域的思想等,所有这些思想都被以这样那样的方式强加于其上。首先,他们从来未能真正将那些思想强加于殖民地之上,尽管它们是以科学理性、是以启蒙统治理性的名义强加的,它们实际上从来就是名不副实的。有时候一则 15 世纪的习惯法会被与 18 世纪的一则什么法一并实施,就像一个盛着各种破烂的垃圾袋。现在使我不明白、使我生气的是当我们谈论文明或者冲突或者战争时,是这些观念,什么自由主义只是来自西方或者说忍耐只是源于西方。我不想走上前去说:"噢,印度人自古就有有关忍耐的思想。"我想说的是:自由主义在印度有着二百五十年的历史,读一读本土的自由主义传统吧。当西方人谈论伟大的自由主义价值时,就像他们说茹什迪那样,突然间,茹什迪和自由主义的历史成了每个人的口头禅。你们谈的是什么样的自由主义?为什么不去看看自由主义在印度语境下被激活、被混杂后到底发生了什么?

问:巴巴教授,十分感谢您百忙之中回答了我这么多的问题。最后我想问问,除了做学术研究和教学之外,您还有什么业余爱好吗?我听说您非常喜欢旅游。

答:没错!我去过意大利,也去我在伦敦的家。我尤其喜欢伦敦。但我生活中一项很主要的娱乐是艺术,我对艺术很感兴趣,我对诗也很感兴趣,我花费很多时间读艺术家和诗人的作品。同时,我对做饭也很感兴趣,我们家每天都是我做饭。我喜欢去市场买东西、做饭,每天晚上都是我做饭。我喜欢招待朋友,摆上一桌丰盛的饭菜,把朋友们请来我家,围坐在桌子上,一起吃吃喝喝,并把吃饭当做一个交流观点、开玩笑讲幽默、进行对话的机会。

文学的重写、经典重构与文化参与

——杜威·佛克马教授访谈录①

编者按：杜威·佛克马(Douwe Fokkema,1931—)，毕业于荷兰莱顿大学，获文学博士学位，曾在荷兰王国驻中国大使馆工作数年，后长期担任乌德勒支大学比较文学系主任兼历史与文化研究所所长，曾担任国际比较文学协会秘书长、副主席和主席。现任国际比较文学协会名誉主席，国际文学理论学会顾问，欧洲科学院院士，乌德勒支大学荣休教授。主要著作有《中国的文学教义及苏联影响》(1965)、《20世纪文学理论》(与蚁布思合著，1978)、《文学史，现代主义和后现代主义》(1984)、《现代主义推测》(与蚁布思合著，1987)、《走向后现代主义》(与伯顿斯合编，1986)、《后现代主义探究》(与卡利内斯库合编，1987)、《总体文学与比较文学论题》(1987)、《文化研究与文化参与》(1996)、《国际后现代主义：理论与文学实践》(与伯顿斯合编，1997)、《知识与专致》(与蚁布思合著，2000)等。

2005年6月11日，佛克马教授在清华大学接受了笔者的访谈。访谈主要围绕文学的重写、经典重构与文化参与等几个方面的问题展开。他对当代中国文学理论研究状况、对后现代背景下的中国文学特征作了中肯的评价，并通过对中西文学的回顾，指出文学创作过程也就是“使用过的语言”在新语境中被重新型塑——重写的过程；又以自己的切身经历回答了知识分子应如何以文学与文化研究为阵地参与世界性文化事业的问题。另外，他还就笔者提出的经典的重构与相对性问题、尊重文化差异与保持文化多样性问题、后殖民主义与当代“世界主义”等问题作了精彩的解答和阐述。

---

① 本访谈作于2月11日下午，北京西郊宾馆。本文发表于《文艺研究》2006年5月第5期，第62—70页。

问:多年来,您一直频繁往来于欧洲和中国之间,您也多次在中国多所著名高校,如清华大学、北京大学等,演讲并参加过各种学术活动,有力地促进了世界文学研究领域和中国文学研究之间的交流与沟通。您对中国文坛和中国的文学批评界应当说是十分熟悉的,那么请问您是如何看待当代中国文学理论研究的呢?请直言。

答:这个问题太大了,但总的看来,我认为这是一个非常活跃的领域。我认为在这一领域内的各个流派之间、不同的思潮之间正开展着一场非常热烈而又充满活力的辩论。至于其中哪一派居于主导地位,或者说哪一派比其他派别更为流行,我倒没有清楚的认识。西方的种种流派在这里都能够找到,我认为我们可以为所有这些流派找到其代表性人物。举例来说,有钟情于文化研究的学者如王宁和陶东风,但与此同时,也有的学者如北京大学的申丹则致力于文体学和叙事学方面的研究,还有研究符号学的学者如中山大学的王宾等,另外还有研究理论思想史的学者如乐黛云等。还有很多别的学者在从事着不同的研究。所以很难说哪个派别占主流,但在我这个外国人看来,在中国的文学研究者之间存在一场活泼的辩论,但那也是一场友好的辩论。这就是我作为一个局外人的印象了。

问:在您的著作中,您多次论及中国文学,不仅是现代文学,而且还包括古代文学,显示出您在整体上对中国文学的熟悉。譬如说,您不但评论过中国古代诗人如李白和杜甫等,也研究过20世纪上半叶的作家如鲁迅,以及当代作家如王安忆、高行健等等。请问有哪些中国的文学著作对您产生过较大的影响?

答:你知道,中国是一个充满惊奇的国家,中国文学也不例外。我想很长一段时间以来,西方学者一直认为中国的现代文学,也就是20世纪中国文学,受到西方文学的极大影响,因而不是很有原创性。可是,对20世纪中国文学或当代中国文学了解越多,我就越发为其原创性而感到惊奇。当然,像鲁迅这样的人,在我眼里一直是一位极具原创性的思想家和作家。

至于当代文学创作,我想对我触动极大的是莫言、王安忆以及韩少功等作家的原创性。我这一印象当然是基于我最近所读过的作品。韩少功的

《马桥词典》给我留下了非常深刻的印象。他的作品一方面坚实地立基于中国的传统，另一方面，我认为他也有意识地使用了西方现代主义和后现代主义的一些创作手法。

问：您指的是其结构形式吧？

答：没错，小说的形式，以及里面的文字、他对语言的反思、对自己所使用的多种语言的讨论等。我认为，在一部虚构的作品中进行这种语言学上的批评，是可以在西方文学中找到的，但他的运用方式极具原创力，他谈论了湖南省某个想象的村庄里的这种所谓的方言。

问：或许也不纯是想象。该小说题目中的“词典”一词就是“dictionary”。下面您能否谈一谈西方传统中一部类似的作品呢？

答：我知道有一位塞尔维亚—克罗地亚语作家，名字叫米劳莱·帕维克(Milorad Pavic)的。他写过一部作品叫做《卡萨斯词典》，我读过那本书。我想他应该算是一位后现代主义作家。

但我记得韩少功曾经有一次因为有人控告他剽窃而上了法庭，以图为自己辩护，你或许听说过吧。我比较过这两部“词典”。我必须指出，韩少功的词典与帕维克的完全不一样。韩少功确确实实写出了一部原创性作品。并且在我看来(当然这完全是我的个人判断)，《马桥词典》是一部比塞尔维亚—克罗地亚作家的词典更具价值的作品。当然，还有其他的各种“词典”。以词典的形式创作小说，成为了一种文体。它被人多次使用过，尤其是被后现代作家。

另外还有一位以色列作家，名叫戴维·葛劳斯曼(David Grossman)。他曾经以词典的形式写过一部小说，题为《看下面：爱》(*See Under: Love*)。英文版出版于1990年。里面载有《卡其可生活百科全书》。这里的思路是一样的：采用词典的形式，或者先从词典中拿出一个词，然后写出一篇虚构的故事来。这是一种典型的后现代手法。为什么说它是后现代手法呢？因为它将两种话语——词典的话语和小说的话语——汇于一处，所以读者一打开书就感到十分困惑和惊奇。此外，在阅读《马桥词典》时，你起初拿不准这到底是一部小说还是自传，其实从某种程度上来说也是自传，但在一定程度上它又肯定是小说。这就是后现代主义惯于玩弄的把戏之一，它要混淆读者的视听，要在阅读中给读者以惊奇。如此说来，我们可以得出这样的结论：它是小说，但它有着词典的伪装，或者是自传的伪装。

问：下面是一个关于重写的问题。耶鲁大学的孙康宜教授有一次在与同事谈及中国文学史时，就说过中国人一直不断地重写自己的文学，这是中国文学的伟大之处，也是中国文学不会消亡的原因之一。这都是由于文学的重写。那么在您看来，人们为什么要不断地重写？它在文学史上的地位是什么？它对保存一种文化有何功用？与此相关的一个问题是对传统经典的解构与重构，以及文学史的重写。在您和蚁布思教授合著的演讲集《文学研究与文化参与》①中，您似乎是支持一种多样化的经典——在历史意义上、在地理学意义（geographical）上，以及在社会学意义（sociological）上的多样化。请问这是不是对经典传统内涵的消解？

答：在目前，文学的重写确实是我最喜欢关注的一个题目，我的下一本书就与此有关。当然，你知道，如果要学习文学，就必须要对文学是什么有某种概念。我把文学当做是一种艺术，就像音乐或者绘画一样。你也可以用另外一种方式看待文学史。你可以从历史的或者从社会学的角度去研究它。但我喜欢把它当做一种艺术来研究它。然后我就问自己：构成这种艺术的材料是什么？我认为，文学的材料就是语言，但并非泛泛的语言，而是使用过的语言（used language），曾经使用过的语言被重新型塑为文学。这就产生了某些效果。我喜欢将文学看做使用过的语言、格言警句、政治口号、陈年旧事的重新书写，看做科学结果的重写、报刊文章的重写、我们日常使用的陈词滥调的重写。因此文学并不仅仅是由字词构成的，它是由使用过的字词构成的。这也并非仅仅是我个人的喜好。你可以在麦克尔·里法代尔（Michael Riffaterre）的《诗的符号学》（*Semiotics of Poetry*）一书中找到同样的观点。我非常景仰里法代尔。他祖籍法国，是美国哥伦比亚大学的法国文学教授。他的研究路数是符号学的，但他仍然与文本分析靠得很近。他也认为，任何文本都是早些时候已经写过或说过的东西的重写。因此，“文学是什么”这一普泛思想，理所当然地隐含着这样的意思：重写几乎无

① 佛克马、蚁布思：《文学研究与文化参与》，北京：北京大学出版社 1996 年版，第 203 页。

处不在。

我看过一篇有趣的博士论文，作者是张晓红，去年她在荷兰莱顿大学进行了答辩。论文探讨的是过去二十年间中国女性作家的诗歌。她最后的结论是，中国的女诗人也在重写。譬如，她们在重写她们在西维亚·普拉斯(Sylvia Plath)以及其他英美诗人著作中找到的思想、口号或者语汇。这些女诗人也重写过传统中国诗歌中的语汇，有时候它们整个儿都颠倒过来了。你是知道这种批评模式的。在现代中国诗歌中有时候可以找到毛泽东的诗句，通常只有半句话，而其原意已经被颠倒了。这是一种典型的文学手法。我并非是说这是唯一的文学手法，当然还有很多其他的文学风格和手法。但重写是文学中一种相当重要的手法。

我认为，这一问题的言下之意，是说在中国的传统中，这是一种强有力的手法，我们能够不断看到它。而在西方也是如此：如莎士比亚，他的戏剧就被重写过。譬如说爱德华·邦德(Edward Bond)在1972年写过《李尔》(*Lear*)，是对《李尔王》的重写。邦德也曾重写过芭蕉(Basho)，那个日本俳句诗人的作品；这是一个极为显见的例子。邦德的戏剧名叫《通向大北方的窄路》(*Narrow Road to the Deep North*, 1968)。如果你注意一下他的题目就会发现，它十分类似于芭蕉的企鹅版所用的题目——《通向大北方的窄路以及其他旅行札记》(1968)。在这一题目下，这个日本诗人的旅行札记被翻译成英语。邦德的戏剧是关于芭蕉生平的，使用了企鹅版里面的素材，但是他把作品置于一种西方欧洲的语境之中，置于英国殖民主义的语境之中了。

当然，在西方也存在许多重写的例子，甚至在古罗马时代就有了。我们可以说，维吉尔的《伊尼德》就是对荷马的《伊利亚德》和《奥德塞》的重写。因此重写的技法在西方非常普遍，但或许在中国传统中更为普遍，我想是这样的。《三国演义》就是对早先文献的重写。再者，诗歌中有很多例子，有些诗歌是在极端困难的限制下写出来的，譬如，你必须承接某句旧诗然后以某种新的方式继续写出新作。甚至在《红楼梦》中，那些年轻人玩诗作乐，他们也是在仿效某首特定的诗。他们都想按照同样的风格写诗，甚至其中的一位被提名为最佳诗人。我认为这些都是非常有意思的例子。毛泽东写过一首词叫《雪》，他是这样结尾的：“数风流人物，还看今朝！”

问:是的,那首词叫《沁园春·雪》。

答:而这就把传统上礼赞古圣先贤的思想颠倒过来了。我们常常在中国文学中见到这种手法,希望这方面有更多的研究,以搞清楚这一手法是究竟如何被实践的。

那么作者们为什么要这么做呢?我认为这就是一种吸引读者注意力的文学手法,不但将其吸引到所读的文本,而且也吸引到被模仿或者说被重写的文本。当读者阅读时,就会产生一种含混性(ambiguity),她会想:这是当前的文本、当代的文本;但另一方面,它又是早先文本的回声。这种含混性或许会引发一种美感经验。我们知道,美感经验通常是由含混性引发或刺激而产生的。或许也还有其他种类的含混性,但互文性(intertextuality)或重写是其中的一种,而且是很重要的一种。

现在来谈谈文学史及其重写的问题。其实这种事情一直都在发生。我们现在正处于一个人口密集的新语境之中,不同文化间有着密切的交流。而这种情形又可能使我们意识到早期与其他不同文化的接触,我们也可能想要向这些历史上的接触学习,或者我们想要学习某种特定文化或者文学是如何对其他地域的影响作出反应的。因此当前的全球化境况或许会使我们对早先的跨文化交往感兴趣。这就产生了一种不同的强调对象。我们或许会对在过去因为某些原因而被忽视的文学发生兴趣,于是我们不得不重写文学史。我认为,文学史家总是受到当代利益的驱动。

问:当代的利益是否应当包括政治利益、经济利益或者种族的利益,譬如说女性主义或者对环境保护不断增长的意识。

答:是的,没错,女性主义当然是一个极为明显的例证。当今的女性主义使得很多女性学者注意过去可能存在的先驱者,而且她们当然也发现了她们。她们其实一直就在那儿,只是很长时间以来被忽略了而已。

问:是的,其实她们本来就是一直存在的。下一个问题是关于比较文学的合法性问题。多年以来,人们一直对比较文学的研究内容及其定义持有争议,甚至到现在还争论不休。我们是存而不论、脚踏实地地开展研究工作呢,还是要首先廓清其基本定义、研究范围或者研究领地,才可以开展具体实际的研究呢?作为国际比较文学协会的前任主席、现在的名誉主席,您对国际上关于比较文学和文学理论领域内的此类问题的看法想必是十分清楚的吧。

答:在过去一百年间,比较文学中对于实际研究工作的强调已经有了一些改变。很长一段时间以来,我已经相信,文学现象是文化生活中非常重要的一部分。我们想知道关于文学交流如何运作的更多情况。你知道,很多学者逐渐远离了主要问题,而我发现其中一个重要的问题就是:比较文学的核心问题就是要知道:文学交流是如何在不同文化间发生的?而我认为这里是有一些不同的,但是在人们对待文学的方式方面也存在一些相似之处。在作者创作文学和读者阅读文学的方式上也存在着一些相似之处,而如果我们研究文学交流是如何出现的,那么这些差异就会被凸显出来。实际上,我总是更愿意强调不同文化间文学现象的相似之处而非相异之处,但是要想真正搞清楚在不同文化中虚构作品到底意味着什么,这需要做很多的研究工作。作为一种借以开展研究的假设,我可以认为,不同文化中对虚构作品是什么的问题存在着相似性看法,在抒情诗领域也是如此。我们假设,抒情诗的读者通过阅读,也许能够获得某种美感经验或者文学经验;那么它(经验)到底是什么呢?你知道,如果我的直觉告诉我文学是重要的,那么人们或许会要求我解释它为什么是重要的。如果我必须要解释它为什么是重要的,那么我就应该准确地知道它是什么,或者至少是尽量做到准确。

因此我从未写过有关比较文学的书。我想我是写过一两篇关于比较文学的论文,但我相信,比较文学不过是一种研究文学的形式。著名的比较文学家韦勒克(René Wellek)在1940年到1980年间十分活跃,大多数时候他都是耶鲁大学的比较文学教授,他曾经提出为什么要聘任"比较文学教授"而不是"文学教授"。为什么不能称他们为文学教授,就像我们有语言学教授和哲学教授一样呢?我认为这种观点非常有趣,但我也不是个马上就知道如何将一种很好的智性观点转化为机构性实践的人。所以我觉得既然比较文学这一术语业已得到一定的认可,就可以保持下去。但我们应该记住,比较文学实际上应该主要关注文学研究,无论它出现在何处,也无论它出现在何种文化中。

问:您曾经在《文化参与》一书中,积极主张对“文学研究”(literary research or literary study)和“文学批评”(literary criticism)作出区分。照我的粗浅理解,这里的文学研究是与理论的钻研与知识的理解有关的,而批评则与现实、与文化参与或政治参与有关。但在实践中,当一个文学批评家建构起某种文学理论或文化理论,或者对某些文学作品进行分析评判时,他就已经是在批评,在参与社会活动或者文化活动了,难道不是这样吗?事实上,在中外文论界,文学理论家与文学批评、文学理论家与文学批评家通常是不加严格区分的。您对理论与批评的区分到底有何种意义呢?我们是否可以说:前者(literary research)强调经验材料和客观性,以及方法的可重复性、结果的可检测性等;而后者(literary criticism)强调主观的参与与创造、强调内在的合理性呢?

答:解释这一问题的最好的办法是指出,文学批评家和文学研究者做的不是同样的事情。文学批评家试图理解文本,或者试图理解一个作家、几个作家或者某个文学运动(流派)的作品。或许文学批评家想要在文学史上给予某部作品以一定的地位。这是阐释(interpretation)的问题。而在另一方面,文学研究者能够试图回答各种各样的问题。他们也许试图回答多少本书、多少册小说被印刷、被销售、被翻译以及被销往国外。文学研究者可以研究文学奖项以及对于文学作品的评判和评审人员使用的有关论断。文学研究者也可以研究文学批评家的论断。他可以讨论或者调查文学批评的渠道。他可以比较中国文学批评的地位与欧洲文学批评的地位。我认为欧洲的文学批评较之中国的似乎更加发达、更加多样化。这种研究以及其他类型的研究,也包括对文学批评家评价极高的文本进行语言学上的研究。我认为任何学者,包括研究生,都能够进行这样的研究。如果有几位文学研究者基于他们的直觉持有这样的观点,譬如认为王安忆的写作使用极为独特风格的汉语(就语言来说),还认为她有一种有趣的、准确而博学的风格——这里我是在假设,举她作为例子——研究者也许会对这样的声明加以证实:或者通过进行语言学上的研究、通过分析其所用的词汇,或者通过关注某些人物确实非常罕见或者以一种特别的方式被运用。所以研究者可以做任何事情,包括研究文学批评家的作品;但是文学批评总是包含着某种价值判断,而一旦价值判断被包括进来,你就将一种私人观点包括进来,而这与科学研究是不同的。

问:全球化一直被用作文化多元性或者多元文化主义的对立面。您也曾经借用霍米·巴巴的话说:我们不能借文化多样性或多元性之名将人类不同的文化同一化或者同质化。巴巴推崇的自然是文化的差异性。但如果过分强调差异,而不寻求共同的人类文化基点,那么,如何可能达到一种人类文化的共识,互相理解,甚至你所说的"新世界主义"?这中间应该如何进行平衡呢?

答:我认为,霍米·巴巴反对将少数族文化本身同质化的趋向。任何弱小文化或者群体文化都是一种开放的体系,个人可以游离出去。同昨天在清华大学演讲时一样,今天早晨我在北京师范大学也强调,事实上我认为,文化多样性是很了不起的事情,我们应该尽力维持它,而任何个人也应该有脱离传统给定模式的自由。我们应该认可差别的区分,我们应该尽量维护它。我们需要文化多样性,就像我们需要生物多样性一样,因为如果我们只有一种单一的文化,那我们将是非常脆弱的。

问:也是非常危险的。

答:对,也是非常危险的。如果那种单一的文化腐化崩塌了,那我们就什么也没有了。而在某些时候,如果出现了生态性灾难,或许我们就得回到佛教去寻求心灵的平安。如果我们要放弃所有的奢侈品,空调、汽车,甚至是电,那我们如何从文化上维护我们自身呢?如果我们灭绝了文化生活的多样性,如果我们让自己完全依赖于一种形式的文化,那确实是非常危险的。所以我们有理由为文化多样性辩护,尽管我也认识到这种对文化生活多样性的强调也只不过是一种规约(convention)。我们可以作出不同的决定。我们可以说:好吧,我们不需要一万种文化生活,三种就足够了云云,如中国的、美国的和欧洲的。那将是另外一种规约,但我个人认为,我们应尽力维护我们文化环境的多样性。

另一方面,我们也要彼此理解。这就是你提到的问题了。我们也必须学会要理解彼此。而这也是研究文化、研究文学的理由之一。我认为文学是一种很好的征兆,一种很好的、很具体的文化表征,因此如果我们理解了另一民族的文学,我们就接近于理解那个民族的文化了。因此这就是文学的一种功能，文学研究者借助这种真正的功能，可以向别人解释：文学是一种渠道、一扇门，它通向所有的文化。当然，我们需要知道关于各种文化的更多知识，但我并不认为"全球化"一词在此有多少意义。我想倒不如说科学研究将更有助益。科学研究规则在全世界都是一样的。因此如果你愿意，如果你一定要坚持的话，当我们说科学研究的规则在全世界都是一样时，这一点在此与全球化是相关的。

对于科学研究的规则在全世界都是一样的这一说法，某些人文学科的学者觉得很难接受。但是医学界人士就不难接受。我的意思是，如果你要在北京或者在阿姆斯特丹做一个心脏手术，你肯定是要用国际上最好的方法治好你的病。

问：当然是这样。我记得您曾经在一本由王宁主编的书①中，提起过在中国古代也存在一种世界主义呢。那么您心目中的世界主义到底是什么样子呢？

答：是的。我认为，世界主义是这样一种观点，它看到自己文化的相对性。

问：是文化相对主义吗？

答：这个……在某种程度上是文化相对主义。但我并非推崇极端的文化相对主义。我不认为这样的想法可以对我们有什么助益。虽然如此，如果一个人能够看到某种文化成规的相对性的话，他就有可能对自己的文化作出批评。在我的演讲中，我经常提及规约这一观念。

问：您确实是常常提起它。

答：我认为这种相对性感觉对于一种世界主义态度是非常重要的；除此之外，我认为世界上还有一些基本的东西，一些根本性的原则如"让我们继续彼此交谈下去"，"让我们避免暴力"，"让我们互相尊敬"，"让我们不要互相残杀"等等，以及一些基本的礼节。我想这是对一种世界主义态度的

① 杜威·佛克马：《走向新世界主义》，王宁等主编《全球化与后殖民批评》，北京：中央编译局出版社 1998 年版，第 247—266 页。

最好描述了。互相尊敬隐含着接受这一思想:要对世界上发生的事情负责。实际上,我们大家是一起为这个世界负责的。这里我想强调的一点是:新世界主义隐含着一种全球性责任。

问:除此之外,还要学习其他文化中的成规或者文化传统,这一点您在您的著作中已经提及了。要不断地向它们学习,要尽量认识不同的文化传统。

答:是的是的,正是如此!

问:在您的论述中,您曾经将后殖民主义、多元文化主义、认同政治等等同于一种"元叙述"。您是在何种意义上这样界定后殖民主义的特性的[①]?您是如何看待这些后殖民理论代表性人物的主要论点的?知识分子和文人抱着善良的却常常是过于天真的梦想;我认为,后殖民理论大家倡导一种文化上的世界主义(如巴巴的"混杂性世界主义")。可现实是严酷的,我们看不到种族歧视、文化挑拨、文化对抗、文化压制消失的可能性,更何况作为其载体的民族国家呢?

答:当我谈论元叙述或宏大叙事,以及后殖民主义和身份政治时,我是在反驳利奥塔(Jean-François Lyotard)的《后现代状况》(*The Postmodern Condition*)。我认为事实已经证明利奥塔错了。宏大叙事没有消亡;相反,自从《后现代状况》出版以来,新的宏大叙事又出现了,又产生了,其中之一就是后殖民主义。后殖民主义当然是一种多少意在逆转殖民主义辖制的概念。它想要表达这样的思想:被殖民的人民现在应该发表自己关于世界的意见了。然而,后殖民主义的大多数代言人都生活在西方世界。他们都有着原来母国和西方的经验。这种情况用来描述爱德华·萨义德、斯皮瓦克和霍米·巴巴肯定是合适的。它很好,我对后殖民主义没有很多要说的。我认为它是对殖民统治一种符合逻辑的反应,殖民统治当然也包含一种文化上的统治。

① 参阅王宁等主编:《全球化与后殖民批评》,第250页。

问:我在您的著作[①]中注意到一点有趣的事情。我们知道,自解构主义兴起以来,“欧洲中心主义”一直声名狼藉。消解中心、消解经典几乎为学界奉为圭臬,成为很多学人的口头禅。您是不是曾经认为人们应当在建构或者选择经典时要采取一种“欧洲中心主义”的态度?那么请问您是如何为这种态度正名的?其学理上的依据是什么?它与您主张的新世界主义、倡导多样化不矛盾吗?

答:没有,在有关经典的问题上我没有倡导过任何欧洲中心主义的观点。这是一种误解。我对经典的定义是:经典的构成是对某种需求或者某些问题所作出的回应,每个国家或许都有自己的经典,因为它们有着不同的需求或者不同的问题。显而易见,所有的经典都具有某些地方风味。

问:那么说,这种误解或许是由于中文翻译造成的问题了。我读的是中译本,或许是误译吧。

答:是的,那本书中是有些误译的地方。我根本就没有主张过什么欧洲中心主义。那其实是布鲁姆(Harold Bloom)在其《西方的经典》中的主张,该书最近有了中译本。他写的是一本关于他自己的阅读历史的书,也是关于西方传统、或者欧洲的或美国的选择某些著作的传统,那些著作可以被认为是属于西方的经典。但我非常欣赏的一点就是,他把自己的著作叫做西方的经典,这就为某一部东方经典留下了空间,也为东方学者与西方学者共同合作以求建构一种可以连接东西方的经典留下了空间。我认为我是不会参与这样一个项目的。我不相信这种计划。我宁愿相信一种根植于某种特定文化中的经典。然后,理所当然地,譬如说,有一种世界文学的中国版经典、一种世界文学的欧洲版经典、一种世界文学的尼日利亚版经典,而所有这三种书之间都会有很大的不同,这将是非常有趣的。也会有一些交叠之处,看看这些交叠之处都是什么以及差异之处何在,都将是极为有趣的。

问:因为每一种经典都有着自己独特的视角。

答:是的。

---

① 参阅佛克马等:《文学研究与文化参与》,第206页。

问：现在我们谈谈昨天晚餐时提及的一个问题。您知道当代女作家海男的作品是有争议的，因为她喜欢探讨纠缠于爱欲之中的男人女人的深度心理。她也一直在试图进行语言的革新。您似乎非常欣赏她的语言使用方式，那是一种极度个人化的、矛盾的甚至是颠覆的语言。她试图借以将她的写作或者她本身从平庸和政治套话中解救出来。如果我理解得正确的话，海男其实一直是将语言、将词语，而非思想内容，置于优先地位的。那么请问，在她作品中最吸引您的是什么呢？

答：首先，我对她作品的了解其实非常有限。但我想她在世界文学和西方文学方面知识非常丰富，而且她能够创造性地使用它。你认为她的关注点在于语言形式或者语言的运用，而非特定的内容，我想这是正确的，这是我们在其作品中所能看到的一点。

问：实际上她自己在一篇访谈中也承认过。

答：是的。如果我现在能记起她的一些诗的话，我们就能很清楚地看到这一点。对了，譬如说，《风琴与女人》(1992)中的《光荣》那首诗。2003年我在昆明的一次题为"无望的怀旧，重写的凯旋"(Hopeless Nostalgia, Triumph of Rewriting)的演讲中，就讨论过这首诗。

问：您提到的这篇演讲，我最近读过，它发表在2004年的《云南大学学报》第5期上；我还读过您的另外一篇题为《视文学为艺术》(Viewing Literature as an Art)的文章，由首都师范大学的林光华博士翻译成中文，但尚未发表。读了您的《视文学为艺术》后，我现在有一个较为具体的问题。当你将"互文性"一词定义为"一文本与其他诸文本之间的关系"时，是不是过于简化了？在我们看来，该术语不仅指一文本与另一文本之间的关系，而且也可能与很多其他因素诸如"互为主体性"(intersubjectivity，或译主体间性)等有关。您能否解释一下互文性一词的理论基础及其源头。另一个与该文相关的问题是，如何去实施或者进行一种您所说的"文学—美学式阅读"(a "literay-aesthetic reading")。能否给我们读者举个例子呢？

答：这个话题很大，但是互文性一词，我们在讨论重写的时候已经说到了。作家所玩弄的把戏之一就是创造惊奇或者含混性，以将读者带出平衡状态,或者也会在故事结尾处再找到一些平衡。通过对其他文本的参照就可以产生这种模糊性的效果:不但将注意力集中到摆在我们面前的文本上,而且也注意到被重写的文本,或者本文本所参照的文本。这就是我从读者的角度对互文性一词作出的宽泛的解释。导向互文性的历史是非常有趣的。你知道,在20世纪早期或者中期,人们对文本,单单是文本,非常感兴趣。只此文本,别无他物,甚至将语境都忽略了。读者却希望找到对该文本的充分的阐释。而现在则会同时出现许许多多的文本,因此很难再坚持将该文本视为一种结构谨严、整体合一的独立物的意见了。就在此时,克里斯蒂娃(Julia Kristeva)提出了互文性的观点。有一段时间,似乎文本的边界可以被穿越。读者受到诱导,同时想起其他的文本。大多数批评者都摒弃了将文本看做是一个完整整体的思想。现在,文本通常都是放在与其他文本的关系中阅读的,一种文本可以使人回想起其他的种种文本,不管是否被提及,它们都会使人联想起其他的文本。因此有很多使用互文性这一概念的理由。互文性这一概念标志着重心已经由文本转向了话语(discourse)。

问:我还有两个比较私人的问题。从您的个人经历来说,您是如何走出象牙塔、介入公众生活,以文学批评参与社会进程和社会生活的?

答:我写过几本书。最近似于文学批评的书或许是《现代主义假设》吧。那本书是关于现代主义作家以及第一、二次世界大战亦即1920年代和1930年代间的欧洲现代主义的。那是从一种国际性的角度来撰写一部短期文学史的某种尝试。我想荷兰的读者对该书非常熟悉。大多数读者都认为它非常近似于文学批评,但我宁愿把它看做是一部文学史。

我作为一位学者真正走出象牙塔,是在我于荷兰出版了两部小说①之后,在小说中包含着很多我个人的观点。那些小说当然是为普通大众而写的,其中的一部《马尔科的使命》还被翻译成中文。那是一部中篇小说,荷兰版的有100页,中文版的有三四十页。中文翻译首先在一本期刊上发表,然后被收入一本最佳译文选集中。譬如,在《马尔科的使命》中我讨论了文

---

① 佛克马在荷兰出版了一部诗集,*Rivieren*(1957)和两部小说,*Zichtbare steden*(1993)和*Marco's Missie*(1999),后者被译成中文。参阅佛克马:《马尔科的使命》,张晓红译,载《当代外国文学》2001年第1期。

明之间冲突的问题,是对亨廷顿(Samuel Huntington)的批评,他是个博学而又肤浅的保守派美国政治科学家。

问:您在学术界可谓誉满全球,尤其是在文学研究领域。在您的学术生涯中有无任何不满足的地方(regrets);如果有机会重来的话,您的文学之路会如何走呢?知道您在这方面的想法,对像我这样的年轻学者将是很有助益的。

答:或许我应该少做一点管理工作和组织性工作。每个人在其事业结束时都会这么说的。所以这也算是人云亦云吧。我应该多读一点、多写一点。

问:是因为浪费了很多时间吗?

答:这个么,我不知道是否真的应当为我在国际比较文学协会的工作而感到后悔,我不知道。但在研究领域内也有很多工作,都是很有必要的。如果要想为你的研究取得资助,你就不得不组织研究团队、撰写资助申请。

问:这对世界上学术水平整体的发展是十分必要的。这种工作必须有人去做。

答:没错,必须有人去做,可为什么总是我?(开玩笑式地笑了)实际上,我没有很多遗憾之处。说起年轻学者,我想对你们而言,坚持不懈地专注于某个特定的目标是很有必要的。不要分散于过多的题目或问题。如果你对某个问题感兴趣,那么请你一直做下去,五年、十年,直到你自己真正满意了,并且能够就此写出一本书来。

问:那样会不会过于狭窄了?我的意思是,即使想在某一个领域做研究,您仍旧需要具备关于研究课题的很多知识。您必须在历史、哲学以及其他相关领域内有相当广博的背景知识,对于一个人文学科领域的学者尤当如此,不是这样吗?

答:不,我不这样认为。我想你需要在科学哲学、如何进行研究、如何澄清问题、你所要研究的问题到底是什么等方面具备一些基本的知识。你应该清楚自己的研究方法。你应该问一问自己如何进行研究。真的能够完成吗？能否在有生之年完成它？你能够自己完成它呢还是需要合作？首先应该问一问这类有关方法的问题，然后你应该有一个清晰的目标：你的目标是什么？如果你在研究中取得了某些成果，那么你心目中的目标是什么？它将有何益处？我想这些观念是可以在实践中获得的，也可以通过与科学哲学领域的人以及研究经验丰富的人交谈而获得。不要以为你能够掌握不同文化中所有著名的哲学著作或历史著作。这是不可能的。我想你必须要找到某个自己喜欢的课题进行研究，然后耐心地、持之以恒地朝向这一目标前进，尤其是在像中国这样一个在年轻人之间存在激烈竞争的国家。

批评的愉悦、解构者的责任与学术自由

——J. 希利斯·米勒访谈录[①]

编者按:J. 希利斯·米勒(1928—)是加州大学厄湾分校英文与比较文学系“杰出教授”、国际文学理论学会主席、美国艺术与科学院院士、美国解构批评“耶鲁学派”主要成员、当代著名文学批评家、清华大学外语系荣誉教授。米勒先生自幼酷爱文学,将毕生的精力投入到文学研究中。多年来,米勒先生频繁地来中国参加各种学术活动,推动中美文学理论界和比较文学界的互动与交流,为世界文学研究的发展作出了卓越的贡献。2005 年 8 月,米勒先生应邀参加了于深圳大学召开的中国比较文学学会第八届年会暨国际学术讨论会并于会议期间接受了笔者的采访。米勒指出,人们对解构批评存在着很多误读和误解,解构批评家如德里达等其实大都能够自觉地承担起作为社会良心的道德责任并各自以不同的方式对现实进行了有力的干预。米勒还指出中外比较文学界目前所面临的问题与比较文学学科的发展前景,描绘了理想的大学体制,表现了对学术自由的憧憬。米勒也谈及了自己在学术生涯中所受到的影响、家庭与事业的关系以及中国文学理论界的问题等等。

---

① 本访谈作于 2005 年 8 月在深圳举行的“中国比较文学学会第八届年会暨国际学术研讨会”期间,英文版“A Calling for Literary Studies—An Interview with J. Hillis Miller”发表于《外国文学研究》2006 年 12 月第 6 期(第 28 卷);中文版发表于《国外理论动态》2007 年第 1 期。因篇幅太长,皆未能全文发表。

问:通过阅读您的各种著作,我知道您已经接受过无数次的采访,光是在中国就有好几次吧! 我也知道您不喜欢乏味的问题,我不想用这类问题来折磨您。因此,我会设法问您一些有趣点儿的问题和一些比较私人的问题。如果您对其中的有些问题不愿意回答,那也没有关系,我是非常理解的(米勒幽默地插话:"无可奉告!")。20世纪八九十年代美国文坛的解构批评以"耶鲁四人帮"或者"五人帮"亦即德曼(Paul de Man)、哈特曼(Geoffrey Hartman)、布卢姆(Harold Bloom)、德里达(Jacques Derrida)和你而著称,而你自己更认同于德里达和德曼。请问您自己更认同于德里达和德曼的原因是什么? 此外在您的成长经历和学术生涯中,还有哪些人对您产生过比较重要的影响?

答:我也从哈特曼和布卢姆那里学到了很多东西,但我自己的研究更具决定性地受到德曼和德里达的影响。很难具体地说明情况为什么是这样的。简单地说,我觉得就是在哈特曼和布卢姆的理论中还有些语言中心主义(逻各斯中心主义[logo-centrism])的残余。我自己的研究工作转离了他们的方向。你还记得那本题为《解构与批评》的书吧,里面的论文是由我们五个写的。从表面看,我们写的都是关于雪莱的《生命的胜利》(The Triumph of Life)。哈特曼说在那本书中他不是一个解构主义者。我们五个之间的关系非常友好亲密,但我们绝对不是异口同声的。即使是德里达、德曼和我之间也绝对没有同样的理论假设或者批评思路。布卢姆和哈特曼之间的区别、他们与所谓"耶路学派"另外三人之间的区别就更大了。在德里达最晚近的一本题为《尝试秘密》(*A Taste for the Secret*)的书中,他指明了他与德曼之间的基本区别。他指出:"……我力所能及地标示出语言上和修辞上的局限——这是我与德曼之间的深刻论辩的症结所在。德曼对解构有一种更为'修辞学'上的阐释。"在德里达的另一晚期文章《打字机的墨带:有限的墨》(2)("Typewriter Ribbon: Limited Ink"[2],以英语发表在《没有托辞》[*Without Alibi*]上)中,德里达再次转回到德曼,以极其微妙婉转、小心翼翼的方式批评德曼对自己的阅读,那是德曼早期的一部著作,题为《盲视与洞见》(*Blindness and Insight*),书中探讨了德里达对卢梭的解读。德里达这一举动是非常有趣的,因为德里达指出,一般来说,"我后来同意保罗·德曼的看法"。德曼也通常这样说:"德里达真是伟大。我真希望能够像他那样写作。”他们是十分要好的朋友，非常仰慕对方的著作。德曼参加过德里达在耶鲁大学所有的研讨班。这没什么好奇怪的，因为那些研讨班确实是智性上令人激动的事件。

我对这四位理论家的敬慕在于，他们个个都是文学文本的绝妙读者。哈特曼是个天才的读者、很棒的读者，布卢姆也是。他们都是文学的出众的读者，而且他们都热爱文学。德曼和德里达也都以不同的方式深爱着文学，都是哲学文本和文学文本的绝妙读者。他们对文本的解读让人称奇，但又都能够合情合理、有理有据，他们的这种能力是我最看重的，甚至比他们的理论建构更让我看重。

还有谁影响了我？波克（Kenneth Burke）、燕卜逊（William Empson）、瑞恰兹（I. A. Richards），他们要比经典的新批评派如布鲁克斯（Cleanth Brooks）、兰瑟姆（John Crowe Ransom）和塔特（Allen Tate）等对我的影响大多了。除了燕卜逊以外，我听过所有这几位的讲座。真正对我的学术发展起到重要影响的是波克和燕卜逊。这或许揭示了我的某些性格特点，因为他们几个都很有个性，有点儿我们常说的“古怪”。燕卜逊是一位出色的但极其不同寻常的英国批评家。这两位是同一类型的批评家，碰巧布卢姆在当学生时也对他们很感兴趣。他和我都同样仰慕波克、燕卜逊以及另一位性格怪异的英国批评家那埃特（G. Wilson Knight）。布卢姆和我都认为，他们的著作在其古怪之中，抓住了文学本身里面的某种真正的、不可驯服的野性的东西。哈特曼是第一位我所知道的在其作品中将所谓的现象学介绍到文学批评领域里的批评家。他的第一本书是关于他所谓的《无中介视像》（*The Unmediated Vision*）。我读到这本书时还很年轻，对我而言，该书是一种启示，因为我那时还不知道为哈特曼提供了灵感的欧洲大陆的批评。之后，我于 1953 年去约翰·霍普金斯大学教学，初次读到了比利时现象学批评家普莱（Georges Poulet）的著作。后来竟然发现他也在霍普金斯大学任教，于是我们就成了好朋友。他的批评方法对我早期的作品产生了巨大的影响，例如我的第一本关于狄更斯的书。我也从与普莱有关联的“日内瓦学派”其他批评家那里学到了很多东西，瑞蒙德（Marcel Raymond）、贝桂（Albert Béguin）、伯驰拉德（Gaston Bachelard）以及其他人等。不过，我的博士论文写在我受到他们的影响之前，那时主要是受波克的影响。我试图用波克的理论来谈论狄更斯。该论文从未出版,与我后来出版的关于狄更斯的著作其实大相径庭。后者受普莱的影响更大些。

问:在我阅读您的文学批评时,经常能感受到一种文学的韵味甚至某种激情,就是说,您的评论文章本身就是很好的文学作品。譬如您的《解读叙事》的第十四章《文学创作与文学评论的关心如何?》开始的一段。而我也发现,您对诗歌以及其他文本总是有着十分独特而敏感的感受性与观察以及切入的角度。请问您有没有进行过文学创作,如写诗、小说什么的?如果有的话,您认为文学批评和文学创作的关系是怎样的?另外,您从小就对理科的学科倍感兴趣,您于1944年秋进了奥柏林(Oberlin)学院,立志当物理学家。擅长数学与科学,对天体物理学十分着迷,那么请问您对科学的持久兴趣对您的文学研究产生了哪些影响?

答:这其实是纠缠在一起的三个问题。就像很多热爱文学的人一样,我也尝试过写小说,但不是很成功。我那时还年轻,这种尝试只是持续了很短的时间。这不是我毕生追求的事业,不是我真想做的事,更不是我能够做好的事。然而,我不害怕承认在文学批评中有某种文学特征。但在这样说的时候,我们必须要格外小心。文学是一回事,文学批评则是另一回事。它们之间的关系有一点交叠。就我而言,无法满足的文学创作的欲望完全被转化为尽我所能从事文学批评活动的欲望。就我而言,文学批评不是写诗写小说的替代,而是那种欲望的完全的升华。这是一个很棘手的问题,需要仔细回答。

无论如何,文学批评对我而言是一件极为有趣的事,甚至比你所说的激情更加重要。我从中得到了无穷的乐趣。在具体的例子中,我确实掌握了某首诗或者小说,我确实理解了它,我对它有话要说,是从来没有人说过的。把它写在纸上是一种快乐,尽管我从未对哪篇批评性文章感到百分之百的满意过。而这种不满足感又是继续努力的动力。最近我正在写一篇关于卡夫卡的文章,是为明年春天(2006年5月)在奥斯陆举办的卡夫卡会议准备的。我在该文中讨论了卡夫卡的《城堡》,他最后一部未完成的长篇小说。要理解它并写出点令人信服的东西真是一种挑战。但这种努力本身就是很有趣的,因此,与其说是激情,倒不如说这里面包含着某种明显的乐趣呢。

至于我早期对科学和数学的兴趣与我转而从事文学研究之间的关系，我确实不是很清楚是怎么回事儿，但有一点，那就是这二者都注重简约和优雅。一段精彩的数学论证与一段精彩的文学论证或许都可以被描述为优雅。数学家不但敬佩一段成功的数学思考，而且也欣赏在数学论证过程中的优雅和简约。这也是我在文学批评当中所景仰的一种境界。普莱是一个出色的简约型的批评家。他可以把对雨果的一大堆作品的阅读分析浓缩到二十页之内。真是了不起！我也试图去模仿这种令人钦佩的简约，但不是很成功。

我的文学研究中还有一个特点是来自早期对科学的兴趣。我不太想说自己是个实证主义者，但我仍然是个经验主义者。我科学的一面仍旧存在，我有这样的欲望，那就是关于文学作品的论断要经得起考验（verification），或者相反，能够被反证（disproof）。在科学上，一个好的假设是潜在地能够被——用科学家的话说——“证伪”的。科学上的假设需要被证明为或真或假。有个例子就是现在在美国，宗教保守主义者想要在学校里重新恢复教导“创世论”（creationism）。创世论就是教导是上帝在大约公元前4004年创造了宇宙（虽然有所有的生物和化石——这都是进化论的证据）。它的一个新名词叫做“智力设计”（intelligent design）。按照这一理论，这些宗教保守主义者指出：生物太复杂了，根本无法自然地进化。肯定有某种智力型存在物（intelligent being）从起初就计划好了整个生命世界，从细菌一直到人类。问题是：没有办法可以用来证实或者反对这种智力设计。它不是可以“证伪”的。也就是说，它不是一个真正科学的假设。相反，进化论是可以检测的。我们可以拿出对大多数人而言极具说服力的证据来。我们在岩石中可以看到化石。我们可以做大量的实验。现代遗传学显示出生物经进化后是多么的不同，而其染色体组又是如何相关联的。再举个例子，有些人或许会说：“月亮是用绿色的干酪制成的。”科学家会说：“你要证明你所说的。去月亮上带些绿色干酪回来。”到目前为止的太空旅行只发现月亮上除了岩石什么都没有。于是科学家就说：“我们断言，一个科学上的假设必须能够被证伪。我们的太空探索已经证明，月亮不是由绿色或其他任何颜色的干酪制成的，至少在我们业已探索过的地带是这样。”在我看来，文学批评就应该是这样。我们如何证明一个已知的关于文学作品的假设是真还是伪呢？通过引用，通过对引文作出令人信服的解读。文学文本，页面上的字句，无论多么问题重重，也都是对解码和阐释敞开的。字句都是具体而实际的，我们可以就其展开讨论。在文学批评中，它们扮演着相当于在科学中月亮上的岩石的角色。它们提供了某种经验性的证据，一些可能会使对于它们的含义能够达成某种统一意见的东西。我先是对卡夫卡的《城堡》提出了某些看法，之后又通过引文以及对那些引文的解读而证明我所说的是正确的。我指出：我的证据支持我的阐释。这就是文学批评中的类科学特征(the quasi-scientific aspect)。对这一方面的强调或许使得我不同于“耶鲁学派”的其他成员(当然不是完全不同)，这种强调也表现出我早期科学研究所产生的影响。

问：在阅读您的作品时，读者很容易发现，您喜欢在正文之前引用别人的语句。请问这些引文是该文本的一种灵感之源呢，还是一种暗示、一种象征，抑或是一种总结，还是一种对比、一种意义的拓展呢？

答：这个问题很好，但是不容易回答。通常在我读完了某个特定的文本之后，我又注意到某些重要的篇章，至少对我来说是重要的。它们通常有两种。一种是典型的母题或者主题的例子，一些支持更加传统的、成规性的对于该文本的阅读。另一种则似乎明显地有悖于总体结构的片断。它们因为异乎寻常和不和谐而显得十分有趣。它们拒绝被同化于一种连贯条理的解读之中。因此引文的选择不是那么简单的。对我来说，把它们全都以某种方式(即使是通过展示它们是多么地不合适)嵌入文章，以解释它们为什么要放在那里，这对我是一个很大的挑战。

普莱的引用技巧略有不同。他更感兴趣于这样一些段落：它们支持某个作者的一种连贯的、完整的、辨证的模式，这一模式是他发现的或假设的。我记得多年之前我跟他谈过一次话，那时他正在评论美国作家霍桑(Nathaniel Hawthorne)。普莱的阅读速度十分惊人，我就不这样。他说自己在一个周末就读完了霍桑所有的作品，目的是要写一篇关于美国作家的短论，作为附录追加到《人类时间的研究》(*études sur le temps humain*)的英语译本后面。对于霍桑的“内在距离”(inner distance)(就像他在一本著作的题目中所称的那样)的某些特征聚合在一起的方式，他已经有了一个假设，但他还没有找到这样一条可以适配该思路中的某个阶段的引文。就在那个周末,他终于找到了那个他猜测肯定存在的段落。他都高兴坏了,真是兴高采烈,这说明他的假设是正确的。比较之下,我则更感兴趣于那些最终否定了我在一开始就持有的假设的那些段落,无论那些假设是什么样的。

问:解构理论或曰修辞式阅读以及以后结构主义为基本批评策略的文学批评思潮如后殖民主义,经常被指责为一种虚无主义,是文本的沉溺和对现实的逃避,完全迷失于无休止的、乏味的语言游戏之中,是精英的、反动的以及不关心政治和社会的。但总体而言,您当然是十分反对这种指责的,在《理论的胜利,阅读的阻力以及物质基础问题》一文中,您认为这是对你们理论的一种误解和曲解(misunderstanding and misrepresentation)、一种肤浅的理解,是无力阅读他们的谴责对象、没有能力搞清其含义。您还指出德里达和德曼都没有把自己的事业与政治和历史隔绝,而是分别以不同的方式认为,一个人没法不从事历史和政治的活动,二人均把人文学科的研究和文学理论看做是对历史和政治的积极干预。具体从实践上说来,您认为解构批评是从那些方面对现实生活和社会产生积极影响的?您是不是认为解构批评或者任何批评都不应该失去自己美学的独立性,不应该成为现实的简单化了的或者简化的附庸呢?

答:你说只问一些轻松的问题,但我现在发现你是在开玩笑!(大笑)你的问题绝对不是琐细无所谓的,也不轻松。我确实认为,有很多人在攻击解构理论时简单地误解了它。他们没有仔细地阅读我们的作品,而这似乎是在发起攻击之前最起码的义务了。他们只是在报纸上或者某些浅显的摘要中读到什么是解构,而这些摘要通常又是对其他肤浅的、不正确的总结的浅薄重复。不过我也认识到,解构理论中的某些东西对于很多人所持有的关于自我(selfhood)、历史、美学和文学等的常识性的假设是具有搅扰作用的。抵制是预料之中的。例如,所谓"新批评"的一个基本的假设就是一部好的文学作品是一个有机的统一体。五十年前的美国,很多教师和学生都接受了这一假设。这就意味着,批评的目的就是要寻找并描述某个给定作品的有机统一性。这是一种很强大的假设,甚至还非常具有启发性,因为它可以使得学生们进行更加仔细的阅读。然而,对于一个解构主义者如德里达、德曼或者我而言，事情就不是这样了，根本就不是这样的。并非所有的文本都是有机的统一体。更准确的说法是没有一部作品是有机的统一体。这一假设极具启发意义，因为它使得读者去寻找那些显见的重要特征或者段落，但它们却无法被含纳于任何有机的统一体中。这些特征的存在并不就意味着该作品不好或者不连贯。恰恰相反，这种现象或许表明，这不过是语言的一种特征：无论语言被如何仔细地组织起来，也会拒绝被吸纳进一种有机的统一体的隐喻之中。那些对"有机统一体"盲目崇拜的人或许不算是好读者。

你还提到有人指责所谓的"解构主义者"脱离历史和政治。很容易表明事情根本就不是这样的。尤其是德里达，他的一生及其毕生的写作都深深地卷入了某种政治问题和政治行动。譬如，虽然他从来没有加入法国共产党，但这种拒绝在他于50年代脱离与法国"泰凯尔"团体(Tel Quel)①的联系时，本身就是一种重要的政治姿态。德里达的《马克思的幽灵》完全是一种政治立场的表态。德里达的很多作品，尤其是晚期的作品，都与死刑、无家可归者的苦境、民主的未来、宽恕以及国家主权有关。德里达关于死刑的研讨班并不只是说"我不喜欢死刑"就完事儿了。他的讨论遵循着对死刑在西方历史上的详尽检视。要加入欧洲联盟就需要废除死刑。这对于土耳其来说一直是个问题。当德里达去以色列时，他要求以色列方面的接待者安排他去看看某所巴勒斯坦大学。尽管他们满足了他的请求，但他们对此感到非常尴尬。在我的作品中，也以不同的方式存在着对政治和历史的类似关注。近来我对此越来越重视了，譬如在《阅读的伦理》(*The Ethics of Reading*)和《文学中的言语行为》(*Speech Acts in Literature*)中。德曼的作品

---

① "泰凯尔"一语出自尼采，意思是"如其所是"或者"如实地看待文学"，是20世纪后半叶法国文化中的一个重要现象，由于培养了一大批重要的思想家、理论家、批评家、文学家、艺术家乃至科学家而影响了法国和欧美文化的发展，在某种意义上，也可以说决定了人类思想在世纪末以及21世纪的历史进程。"泰凯尔"是一个多义的名称，它既是一种文学杂志、一个文学团体、一场文学/文化/理论运动，也是一种意识形态。作为一种文学创作和理论季刊，《泰凯尔》自1960年至1982年在巴黎定期发行，共94期，其文学实践是先锋的，其理论观点是激进的。作为一个团体，"泰凯尔"并没有严格的组织和制度，而只与众多的研讨会、研究班和大型的学术会议密切相关。参见 http://www.rmage.com/gb/club_read.php? b = Rmage&s = 1&po = 13534&p = 28&t。

也不例外。在德曼的生命接近尾声时,接受了柔索(Stefano Rosso)的访谈。在回答其作品中出现了越来越多的"意识形态"(ideology)和"政治"(politics)等词汇这一问题时,德曼说:"我不认为我曾经远离过这些问题,它们在我心目中一直是最重要(uppermost)的。"

问:你在题为《"物质利益":现代主义英语文学对全球资本主义的批判》一文中,确实尖锐地批评了美国政府的对外政策和政治不公义。

答:没错,你提到的那篇文章明显是政治性的,我十分具体地就我国采取的方向表了态。在我看来,美国在很多方面都正在走一条灾难之路,因此我感到有义务尽力呼吁。

问:也是为了表明你们与政府的坏政策没有任何关系。

答:当我对自己的国家感到难堪时,我不得不解释我对我国的很多政策是持反对意见的。我不得不表明,我不支持乔治·W.布什及其政府所做的很多事情。很有意思,有时候你在美国能看见汽车的保险杠贴着:"别骂我。我没选布什。"

问:在美国,知识分子和大学教师是不是越来越感兴趣于对政府进行批评呢?

答:我不认为最近知识分子和大学教师在批评政府的兴趣方面有多少增长。我们像所有的公民一样,在传统上有批评的自由,也有施行这种自由的悠久历史,但我们这样做是以个人的名义,而非代表我们的学校。我们所施行的最重要的政治权利是在选举中投票,但有时也会失败,就像在上次的总统选举中那样:布什再次被选连任总统。

问:您曾经先后担任过耶鲁大学和加州大学厄湾分校的比较文学教授职位,也曾多年教授比较文学课程。您曾经说过,比较文学学科被引入美国高等院校的课程设置,导致人们认识到:一种语言与另一种语言之间具有不可翻译性,也意味着英文系的权威与主宰地位的崩溃……新批评与比较文学的发展都是颠覆性的,它们是寄主生物体内滋生的一种破坏性的寄生物,最终都具有致命的侵略性。而在《"全球化"对文学研究的影响》一文中,您也指出,旧的独立的民族文学研究正在逐渐被多语言的比较文学或全世界英语文学的研究所取代。您在《比较文学的危机》一文中，指出比较文学面临的两个危机。一个是语言的危机，另一个是与新媒体的发展相关的危机。其实第二个危机也是文学研究整体上所面临的危机。您又指出：比较文学永久的危机并不在于理论或方法论上的分歧，而是在于翻译的问题，这里的翻译是广义的概念，包括语言之间的翻译、文化之间的翻译，和从亚文化到另一亚文化之间的翻译。可是我认为，通过比较文学的研究和发展，这种语言或者文化之间的翻译/转换和理解才更加成为可能。翻译的问题不是危机，而是我们比较文学研究的目标之一。

您也看到比较文学与某种文化帝国主义之间的相关性，以及传统西方比较文学中的西方中心主义，并对其提出了质疑。那么，您所提议发展的一种新型的全球性、非欧洲中心化的比较文学究竟是什么样的呢？

答：其实，比较文学一直存在着某种危机，从50年代韦勒克提出“比较文学的危机”到现在，就一直没有间断有人提出这种学科的危机。但目前的危机主要存在两个方面。一是语言的危机。一个教授不可能掌握世界上所有的语言，而单纯依靠翻译有时候也是靠不住的。一个折中的办法就是掌握一门语言和一门非欧洲语言，譬如说汉语或者日语；或者就如今天大会发言的印度德里大学教授垂韦德（Harish Trived）所说的，干脆抛开欧洲语言而比较中印文学，也未尝不可呀。另一种问题是批评术语方面的问题。不同国家和文化、不同时代中的术语之含义是不同的、有变化的。譬如“悲剧”（tragedy）一词对于索福克勒斯是有意义的、适用的，但对于莎士比亚则未必适合。再如中国的悲剧或者非洲的悲剧，那差距就更非同小可了。我们该怎么办呢？我们可以使用不同文化语境中的不同的术语谱系，进行交叉观望、互相参照。即以一种文化中的某种术语观照另一文化中的文学现象，在互相尊重的基础上互相借鉴、互相参考。即以一种文化中的某种术语观照另一文化中的文学现象，在互相尊重的基础上互相借鉴、互相参考。波克曾经提出著名的“非协调视角”（Perspective by incongruity）理论。意思就是将不同文化中的不同作品并置，就可以更好地理解作品的特异之处。双眼看的是不同的东西，或者以A的眼光看B，或者以B的眼光看A，就会看到不同的东西、看到平时不易发觉的新意。如我们可以将索福克勒斯的《俄狄浦斯王》和《红楼梦》并置研究，就可以获得一种新视角、新视野。而只研究某一国的文学的国别文学研究，就不容易发现作品的特殊之处。而这一术语译成汉语可能也不容易吧！这也正说明了术语交流与借鉴的困难。对于比较文学的一种形象的说法是用双筒望远镜看东西，双眼看的是不同的东西，左眼看的是《红楼梦》，右眼是《哈姆雷特》。

本次会议的与会代表们就比较文学提交了很多论文，之后在讨论中也谈了很多。似乎在这方面有着普遍的共识。与会者大都同意中国应该有一种新的比较文学，它在两方面与传统的欧洲的西方比较文学是不同的。一种是把全球文学作为其主题而非仅仅是欧洲文学。这在当今所谓的全球化时代听起来很简单、很明显。但实际上做起来是十分困难的。像汉语、日语、非洲语言等都属于差异极大的语言谱系和文化传统，因此要训练真正具备全球性语言能力的学者是极其困难的，几乎是不可能的；而通晓一种以欧洲为中心的比较文学中大多数的重要语言却是可能的。这并不是说我们不应该努力训练学生去掌握一种新的语言能力。我相信，今天所有美国的学生都应该学习一门远东地区的语言，最好是汉语。正在中国发展的新比较文学的另一个不同之处是，这一学科已经不再仅仅依赖西方的文学理论了。西方文学理论是以某些文学即西方文学为基础发展起来的。其目的是要解说西方文学及其特征的。试图将其普泛化并运用于任何别处的文学都是错误的。假定这样的运作过程会奏效也是很危险的。我认为，传统的比较文学经典以及西方文学理论都需要参照世界上其他地方——譬如中国——发展起来的理论来看。今天下午的会议发言中有学者将比较文学定义为一种全球化了的事业。这一新事业将会同时从各种理论传统的不同的视角中、从很多对于文学的不同定义中、从很多对于文学对社会和个体读者的功用中，看到世界范围内的各种文学。我同意这是当前我们需要着手去做的最重要的事情。

理论的价值是要以最好的方式去说明特定的文学作品。我对文学理论、对抽象的东西不是很感兴趣。文学理论的价值、有用性，就是帮助人们去更好地阅读文学作品，帮助解释文学作品。优秀的文学理论不是空想的抽象之物。文学理论作出似乎是四海皆准的陈述，但实际上却是来自某一特定时期的、用某种特定语言书写的、在某种特定文化中发挥某种特定作用的某个特定文学文本。这在从亚里士多德到今天的西方文学理论传统中无疑是正确的。亚里士多德在其《诗学》中给出了悲剧的定义,悲剧是“对于一个严肃、完整、有一定长度的行动的摹仿;它的媒介是语言,具有各种悦耳的声音,分别在剧作的各部分使用;摹仿是借助人物的动作来表达的,而不是通过叙述;借引起怜悯与恐惧来使这种情感得到陶冶”。这里亚里士多德没有说“有些悲剧”,而是说“悲剧”,暗示所有的悲剧。然而,亚里士多德这一具有绝对普泛性的理论却是来自于具体、狭隘地定位的,甚至从语言上定位了的目的。他要解释的是公元前5世纪在希腊用雅典城邦的希腊语写的雅典悲剧。我们甚至可以这样说:他的首要目的,是要阐释一部悲剧,那就是索福克勒斯的《俄狄浦斯王》,因为他大多数时候都是在讨论这部剧作。这是他用来作为示范的悲剧剧作。在被“理论化”的作品的历史具体性和亚里士多德的理论陈述的绝对普遍性之间存在着一种断裂。文艺复兴时期英国的理论家们很难使亚里士多德的理论适合于文艺复兴时期的戏剧,譬如莎士比亚的《哈姆雷特》。文艺复兴时期的戏剧在某种程度上总是基督教的,而索福克勒斯的戏剧当然就不是了。

当代理论家,譬如说德曼的理论性陈述也是如此。在其《阅读的寓言》(*Allegories of Reading*)中有篇文章叫《寓言》,德曼在文中指出:“所有文本的范型都由一个人物(或者一个由诸多人物形成的体系)及其毁灭构成。但是,由于这一模式不能被一种终极阅读所阻断,因此,它又反过来危及一种补充性人物形象的叠加(a supplementary figural superposition),这一叠加叙述了前一个叙述的不可阅读性。不同于那些以人物为中心、最终总是以比喻为中心的基本解构性叙述,我们可以将这种叙述称为二级(或者三级)的寓言。”我对这一高度浓缩的理论建构的反应之一(除了感到它是多么地不好理解之外),就是不由得问道:“所有文本的范型?这个陈述也太大胆了吧。”如果发现有一个文本不适合这一范型的话,德曼的理论声明就将被显示为不合格的。德曼的断言出自一篇具体的文章,该文章的目的是要阅读并阐释卢梭的一部作品——《朱莉或新爱洛伊丝》。无论是亚里士多德还是德曼的理论建构,它们的有效性不在于具有普泛的可应用性,而是在于它们能够解释在某个特定文化的特定时期的某部特定的作品。以为这种理论建构适用于所有时代所有地域的所有作品,是很成问题的。当我们以为可以将这类理论陈述用来阅读非西方作品时,问题尤为严重。

问:您是如何看待后殖民主义中的解构因素及其积极的抑或消极的影响的?您对萨义德和斯皮瓦克略有论及并对萨义德严肃、负责的左翼批评态度表示了赞同,对斯皮瓦克也寄予厚望,而对其他的后殖民理论家如霍米·巴巴等却未见论述。请问您是如何看待后殖民主义这一批评流派的?

答:这个么,我对这一领域确实知之甚少。我读过巴巴的一些作品,但不是很多。我确实没有资格就此发表很多意见,除了要指出:当代后殖民批评家们,包括斯皮瓦克、巴巴和萨义德等,都深受所谓解构理论的影响。同时,这些批评家又都以某种方式对解构理论有所反抗。德里达就总是为萨义德就解构理论所说的话感到恼怒,他认为:萨义德从来就没有仔细地读过他的作品,只是泛泛地说一些关于他(德里达)和解构理论的话,这些话很容易被证明是错误的。萨义德需要反对解构理论,或者他认为他需要这样做,目的是建立他自己的后殖民理论。他需要误读德里达,以此作为陪衬。

然而,德里达对斯皮瓦克、巴巴、齐泽克(Zizek)等人产生过巨大的影响,尽管有时候这种影响不是显而易见的。斯皮瓦克毕竟翻译了德里达的《论文字学》。德里达的作品极具威力,它激发后辈人要与众不同。无疑,后殖民理论家们有一些与德里达不同的基本假设,但他们的目光也有交叠的部分,那就是对后殖民社会老百姓的共同关注:孩子、妇女、流亡者、无家可归者以及那些受压迫者。德里达不介意别人与他有不同意见,但他认为在别人反对他之前首先应该理解他的作品。他说,萨义德不理解他的作品。他甚至都拿不准萨义德到底读过他的书没有。顺便提一下,萨义德跟我还是很要好的朋友,而德里达其实不认识他。我认识萨义德有很多年了,在此期间,萨义德一直耐心地试图教育我,尤其是有关被占领区巴勒斯坦人的苦难境况。我受哈佛大学出版社之邀,读了萨义德关于康拉德的短篇小说的第一部著作,并热情地向出版社推荐出版该书。我竭尽全力地试图让耶鲁大学聘任萨义德为教授,但没有成功。我以为他肯定能成为耶鲁的优秀教授。他是一个非常有力量的教师,这一点具有传奇色彩,当然他的著作在全世界都产生了巨大的影响。他去世时我十分悲痛。不过,我认为德里达说萨义德没有公正地对待解构理论是正确的。

问:下一个问题是关于知识分子通常所依附的机构的。德里达理想的大学是一种“无条件性”大学，萨义德也警告我们小心任何机构和团体可能对大学的各种变相的贿赂和收编(accomodation)。而您自己也看到当今的大学越来越多地开始接受来自企业的、甚至是跨国公司的资助与合同，而不是像以往那样仅仅接受政府的资助和捐赠的基金。种种形式从各个方面都对大学有渗透和侵袭，甚至从根本上改变着人文学科研究在社会中的功用。您在文章《理论的胜利，阅读的阻力以及物质基础问题》中也指出大学的生存环境应该有开放辩论，保持言论、思想写作的自由，舍此则大学无法生存。而今天的人文学科所面临的最大危险之一就是企图压制和剥夺这种自由，尤其是针对年轻学者。您声言支持大学中的异质性，支持为生存而进行公正、公开的角逐，以便百花齐放。您反对把大学搞成一种技术型、工具型的大学。请问，在全球化的时代，大学的责任是什么？理想的大学是什么样的？如何实现？

答：问得好！是的，大学应该是无条件的。我们美国大学中最弥足珍贵的东西是我们所谓的“学术自由”。原则上讲，这是一种在课堂上可以讲任何事物、可以质疑任何事物的自由。作为西方一种相当晚近的建制，文学原则上也有着同样的自由，去讲小说中的任何事情，去质疑小说中所有的事情。像言论自由一样，也像文学上的自由一样，学术自由从来就没有完全自由过。对其总是有一些没有明说的、心照不宣的限制。在课堂上，有些事情你说了必然会引起某种麻烦，例如所谓的“仇恨言论”(hate speech)。这是很自然的。因此学术自由从来就没有完全自由过。

不过，学术自由是西方大学的一项最基本的权利。这是一种珍视言说真理、发现真理而非权宜手段或者实际用途的自由。首次指出臭氧层减损及其原因的科学家(其中有一位就是我们学校的)受到讥笑，受到尖刻的批评。没有几个专家相信他们的发现。但他们最终因为其研究成果而获得了诺贝尔奖金。他们一直在告诉人们真相，即使它有悖于普遍接受的观点，也有悖于公司所乐意听到的。最终他们由于发现真理、言说真理而得到了回报。现在我们大学的危险就是教授越来越多地从公司那里要钱。这就鼓励科学家们去做那些具有短期效益和实际用途的研究。我认为说教授们发现的知识应该因为其即时性实际效益而受到重视是错误的。某项新发现的实际用途或许不能立即知晓。例如DNA和人类基因的发现就是这样。另一个例子是原始互联网(the original Internet)的发展。它最初是设计出来使科学家们能够快速交流的一种地方性手段。没几个人能够预测到互联网会变成现在的样子,而且发展速度竟是如此之快。一个做"纯研究"的科学家经常"十分偶然地"发现某种结果最终具有巨大实用价值的东西。这与制药公司拿钱给大学的科学家们去做某项具体的研究以帮助它们制造新药最终使公司赚钱发财是两码事儿。

大学应该成为这样的地方:人们在这里所做的研究应该脱离任何明显的实际用途。学术自由的这一方面是很难保持的。现在即使光强调这一点,就像我刚才做的那样,听起来也是不现实的(utopian)。大学的神圣使命就是在所有的领域内寻求真理,为了真理而真理。这一使命是一种脆弱得不堪一击的献身或者专注精神(commitment),尤其是在当今的时代。虽然很多著名大学都有着这类献身承诺的校训,例如与我联系最密切的四所高校,但情况仍未有多少改观。"真理会使你获得自由"(Veritas vos liberabit)是我任教多年的约翰·霍普金斯大学的校训;"光明与真理"(Lux et veritas)是耶鲁大学的校训,我离开霍普金斯后在那里教过学;"真理"则是哈佛大学的校训,我在那里读的研究生。我现在的学校加利福尼亚大学的校训是"让那里有光"。我们的研究大学都致力于启蒙,使真理大白于天下！它们都是启蒙运动理想的产物。然而,所有这些训言都与《圣经》有关,这一点并不是没有意义的。霍普金斯的校训来自基督教《新约全书》的《约翰福音》第8章第31、32节。加州大学的校训来自《创世记》。其他校训中的"真理"、"光明"等词也都与《圣经》有关。美国的研究大学仍旧在它们的口号中带有原初的基督教传统,就像全球化概念一样;德里达就曾经指出:全球化最终依赖于基督教神学的"世界"(the world)这一概念。全球化的法语说法是"mondialisation",或许可以被直译为"世界化",也就是说,使全球成为一个世界。

当今大学局势的另一个特征就是我刚刚提到的全球化。世界正在变得越来越小,每天都在变小。今天的好大学和好的研究都具有一种国际性眼光。因此大学应该对世界各地的研究者和学生开放,譬如博士后研究者。不幸的是,这一使命不能总是被圆满地完成。像加州大学这样的州立大学感到它们的首要义务是教育给它们提供资金的那些州的学生。它们感到它们教育其他州的学生的义务就很少了，而对来自其他国家的学生的义务就更少了。这经常有悖于其最初的使命：发现有关所有事物的真理；阐明一切事物。全球合作对于阐明真理是必要的。为什么呢？因为国际合作是在获取知识方面取得进步的最好方法。国际合作团队进行很多重要的科学调查研究。请注意诺贝尔奖金经常授予由几位来自不同国家的科学家组成的团体，一个来自芝加哥，一个来自印度，另一个来自德国。他们虽然距离遥远，却可以一起合作。这种国际性合作反过来又依赖于新技术：计算机、电子邮件、国际互联网、光纤（纤维光学）电缆等等。我们全球化时代的大学必须要对全世界开放。尽管我在人文领域内工作，但我的研究工作却是与世界各地的同行们展开合作的。譬如我们在这次访谈中的合作！它先是在中国被录制在一个微型录音器上，然后在电脑里转换成文字，然后再由我在美国加以修订，之后再通过电子邮件发回中国。就算几年之前，这一过程中的每一步都是不可能的。它们绝对依赖于新式的电子技术设备。

问：您说得很对，我们或许应该利用全球化和科技进步给我们提供的便利，促进我们学科的发展和进步。中国有句古话，叫做“当局者迷，旁观者清”，因此与外国专家交流时，我总喜欢问的一个问题是：作为局外人，你们是如何看待当代中国文学理论界、文学批评界状况及其未来发展趋势的？未来的发展需要注意什么？

答：作为一个局外人，尽管我对中国的情形了解得不完整，但我想或许这里的教授需要勇气去发展自己的理论建构，而不只是依靠别人的理论。

问：尤其是西方理论。

答：没错，尤其是西方理论。或许我们西方人都需要了解更多的中国文学理论。或许最近这里（中国）还没有人建构起一种中国特有的、像詹姆逊理论那样有力的文学理论或文化理论。我推测詹姆逊在中国有着很大的影响力吧。

我记得数年之前参加过一场关于马克思主义文学理论的会议，大概是在桂林吧。对于马克思我读过一点，但我当时读《资本论》是为了撰写论文。我发现那是一部很有趣的书，最起码也应该说非常有趣。有些地方也很好玩。尤其是其注释，极具论辩性和反讽性。我还发现《资本论》中有一种极为复杂的隐含的文学理论。马克思继承了19世纪欧洲那种后黑格尔的修辞知识和分析传统。他很好地运用了这种传统,借以表达自己的观点。在马克思的相关理论中,隐含着一种复杂的诗学和隐喻性语言的理论,有时候甚至非常明显。他深受莎士比亚的影响,是莎士比亚的一个绝妙的读者。我提交了论文,后来被译成汉语在中国发表了。会上我曾问一个参加会议的中国同行:“你们为什么需要詹姆逊以及这么多的西方理论家(会上来了很多)来告诉你们马克思主义文学理论或者马克思的文学理论?中国被认为是一个共产国家,一个马克思主义国家。为什么不写点最近在中国的马克思主义文学理论呢?”那个同行回答说:“因为我们没有什么马克思主义文学理论!”这太让我感到惊奇了!这可是个据称信奉马克思主义的国度啊!“我们没有什么马克思主义文学理论,因此我们需要西方人来告诉我们它是什么样子的。”我想,中国人应该发展出自己的马克思主义文学理论。无疑,这种理论正在发展,因为我刚才说的会议已经过去好多年了。

问:即使诉诸于马克思主义文学理论也是间接地来自别的国家,谈不上是中国的。

答:对,它不是中国自己的。中国应该发展出具有自己独特形式的本土化的马克思主义,包括一种中国式的马克思主义文学理论。我同意,马克思自己的写作有着具体的历史和智性语境。他来自德国的智性传统。这也是伟大的英国维多利亚时期小说家乔治·艾略特(George Eliot)的传统。19世纪德国有一个名叫伯克(Boeckh)的修辞理论家,像马克思一样,他也出现于黑格尔之后。他们的理论有着相同的智性传统。马克思和乔治·艾略特都有关于比喻性语言和文学的理论,十分类似于伯克的理论。艾略特曾经发展出极为复杂的文学理论,马克思也是如此;我想说,艾略特关于文学的假设与马克思的非常相似,但要详细地展示需要费很多笔墨。十分凑巧、也很令人高兴的是,艾略特和马克思的墓地距离不到一百英尺。几年前我去伦敦北边的海格特公墓,去看艾略特的墓地。对我来说,她在我的作品中过去是,现在仍然是,一个重要的维多利亚小说家。我发现她的墓地非常破败,缺乏修缮。而在那边不到一百英尺的地方,马克思的墓碑却光彩照人,上面有一尊半身雕像。那是很久以前了,还是苏联时代。在马克思的墓地上摆放着鲜花,一群苏联官员也来马克思墓前致敬。你能看出来他们是来自苏联的,因为他们都穿着黑色的、官僚派头的、样子难看的西装。马克思的墓地与艾略特的墓地只有一箭之地,这偶然地表达了他们同属于一个智性传统的事实。他们对于修辞理论有着同样的复杂论述。中国的智性传统该如何去好好利用这种理论,我说不准,但我想对中国人说:去读马克思!去读乔治·艾略特!(笑声)……

问:去重读马克思?

答:对,重读马克思。或许在中国对于马克思主义存在着某种程式化的台词,但它决不能取代不断地回到马克思自己的作品中去:譬如《德意志意识形态》或者《政治经济学批判大纲》,当然了,还有《资本论》。这种情形可能有些类似于美国的精神分析学校里的状况。学生们要在那里被训练成精神病医师,他们第一年使用的是弗洛伊德的简写本,他们有选择地阅读弗洛伊德。当他们后来读得宽泛些了,他们就会发现弗洛伊德比他们原来以为的要有趣的多,也更具多样性,甚至也不那么具有同质性(homogeneous)了。

问:下面问你一个比较私人的问题。您的名字听起来有点儿奇怪,恐怕很少有人知道您的名(first name)吧?我们知道,一般而言,后面的名字都是家族名字,惟有名才是自己真正的名字,但你为什么不突出自己的名,只用一个字母"J"来代替呢?

答:这个么,原因很简单。我父亲跟我名字一样。他也叫J. 希利斯·米勒。我祖父名叫约瑟夫·米勒,但他的中间名不一样。我名字中的"J"代表约瑟夫(Joseph)。出于某种原因,人们都叫我父亲和我的中间名。不过我想我知道其中的原因。希利斯(Hillis)不是我们的家族名。我祖父是弗吉尼亚的一个农场主。我父母总是告诉我,祖父对一个人怀有无限的崇敬,他是一个灵感论牧师,一个演说家、教育家,或许他就像现在的比利·葛莱汉姆一样。他的名字叫纽维尔·希利斯(Newell Dwight Hillis)。他姓希利斯。我祖父就以那个牧师的名字为我父亲命名。我祖父是一个南部浸礼会教徒。我父亲在成为大学校长之前是一个南部浸礼会的牧师。我相信,纽维尔·希利斯也是一个浸礼会教徒,不过在互联网上很难找到关于他生平的详细资料。我父母告诉我,纽维尔·希利斯在各地奔走领导聚会、演讲、引用圣经、传教。我祖父极为崇敬他,因此将自己的儿子命名为希利斯,而不是约瑟夫。因此我父亲被叫做约瑟夫·希利斯·米勒,但一般总是称呼他的中间名。这很少见,但在美国也不是从来没听说过。我父母后来也给了我同样的名字,然后按照习俗再加上个"小"(Junior)字,简写为"Jr."。使用"小"字是当时的习俗,尤其是在美国南方。于是我小时候就被称作"小希利斯"。我很不喜欢我名字中的那个"小"字。我现在仍然能想象出我母亲喊我的情景:"小希利斯!"我父亲一去世(我父亲死了,唉,那年他五十三岁),我就去掉了那个"小"字。整个故事就是这样的。

在美国,有时候人的名字先是首字母缩写,再加上一个中间名,这种情况是有的,虽然不太常见。这有时候会引起一些麻烦。有时候我不得不接受被人称作约瑟夫·H.米勒,例如在护照上以及税单上。当我找医生验血的时候,我在外间等着。护士出来喊道:"约瑟夫!"开始我没反应过来,之后才意识到这是在喊我。多年之前我也努力想成为约瑟夫·米勒,在支票上、在电话簿上使用这个名字,但从来就没有奏效过。所以无论好坏吧,我还是叫J.希利斯·米勒吧。

问:从您的一些文章和访谈中,我们知道您有一个非常美满的家庭。请问您的家庭生活对事业是否有积极的或者消极的影响?当事业和家庭之间产生矛盾时,您通常如何协调?

答:这也是个很简单的问题。我将回答总结为互相矛盾的两点。首先,我在事业上多亏了我妻子,不是因为她阅读我的作品(她不读我的东西),而是她对我的鼓励,尤其是在一开始我还是个本科生的时候,还有当我在二年级期间觉得我实在想学文学而不是物理的时候。我一入大学就遇到了后来将成为我妻子的女子,那是1944年。正像人们常说的,我对她"一见钟情"。但我花了好几年的时间才使她对我的爱作出回报。我花了大量的时间来说服她。我们常在图书馆学习之后或者看完电影之后,一边喝可乐一边促膝长谈。我会这样问:"道罗茜,如果我不搞物理搞文学的话,你能忍受永久的贫穷吗?"她就会这样回答我:"是的,我准备好了住在贫寒的小屋子里,只要和你在一起我就满意了。你应该去做自己最想做的事。"她是鼓励我改变专业的决定性因素。这是很不容易的。

但她十分支持我。

与此形成对比的另一方面，是与我对妻子的依赖、我对她的爱相抵触，或者相抵牾的。当我在读研期间没日没夜地写论文的时候，或者当我整天忙着写推荐信或者修改访谈稿（就像我此时此刻正在做的这样）的时候，或者当我背井离乡，花费大量时间到世界各地作演讲、参加会议的时候（我现在仍是这样），我就顾不上她了；而当我的孩子们还在家里住的时候，那我就是一家人都顾不上了。一方面我的天职是文学研究，另一方面我对妻子和家庭负有责任，在这两种义务之间有着明显的矛盾。这对我妻子来说实在是难。家庭是重要的，极为重要的。对孩子们而言，有个常常"离家出走"的父亲也是很不容易的。孩子们有个小有名气、事业成功的父亲，但这也给他们带来一些问题。几年前，我的小女儿萨拉还在普林斯顿大学上本科，她有个朋友选了一个名叫米南德的人的课。他现在已经很出名了，但那时才刚刚开始教学。萨拉没有选他的课。米南德似乎说了些对我不是完全善意的什么话，萨拉的那位朋友就说："哦，顺便说一句，我有个朋友叫萨拉，她是 J. 希利斯 · 米勒的女儿。"米南德的反应只有两个字："天哪！"（笑声）萨拉的朋友回头把这事告诉了她，之后萨拉又告诉了我，令我感到十分好玩。不管怎么说，我的三个孩子有我这样一个父亲，在某种程度上不是什么好事儿，就像我有个在一所著名高校当校长的父亲对我来说也不完全有利一样。孩子最终都要自己在世上闯荡。我的三个孩子都有博士学位，我们对此很自豪。

类似的事情也发生在德里达的儿子身上，那时他还在读中学，没上大学呢。德里达的儿子有个艺术老师，教的是艺术史。这老师就问德里达的儿子："顺便问一声：你与那个著名的哲学家雅克 · 德里达有没有什么亲戚关系？"他儿子回答说："远房亲戚！"

因此说有名的父母是会引起问题的。我父亲是个非常成功的学界管理者。小时候得过风湿性热病，最终导致心脏病，在五十三岁时就去世了。要是现在他这种病很容易就可以进行手术治疗了。他可能还会再活三十年呢。我父亲是个著名的大学管理者这一事实，使我暗自发誓这辈子坚决不做行政管理工作。我曾经有过多次机会，但都被我回绝了。我要有自己独立的事业，而不是与他竞争。我仰慕父亲作为佛罗里达大学校长的出色工作，譬如说，五十年前，他最初推动建立了一所医学院，它如今已经成为该领域内的一所著名机构，呈现出欣欣向荣的局面。我更喜欢教授文学、研究文学，因此对我来说这是一个很容易的选择。我最喜欢做的事是教诗歌和小说，以及从事文学批评。这二者是不可分割的。

我的文学研究的职责和我对家庭的责任之间的冲突很好地说明了德里达杜撰的一个新词，叫做"不负责任化"（irresponsibilisation）。为了履行一种职责，你就背叛了另一种同样重要、同样苛求的责任。在我看来，这种冲突是伦理生活和决定的一种基本特征。

问：您在世界范围内都享有很高的学术声望，但能否问您一下在您的学术生涯中有没有什么不满足的地方？如果有机会重来的话，您的文学研究之路会如何走呢？

答：如果能够重来的话，我要做的一件事情就是学汉语，我真希望我已经这样做了。我这样说是认真的。我真是希望已经学好了汉语，我也希望现在可以开始学。

问：我相信您是认真的。您已经说过好几次了。王宁教授就喜欢引用您这句话来鼓励我们好好学习。

答：因此，还没学汉语是我的一大遗憾。偶尔我也会有些遗憾地想起我为了投身于文学研究而放弃的其他职业。这包括物理学，一种非常具体的物理学——天体物理学：黑洞啦，宇宙扩张啦，星星的诞生啦，超新星啦，等等。宇宙论仍然令我着迷。天体物理学现在是一个令人兴奋的领域。我以一种业余的方式来了解它，主要是通过阅读《科学新闻》（*Science News*）和《科学美国人》（*Scientific American*）。这是我的另一个职业，一个我从来没有从事过的职业。我从来没有想当个生物学家，但物理学仍旧使我神往。

我还有一个职业幻想：当考古学家。我会想象自己带着头盔挖什么遗址啦、骨头啦之类的。我不认为我的数学足够好，以使我能够学好物理学，虽然我在数学上总是得高分；但我喜欢把自己想象成考古学家。我现在仍然对此很感兴趣。这仍然是我的幻想或者白日梦吧。我很喜欢阅读带有考古背景的神秘故事，例如皮特斯（Elizabeth Peters）写的神秘故事。这使我可以用一种虚构的方式满足自己的幻想。这些就是我的小遗憾，不算什么严重的遗憾。我真正最最喜欢的就是阅读文学、教授文学、评论文学并对其进行理论化。从物理学转到文学是一次真正的职业决定，是对人们通常所说的“召唤”的一种回应。很好。这些问题真有意思。非常感谢你。你提了一些非常好、非常发人深思的问题！

问：感谢您在百忙之中抽出时间跟我谈话。

后殖民主义、女性主义、民族主义与想象

——佳亚特里·斯皮瓦克访谈录①

编者按：佳亚特里·斯皮瓦克(Gayatri C. Spivak),1942年生于印度,当今世界著名的文学理论家和文化批评家,西方后殖民理论、女性主义理论的主要代表人物之一,早年师承美国解构批评大师保罗·德曼,获得康奈尔大学博士学位,在1970年代译介解构大师德里达的《论文字学》(*De la grammatologie*)而蜚声美国,后又以深邃犀利的理论创新而驰骋于1980年代以来的英美文化理论界。她著述甚丰,论文散见于当今各主要国际英语人文学科的权威期刊,主要著作有:*In Other Worlds: Essays in Cultural Politics* (1987), *Outside in the Teaching Machine* (1993), *The Spivak Reader* (1996), *A Critique of Postcolonial Reason: Toward a History of the Vanishing Present* (1999), *Death of A Discipline* (2003)等。斯皮瓦克现为美国哥伦比亚大学阿维龙基金会人文学科讲座教授、比较文学与社会中心主任,2006年受聘为清华大学外语系客座教授。2006年3月初,斯皮瓦克应清华大学王宁教授之邀来北京讲学并接受了长篇采访。

---

① 本访谈由生安锋和李秀立共同完成,李秀立现任清华大学外语系副教授,研究方向为英美文学与比较文学。本文为生安锋主持的教育部人文社会科学研究项目"后殖民主义理论及其在中国的传播"的阶段性成果,项目批准号为05JC750.47—99014。因篇幅太长,分上、下篇分别发表于《文艺研究》2007年第11期和第12期,今合为一篇。

一、民族主义、想象与后殖民主义

问:听了你3月7日在清华的演讲,很多听众都简单地以为民族就是想象的产物。请问能否明确地说明一下民族与想象之间的关系到底如何?民族有没有终结的时候呢?

答:我不能说什么东西将要终结,我们只要不断地去努力。为什么人类持续不断地需要教育一代又一代的人?因为这样一种思想:历史有终结的时候,或者说通过改变国家构成,我们可以使某事物终结,需要建立起一种理想的国家,但这并不是真的。我不能想象到民族有终结的时候。由于人类生活自身落入时间之中的性质,我们学会的语言有一个历史,而我们感觉它就是我们的,等等。这是极为基本的事物,我相信,任何出门旅行过的人都明白我的话。但你并不需要旅行,当你正在受到压迫的时候,当那些与我一起工作的人被从他们原来的小地方带走时,就感受到一种舒适,一种“他者状态”。这是被权力代理(powerbrokers)所剥削的,而且不仅仅是权力代理。在民族主义解放运动之内,或许有人感到民族是一个极为美好的事物。我不是说每个谈论民族主义的人都是坏蛋。我只是说,如果你训练你的想象力,它就可以一方面保存对古代文化的那种自豪感(pride),对某种语言的自豪感;另一方面又不至于把它与某种坚固的理性现实混为一谈(依据后者人们就可以控制其他的民族)。我不认为民族必然是想象力的产物。我不认为民族主义是想象出来的东西,尤其是因为我也不认为想象力是某种根本不存在的事物的通用语。不是这样的。我试图展示的是民族主义的民族基础,我知道很多有关我的国家之所以伟大的理性基础:古老的文化、悠久的历史、古代诗歌、古代的这个古代的那个。在我长大的地方,也有着同样情形的阿拉伯民族主义。我试图说的是:这种重新记忆(rememoration),就好像所有人真的在分享同一种真正的记忆一样。而实际上却是建基于一些极为脆弱的事物上的。这才是我真正要强调的。而这种事物,你也不能简单地断言它不是真的,因此就是想象出来的。我不会这样说。我认为,民族主义要比这强大得多,无法仅仅用一句“想象出来的”就打发了事。目前我们正从欧盟的例子中学到很多东西,它对宪法的拒绝和随之而来的反美运动确实来自一种欧洲帝国的经验。我们也正在学习后民族主义(post-nationalism)的重重困难。因此,在某种程度上,我发出如下请求:学着通过想象来认识它,而非仅仅轻易地指出:咳,它不是真的,它是想象出来的。因为对我而言,想象力也没有被指出来,它也不是真实的对立面。民族主义似乎通过其语言的丰富性也会影响到想象力。我不同意安德森(Benedict Anderson)等学者关于民族主义、社群总是想象出来的观点。不是的。我也不认为民族或者民族主义将会终结。我想它们会得到置换(displaced),而想象力将会有助于促成一种天真无害的置换而非严重的侵犯。

问:您认为在民族主义和世界主义、民族主义和全球化之间是否存在一种二元对立呢?是否有一种民族主义在威胁全球化和文化多样性呢?以中国为例,有着关于在中国语境下后殖民主义变体——也就是一种民族主义——的讨论,有人说民族主义是一种反霸权的策略。有人说中国的崛起是和平的,中国不会对世界构成威胁和伤害,因此这又是好的民族主义了。它与全球化和全球主义是和谐一致的。您认为这是可能的吗?

答:如果这是可能的,那我就从你那里学到了新东西。我不能说这是不可能的。我总是为不可逆料的事情感到惊奇。这是我们学习的唯一方式。它当然是可能的。任何事情都是可能的。如果你学习文学,文学给你惊奇这种特征就是一种实际上流入大千世界的事物。作家们从世界各地赶来,问我如何写作,应该写些什么。我就告诉他们事实真相:瞧,我等着感受文学作品的惊奇,使我能够看到一些新奇的事物。因此我确实相信你可以向我展示一些我不知道的事物。然后我希望我不是太老了以至于无法把它描述出来。但照我目前的经验,我首先要交代我那次演讲的语境。我当时是作为一个印度人,听众是两帮人,来自英联邦不同的国家,都经历过不同的民族解放运动,其中的民族主义总是被认为是好的,因为是它使人们摆脱了压迫,带来了自由。然而,当需要施行自由的时刻来临时,它们又都显得没有准备就绪。里面有某种程度的——不是战争,而是某种竞争性(competetiveness),这意味着富人和穷人之间差距的加大。这就是我演讲的真正基础。

至于巴巴关于民族和叙述的观念,那是更久以前的事儿了。该书是在一个与现在不同的情境下完成的，我是说编辑起来的。我认为民族主义的问题之一，就是自从种种巨大的变化（既包括政治上的，也包括经济上的）发生以来，它在当前的历史这一问题。那本书出自基于南亚的后殖民研究。但现在的情形已经不一样了。我的意思是说它同样是从人类学的绝妙视角来谈论东亚地区。那种特定的历史情境与现在已经大为不同了。因此我们应该把这一点也考虑进去。

以色列和巴勒斯坦是一个很好的例子。在霍米·巴巴的书中我就是这样说的。疆域帝国主义（territorial imperialisms）的时代已经过去了，在某种意义上，实际上它已经在今天变得很不方便了。它不行了，除非是在一种极为特殊的情况下，像在巴勒斯坦和以色列地区。我还记得在与萨义德的一次对话中指出：我们必须要牢记，民族主义在其自身之中就要结束。无论它作为一种工具能够干些什么，它也会害人。最终是其反面将我们规定为这样的，而非这就是我们本来的样子。对我而言，在有些情形如国家恐怖或者此类不合法暴力事件中，民族主义是一种强有力的工具，但无论如何，民族主义在所有的情境下都应该被看做是可以变成毒药的药物。约瑟夫·玛萨德在此一领域的著作十分有趣。他自身就是一个约旦人，祖籍巴勒斯坦。他写了一本如何不诉诸民族主义——即使是在战争和暴力等情形中——的非常认真的著作。

问：您在谈美国语境下区域研究和比较文学的发展过程中提到的“渗透”（infiltration）也像混杂化那样是一种后殖民主义的策略吗？

答：不是。我认为后殖民主义与比较文学是两码事儿。我认为后殖民主义更是关于宣称你自己的母语的。比较文学则是远为纯洁的研究，它不但宣称你自己，而且还要研究他者。后殖民主义的问题是，所有这些上层移民们都说：瞧，我是他者，我是杂种。或者，他们认同于所谓的下层移民；而下层移民呢，如果那些上层移民要跟下层移民谈话，下层移民却未必对前者感兴趣，因为他们来的目的是要寻求正义和资本主义。他们对被看做是他者和杂志之类的不感兴趣。这就是后殖民主义的问题所在。这里有着很深的阶级分层。上层阶级的都市流散者们说起话来就好像他们可以代表所有的流散者社群一样。其实在下层阶级中，还有副文化（subcultural spaces）空间。

当我在1981年写那些文章时，我不知道我是在做什么后殖民的东西。对我们而言，后殖民是一个负面词汇、一个反讽性的词汇，因为我们感到在独立后，去殖民化由于这些国家的贪婪在20世纪中期被解放出来而失败了，像阿尔及利亚、印度等地。是的，我们需要独立，但他们却对自由一无所知。因此我们是在负面的意义上使用后殖民一词的，作为一种玩笑话、一种反讽性话语。在我写作那些东西的时候，根本就没有意识到我是参与了一场所谓的后殖民运动。这里爱德华·萨义德和我有着很大的不同。爱德华是属于上层阶级的，与民族解放运动有关联。我是属于中产阶级的，亲眼看到民族解放运动的失败。因此我们在这方面没有多少关联。爱德华整体上比我有力得多，因此人们对其东方主义批判积极响应。我从未谈过这方面的事儿。对我而言，比较文学不是关于混杂性的。比较文学是对其他语言和文学的学习研究，目的是消抹自身，尽可能地进入另一种语言和文学的精神中去。这不是关于我的身份的问题。所以从这一角度来说，它就像翻译一样，你消抹掉你自己以使人们以为读到的就是原文，当然，即使这样也是不可能的。在比较文学旧学科和后殖民主义这一新事物之间没有关联。在过去的几天里我也曾说过，美国总统约翰逊在1965年签发了两个完全对立的法案。一个是针对非洲裔美国人和要求平等权利的妇女的；另一个是对“外国人登记法”的修订。约翰逊提高了亚洲移民的配额，还对他们的资历、财产等提出种种规定，复杂得很。各位可以上网查一查，就会知道美国主流对其原先文化布局的改变是多么的不友好。你们也应该看看对外国移民法案修改、对登记法的反应以及约翰逊实际上带来了哪些危险。

很多人感到失望，恰恰是在后殖民的印度。他们失望于在印度独立后所发生的事情。因此他们来到美国，属于上层移民，是职业从业者。他们英语说得很好，因为他们不久前是受英国统治的。这就是为什么一开始后殖民完全是关于南亚的原因了。因此如果你带着一点点历史感去看后殖民的东西的话，就会发现，它看上去与那些离乡背井的穷人有着天壤之别，因此搞后殖民的那些人中产生了混杂性。我们真正应该看到的是：恰恰是这些后殖民理论家或者后殖民主义的信奉者，当他们返乡与他们的孩子们回国探望时，你已经听不到原来的声音了。这就是为什么我强烈质疑它的原因。他们都要去美国就好像那里是世界的中心一样。不，没门儿。所以从这一角度来说,后殖民与比较文学没多大关系。

问:您的讲座使得我们重新思考民族主义。但在民族之内呢?无论在印度还是在中国,就族裔、性别等而言我们都有着很多不同的群体,您认为为了获得民族主义,这些不同的群体都要屈从于一种声音或者一种意识形态吗?

答:我想我无法给你一种答案,这里只是提供一个经验性的答案。我不认为我们应该为了一个民族只发出一种声音。不。但至于如何对待异质性的问题,这仍旧是一个令人困惑的问题。你知道,我这次是从印度尼西亚来,我前些日子在加尔各答等地。那里很多人都为这样一个事实而感到困惑:当前在穆斯林社群内部出现了很强大的性别歧视,据称是为了要对抗美国。妇女们被告知:瞧,不要对外声张这些事情,因为你们要顾全大局,我们首先要对付的是压迫我们的外族。他们问我对此的看法。我说:首先,当整个群体受到外来压迫时,他们无法有力地对外发言或者采取行动反对外来压迫,因为他们会受到惩罚。因此世界上最古老的机制——再生产规范性(reproductive normativity),就破门而入,开始被使用。老板在单位整你,你回家整老婆。因此在某种意义上,这是一件很不容易处理的事情。集体总是十分脆弱的。但有一件事是可以做的。要十分谨慎地从中寻找那些不太极端的人,在他们中,选出一些沉着冷静、富有经验、讲究策略而不易发火的人来。然后制订周密详细的计划,主要目的是要携起手来,共同反对那些你要反对的东西如美国,而非践踏自己的妇女。这只是来自长时间对付此类问题的实际经验。这也不是可以旅行的固定模式。因此我想说,就所谓民族空间之内的异质性管理而言,我们现在真的需要慎重思考,尤其是当一个人对一大群人讲话时,我们应当更加讲究策略地、就事论事地针对不同情形而采取适当的行动。因为如果我们就像实行某种政策那样来处理这样的事情,那么政策很快就会向那些有权势的阶层倾斜。有很多这样的例子。

因此我很怀疑有权阶层认可异质性的政策。最后一件事情,在1947年、1949年的印度宪法中,部落民族、那些在我的祖先数千年之前到那里时就繁衍生息在那里的原住民,印度可怕可恶的宗教体系中最低层的那些底层贱民,宪法实际上已经建立起认可他们、改善他们命运的程序了。但他们仍旧被称作计划中的被遗弃者或者这样的部落。如果我现在告诉你这是如何被误用的，你就会明白我对这类政策的感受从何而来了。这些从上而下的政策，那些认可异质性的政策，需要被逐例逐个地运用策略和技巧，来加以密切地、小心地监视。

问：在人类社会与自然之间的关系上，各国比较文学研究的基点是一样的吗？在此意义上有无比较文学兴起的可能性？

答：这个么，我们先不要过于笼统了。自然与人类之间的关系绝对不是一样的。而是依据不同的情形而定。自然以各种不同的方式被毁坏，而地球是无法修复的。但不同地域之间的程度是不一样的。各地的法律制度也有所不同。忽视历史政策和地理因素是不合理的。各地有着不同的法律，也有着不同的实施状况。要说相同就是再次忽视了历史政策和地理因素。但这不是真正的比较文学。从另一方面来说，一个美国孩子的消费量是一个孟加拉孩子的226倍。因此说平等简直就像是个外星人一样。我确实作过很多人类学的努力。我们也需要首先学好语言，看看他们是如何把自己传统的文化方式看成是好的，而非客观地看成是有好有坏的……你可以看出，这与比较文学其实也是相关的。我无意于（我也从未这样说过）把比较文学拿来，然后寻找性别的征兆、阶级的或者种族的征兆等等。不是这样的。为了比较文学的健康发展，我试图描述的是普遍社会中的种族主义和阶级主义。我的信念是，你不是训练活动主义，在课堂上也不要搞任何辩证的东西，只要谈论。你可以出去也可以在课堂上研究文学文本。你走入具有丰富语言底蕴的文本中，你不能拿它来成就所有的事情。你可以过得很好以至于你知道一些世界上其他地方的事情。这就是我所说的。我不是在谈论从政治上搞比较文学以便你能够领导人民进行某种斗争。根本就不是这样的。我对那个不感兴趣。我从60年代就看清了这一点，我的教学生涯开始于1965年，那时的教育一塌糊涂，因为所有的人都在课堂上搞活动主义（activism）。我是个古板的人。但我就是这么看的。

在某种意义上，我所说的有关比较文学的东西可以转换到生态学方面，因为它们都是人们想获得的事情。小规模、对语言的熟谙，以达到传统上对土地和人的丰富理解。而且还不仅如此。这就是我向你提出人与自然的关系的原因。此外,在传统文化中妇女做了很多很多的工作,如果你想思考自然等问题,就要牢记这一点。它在世界各地的发生方式不是一样的。你必须要有耐心,在学科内进行比较文学研究工作需要极大的耐心,最后才能有所成就,而非以后殖民的方式无休无止地从混杂性来谈论自己的身份。比较文学不是混杂性。它的比较精神是很不相同的东西。比较文学这一学科也比混杂性要古老得多。

问:民族主义与民主之间的关系是怎样的?

答:民族主义与民主之间不必有什么关系。在我们的时代,民族主义经常要回溯古代。当人们谈论希腊、罗马,或者中国、印度这些古老的地域时,他们并没有真的在谈民族主义。民族主义可以被用来使得民众去选择这个领袖而非那个领袖。民族主义在削减民主的行为中是一个很强大的工具。民主是全体民众判断力的整体发展,我这里又在引用《路易·波拿巴的雾月十八日》了,国家的每个公民都受到这样的教育,他至少能够有一个理性的判断。因此,在一定程度上,民族主义不一定导致民主的诞生,因为真正的民主精神并非一定要打着民族的旗号。真正的民主精神是大于民族的。但在民主观念之中有一个问题,就是民主被翻译成各种语言的问题,翻译中的人为性很强,譬如在印度语中,如果你注意一下其语言上的措辞的话,民主一词就很成问题。但当柏拉图书写民主一词的时候,他是把它当做一种宪法来看的。其中有一项就是妇女、任何人似乎都平等地对国家负有同样的责任。当亚里士多德书写民主的时候,他说有一个问题是永远摆脱不掉的:那就是数字和品德。所以民主一直就带有这种矛盾性。它依赖于什么呢?依赖于对判断力的教育。判断力并不就是理性的。有法律是公正的,但法律并非就是公正。所以我再次回到想象力的训练的问题,以便欲望可以被重新安排。但民主是有赖于其他民众的。民主(民主的定义性预测是少数族)并不仅仅是少数族。因此在我看来民族主义与民主既不是相关的也不是不相关的。

问:有人说,在自然科学中,科学是无国界的。民族主义、国际主义和全球化是如何产生关联的?

答:是的,但是资本也是无国界的。资本没有国家,这是众所周知的,尤其是今天随着战争的蔓延,资本的流动几乎是随心所欲的,什么硅谷、生物芯片之类的东西,因为贸易中过度生产的危机,你拥有的是金融资本,它比世界贸易流通的速度要快五十倍。在某种程度上我们不得不说,资本、资本主义观念的自决(self-determination)与自然科学确实有着某种关联。无论自然科学有无国界,这都是一个极为有趣的话题,从20世纪中期以来就有人在探讨。国际主义也是我过去谈论过的话题,但国际主义不是轻易可以获得的,因为这里有些东西既不是理性的也不是非理性的。文学就是属于这一领域的事物。文学与自然科学之间的距离远不可及,甚至比视觉艺术更远,文学是用一种具体的语言书写的。说说国际主义是可能的,但实际上很难达到一种真正的国际主义,除非是通过资本。因此资本是一种很强的国际性力量。如果我们必须要对抗它,我们不能只是说:我们要成为国际主义的社会主义者或者此类的话语。我们真正要做的,是要足够强大,知道不能达到国际主义的危险性在哪里。这就是为什么人文教育是必需的原因。一种很容易国际化的东西,一种甚至都不是国际化的东西,今天的虚拟资本(virtual capital),这不是国际化。全球化不是国际化。我们不得不考虑的一个事实是:即使全球化是好的(很抱歉,对此我很怀疑。我老了),就像它所装扮的那样(实际上它就像过去对国际主义社会主义的梦想一样,以为每个人都可以从全球化中受益),我们这些还要活得更久些的人,都发现这种情境是非常令人不安的。但假设这种全球化会存在于这个世界上,换言之,每个人都拥有同等的权利:法律权利、政治权利、人权、经济权利,一切都是平等的,每个人都一样,那就不存在世界了。因此,即使是好的全球化也变成了药物。抱歉的很,好的全球化是那些不可能实现的事物之一,我们必须考虑到这一点。但即使确实有好的全球化,可能发生的情境是:药物会变成毒药。为了阻止这样的整体化,我们必须要保护语言的多样性。我说的不是文化的多样性。文化多样性或许会与语言多样性一起来,也或许不会。自然科学和资本是没有国家的。今天,工厂的厂房被全球化赋予了权力,成为一种新式的资本。这种无国家状态(countrylessness)不应该拿民族主义来对抗。一方面是无国家状态,另一方面,国家计算的是经济增长率。但在我看来,我们最好是警告我们自己:说国际主义是多么容易,而获取国际主义又是多么艰难。而就是在这里,我想引入比较文学精神的有用性。

问:这些年您在国际学术界的声望越来越高,您是如何看待自己的学术地位的?我们有些研究生都在或准备做关于斯皮瓦克研究的学位论文,我们也都期待着不断地听到您最新的声音,能谈一谈你最新的著作或者最近的研究计划吗?

答:我现在急切地想完成的一本书,叫做《其他的亚洲人》(Other Asians)。这也是我们为什么要在车上作访谈的原因。有的东西老是推迟,可是随着时间的推延,我的思想、观点又往往会有新的变化,故又不断作出补充和修正。例如,在我快完成的时候,我去了一趟印度尼西亚,在那里,我听说当时人们在做的一些努力——即创建一种有关英语—亚洲文化的研究,一种政治上的联合计划。于是我又意识到:我要写得小心一些。通常我写作时不作太多的思考,我只写我要写的东西。此后,又有人给了我一本比特豪·罗特格德写的《绝对后殖民》。这个人并没有弄懂我写的东西,但是,他写了一本非常受欢迎的书来批评我。于是,我不得不又一次作了修改。我不喜欢和别人打笔仗,我也不去回击别人。我只是以某种方式稍微作些修正,这样人们就知道是他错了。这就是我的《其他的亚洲人》,我现在做的项目。其中有一篇是关于孟加拉的,一篇是关于巴基斯坦的,甚至还有一篇是关于香港的,有一篇是关于美籍印度人的;最后,很有趣的是,有一篇还是关于亚洲西北角亚美尼亚的。所以说,这些都不是中心地带。这与有人所自称的"我是亚洲人"是属于非常不同的情形。

问:他们才是真正的边缘亚洲人呢。

答:没错。事情的经过究竟如何呢?就像我的很多项目一样,这也是一个奇怪的项目,甚至比我以前写的东西还要奇怪。我的另一本书是和哈佛出版社签约的,已经四年了,因为我还没完成《其他的亚洲人》。编辑已经变得很不耐烦的,所以我一定要尽快完成它。在某种意义上,我新书中的一些观点已经包含在我的讲演和论文里了。在将来某个时候,我还要写一本关于德里达的书,也是签了合约的。在过去的二十五年里,我一直在考虑写一本研究社会主义伦理学的可能性的书。这有没有可能呢?我真的不知道。它一直在我脑海里,而且随着我的变化而不断变化。这就是我的一些计划和项目。

二、影响、翻译、贱民、身份

问:我们都知道,在您的学术生涯中,您曾深受过一些著名思想家的影响如马克思、福柯、德里达、德曼、古哈、海德格尔、弗洛伊德、葛兰西和萨义德等,所以能否请您自己谈谈您的理论来源?谁是对您的学术成长最有影响力的人物?在哪些方面对您产生过影响?

答:我不认为萨义德对我有多少影响,我们是好朋友。我比霍米·巴巴大许多,萨义德又比我大许多。我觉得我们都受到过同样的影响,这就是为什么我们之间很相似的原因。从智性上讲,马克思和德里达对我有过很大的影响。但有些经历也给了我很多的教益,如教育那些从来就没有念过书的人。这也是一种影响,一种特殊的影响……当有人对全世界进行笼统的概括时,我就知道他们错了,不是因为我读过什么书,而是因为我曾经与那些学术圈外边的人走得很近很近。哦,等等,我一定再要加上一点——父母对我的影响!啊,我的父母,他们真是太不可思议了。没有父母的辛勤培养,我将一无所成!这种影响不是智性影响,而是一种建设性影响。

问:是一种情感上的影响吗?

答:是的,是情感上的影响,也是整体上的影响。我是说,当人在很小的时候,就被教导不要为听话(obeying)而听话,而总是要查验一下要求你做的事情是否符合理性。这是一种绝妙的训练。还有就是对富人的鄙视。我们今天已经就富人的话题谈了好多了。我不富裕的原因,就是因为在我小时候,父母就经常告诉我们:获取资本的唯一方法就是欺骗,财富里面没有美德。我们被教导这类事情,它们已经不仅仅是影响了。还有我母亲的影响,她让我思索一个女人的自由,而不仅仅是做一个妻子、做一个母亲、做一个女儿诸如此类的事情。

问:如此说来,您母亲在某种意义上还是个女性主义者呢。

答:是的。她肯定是。她是一个最初的女性主义者(proto-feminist)。绝对是!

问:多谈一点关于您父母的事吧。他们都是做什么的?

答:我父亲1899出生于印度东北部一个很小的山村里,没学过英语。但我的祖父在古典印度文学方面很有学问。他是一个土地拥有者(land-owner)的代理人,但他自己没有土地。后来我父亲离家出走了。他在中学毕业考试中考得很好,我祖父要让他在当地镇上当邮递员,但我父亲有着更大的抱负,所以就在1917年只身跑到了加尔各答。在加尔各答他给人家做仆人,但他也是出类拔萃的。在遍尝艰辛之后,他设法去了剑桥,而且是跟从放射学(radiology)的鼻祖厄尼斯特·揣斯福德学习。当我父亲去剑桥时,放射学甚至还没有被看成是一个医学学科。所以他拿到了医学、放射学和电学的博士学位。真是了不起。回国后,他成了印度有博士学位的最年轻的外科医生,他的事业眼看着蒸蒸日上。但是有一次英国政府让他在一起强奸案中作伪证,于是,我四十一岁的父亲眨眼间就毁掉了他的美好前程,因为他拒绝了。这真是一件不得了的事。事业毁了,他就回到了加尔各答。这件事发生在1940年,而我就出生于两年之前。后来他就回到老家。在我十三岁的时候,父亲就去世了,但在孩子们眼中,他简直就是一个“圣人”,充满着智慧和传奇色彩。

我的母亲呢,她根据当时的习俗十四岁就结婚了,十五岁上生了我哥哥。她开始学习也是因为我父亲觉得她应该学习,她自己也想学。在1937年她三十四岁时,她获得了孟加拉文学的硕士学位。当她来美国找我时,我是一名助理教授,但她不想只是……她从来没有在印度之外的地方教过学,一切都是她自己奋斗来的。她靠自己上了大学,成了一名研究生,因为她不想整天坐着无所事事。她成了宗教学硕士研究生,她的老师们都为她感到吃惊,她最后成了依阿华大学东方学研究的一名助教,教的是印度语。她有自己的办公室,有工资,全靠她自己。她想看看我,但不想无所事事,所有这些都是她自己做的。

问:她是一个很独立的人。

答:她非常独立。在我眼里,她比我聪明多了,勇敢多了。但由于我有这样的父母,由于我生得晚些,所以我可以走得更远。

问:在您从印度到美国的学术成长之路上,您有没有受过东方主义的影响？东方主义是如何或明显、或隐伏地影响着学者和作家去书写东方的？您和萨义德之间的区别是什么？你们所使用的“表述”（representation）一词的含义是一样的吗？

答：萨义德出版了《东方主义》（*Orientalism*）后，“东方主义”轰动一时。我认为，萨义德的著作从很多十分重要的方面改变了文学研究这一学科。但我自身却是太老了，没法完全受惠于这本书。萨义德和我初次见面于1974年，是在《东方主义》出版之前。我们是好朋友，是盟友，而且最终我们都在一所大学教书。我开始不知道那本书会蜚声全世界，但在某种程度上，我很喜欢读那本书，并确实受到感动，很像《报道伊斯兰》（*Covering Islam*）和《巴勒斯坦问题》（*The Question of Palestine*），后两本书我尤其觉得令人感动。我读《东方主义》时已经很晚了，因此我想萨义德和我是受到相似的事物的影响吧。你会发现，尽管萨义德的政治是密切关注中东的，但在分析中他的实际材料却有很多是来自大英帝国。从中可以看出我们之间的共同之处。而且，萨义德和我经常探讨民族主义的问题，他在很多场合多次公开说过，一旦巴勒斯坦国建立，他将是其最严厉的批评者，因为他知道，民族解放的民族主义是走不远的。没错，那本书的影响力之大是不可思议的，它确实为本学科创造出了某种新角度，它对我的影响不是直接的，我们更像是朋友。我们是在同一个战壕里并肩战斗的盟友。在某种程度上，他关于民族主义的观点与我的其实是没有很大差别的。

萨义德和我之间的区别，我想这类问题其实应该由别人来回答，但就两种“表述”而言，这其实是我对《路易波拿巴的雾月十八日》讨论的一部分，马克思有很多很多文本，但这一篇尤其感人。在《路易波拿巴的雾月十八日》中，作者用了三个字来表达“表述”一词。我曾经指出，当德勒兹和福柯用法语讨论“表述”时，他们并没有意识到马克思其实用了三个不同的词。一个意为议会中的代表（parliamentary representation）。记得他谈过路易·拿破仑不但要代表那些被从封建主义移位到资本主义的农民，而且还要代表所有的无产者吗？因此在这里他是在说一种议会中的代表，它更像是一种代理。但他也谈过另一种“表述”，比较类似于一种拷贝，就像画像那样。你把某事物进行表述：瞧，这就是其事实。我也说过，马克思偶尔使用罗马语或者拉丁语中的“表述”一词，指的是完全不同的东西（不是二元对立的，必须视语境而定)。我并不是说在我的作品中 representation 指的是三个不同的东西……实际上我使用该词的时候并不是很多。我是在评论德勒兹和福柯对如下事实的忽视:当他们讨论工人阶级时,可能同时存在着三种对"表述"的理解。实际上他们谈论的是法国的毛主义,在他们的对话中,他们使用的"表述"只是在这一意义上的。

问:在那篇纪念爱德华·萨义德的文章《想起萨义德》①中,您将翻译定义为"最亲密的阅读行为"。您自己就是一个优秀的翻译家,因为翻译德里达的《论文字学》而蜚声世界。有时候你似乎对很多人的翻译都不太满意,甚至对萨义德翻译的德里达也有微辞。请问在您看来,什么是好的翻译?如何理解翻译的文化意义和功能?

答:我认为翻译是一把双刃剑。因为翻译,人们就不鼓励对原来语言的学习了。我想,如果有人学习翻译,就确实应该真正学好语言。因此我想在我的中心②开办一个翻译工作室,在那里,翻译是一种活动而非对外国文学在自己语言里的被动消费。我希望翻译不要被任何人阅读,只是把翻译做完而已。翻译的行为是绝妙的,但当有人以为翻译的文本就是原来的文本时,问题就很严重了。因此,我的答案是暧昧模糊的。

问:我们都翻译过您的文章,也都遇到过不少的困惑,譬如对"贱民"这个词的翻译。"贱民"一词似乎贯穿了您的写作生涯——从您80年代发表的论文《贱民能说话吗》到这次在北京语言大学的演讲《对"贱民能说话吗"之批评的回应:回顾与展望》。但是,今天这个词的所指似乎有了一些变化,过去您的"贱民"范畴似乎都是指地位很低贱的殖民地妇女,而今天所提到的布巴里斯瓦丽却是中产阶级出身的。并且,"贱民"这个词也使汉语译者们很困惑。有的译者把它译作"属下",有的则把它译作"贱民",前者令我们想到的是军队或工作单位的上下级关系;而后者使我们想到的是贫穷低贱的、没有文化的人群。这两种翻译似乎都不那么令人满意;我们曾想

① 佳亚特里·斯皮瓦克:《想起萨义德:摘自回忆录》,《文学理论前沿》第三辑,北京:北京大学出版社2006年版,第189—196页。

② 哥伦比亚大学比较文学与社会中心(Center for Comparative Literature and Society Columbia University)。

到把这个词翻译成“属民”或“草民”，意指“从属”或“依靠”的意思，但是也不是很妥当。也许，我们不能从中文中找到一个与其完全等同的词汇，您能从这个词的根源和它在政治学、社会学的含义上详细地解释一下吗？

答：这是一个很好的问题。但是，怎么能说“贱民”这个词的意思有很大变化呢？你是从哪里知道我对这个概念的使用有很大的改变的呢？

问：吉尔伯特在《后殖民理论：语境、实践、政治》一书中曾明确指出，“斯皮瓦克著作中关于贱民地位的在认识论上从根本上有矛盾”。该书提到在您的《三个女性文本和一种帝国主义批评》一文中，把像伯莎·梅森这样的隐喻上的“怪物”解读为殖民化贱民，把《弗兰肯斯坦》中有关属下的隐喻人物当做“绝对的他者”；而在《教学机器之外》一书中又引用了德里达的话“完全他者……据称……并不存在”。

答：在我写《三个女性文本和一种帝国主义批评》一文时，还没有提出“贱民”这个概念；我也不知道吉尔伯特是谁。但是，我在这里首先向你们澄清的是，我的“贱民”概念没有什么变化，那是有人误解了它。我还要告诉你们：subaltern 这个词在英文中也不是一个容易的词。事实上，它在字面上指军队中的等级，所以你们的第一种译法（似乎没有强调军队中的长官，而是一般的邻近的上下级关系）是不对的。subaltern 这个词的出处来自于葛兰西。葛兰西一生中的大部分时间都是在监狱中度过的，当他在监狱中的时候，他的信件都要受到审查。这样，一些激进的信件就不会落到这个共产主义者的手中。当时，葛兰西正在研究他自己的国家。那时的意大利南部远不如其北部发达，葛兰西本人不是贱民阶层，他是撒丁岛人。因此，他认为如果你没有一种有利的属性，你就不能解放他们，或者至少不能对他们进行分析——你需要更多地去了解他们。于是，葛兰西开始从用 subaltern 这个词指那些在资本主义社会注视不到的最底层的人民。当那些南亚历史学家们在 1983 年写 Subaltern Study 中使用这个词时，他们的观点是，在印度致力于民族解放研究的历史学家们——无论是马克思主义的历史学家、民族主义的历史学家，还是帝国主义的历史学家，都忽视了农民起义和副基层（subbase），是那些历史学家的规则神话了那些农民和部落的贱民。所以，从这里——即我在 1984 年见到他们的时候，我所理解的 subaltern 的意思是指一个人或者一个群体，他们没有和社会流动相联系的路径，他们不能移动，没有路径（no access），因为所有的线路都飘忽在他们的空间之外。因此，我对 subaltern 这个词有一个非常严格的定义，我不是用它来指所有的从属的穷人、受压迫者、受剥削者或受统治者，因为即使你是被剥削、被压迫的人，你还是有途径来进行斗争的，而对于真正的 subaltern 而言，是没有途径斗争的，这就是 subaltern 的真正意义。但是，这个词的意义在我的思想里曾有一个变化，即在这样的发展过程中，随着剥削的加剧，世界上生活在农村的 subalterns 正在以一种特殊的形式受到剥削——在这样一种知识中，即部落或村民固有的知识，他们不懂得什么是帕提尼（partini，一种由部落的 DNA 引起的疾病）。他们不懂得这些疾病，而我们懂得。于是，诸如这样的事情，对于第一世界来说，就谈不上什么根除、彻底消灭这类 subalterns 所表现出的疾病。所以，今日 subaltern 不仅仅是没有社会运动的线路的通道，而是根本没有移动性；并且，对于城镇而言，他们还很陌生，根本没有移动的路径。我想，我这样谈这个问题，对你们可能会有所帮助。

问：当然。您在《对"贱民能说话吗"之批评的回应》这篇演讲中还提到，作为到孟加拉边远地区去教学的一名教师，您的工作就是要重新安排贱民的欲望，这样，就会"给贱民性带来危机"——这句话如何理解？

答：每个人都有各种各样的欲望和愿望，而重新安排贱民的欲望（re-mapping the desire the subaltern）就是要建立一种公共的空间，以干涉贱民的道德感，这样，一旦贱民的愿望改变了，属下性也就遭遇危机了。比如，一个人如果称自己是属于"贱民"，那么，他/她就再也不可能真正是贱民了。

问：您最初是一个比较文学的学者，后来您的研究领域又涉及整个人文科学，这和您对贱民的研究和关注密切相关。因此，我们有一些学习文学专业的学生就有这样的一些困惑：您是否认为文学批评应该面向大众，并且，作为一个文学专业的学生，是否应该走到普通人特别是地位最低下的人群中去寻找灵感或者其他什么东西？

答：我其实并没有有意地走向趋进"贱民"，我也没有要求任何人去寻找贱民。我研究贱民问题，也是偶然的事。那么，文学的作用是什么？我想作为文学专业的学生，应该把文学就当做文学，而不是寻找什么需要帮助的人，这一点，我曾经强调过多次。文学就像锻炼一样，你锻炼身体，就会使身体更强壮；文学锻炼人的想象力。因为当你读文学的时候，即使在你的脑子里一点道德思想也没有，还是会有一种道德感使你觉得你应该到别人那儿去、去写作，然后，试图去想象在某种情景下，别人的生活究竟是怎么样的，而不是你在自己的情景下想当然地认为是什么样的。这样，你就锻炼了你的想象力，当你面对具体情境的时候，你的思想就可以变得十分灵活，你就可以先从"贱民"那里学到一些东西，然后才能够思考如何去帮助他们，而不是简单地假想。贱民们就在那里，我要去帮助他们。我不是直接实施帮助，我是一个教师，一个哥伦比亚大学的教授，这一位置驱使我走上这条道路。我也不认为文学可以变成什么事业，譬如那种和人民解放相关联的事业。文学就是锻炼人的想象力，所以，为什么学生们不学点儿文学，去为别人多想一想呢？

问：您的贱民概念就类似于流散者吗？

答：不。我在文中所谈论的贱民与流散者没什么关系。她（贱民）是反抗英国的，而非跑到国外去成为一个流散者。这是两码事儿。我根本就不是在谈论其余所有人都在谈的那个贱民。我是在谈论一个特定的例子，一个十七岁的女孩，谣传她非法地未婚先孕了，她就等到来月经时上吊自杀了。我因此指出：这其实是对殖民主义的控诉和批评，是对妇女自身的批评。这也是对在缺少恰当的结构时，在谈论自身的时候，妇女们不在乎其他妇女这一事实的批判。但当没有认知结构时，我的主张是：建立起某种结构以便当这位孤独的少女在实施某种抵制和反抗时，人们能够识别出来。这与流散者毫不相干。你想想美国，那些流散者并不是贱民，除非他们是完全没有被记录在档的/非登记的（undocumented）。即使他们是完全没有被记录的——如非法移民，没有文件证明他们的合法性——这些人也不是真正意义上的贱民。贱民没有可以在社会上流动的路径。但如果他们来到美国——就移民方面而言我熟悉的地方，但这在欧洲各个大国也是真的，有大量所谓的非法移民，我们喜欢称之为非登记的流散者（undocumented diasporas）。他们是非常有用的，因为他们可以被付给很少的报酬。他们十分害怕警察，因此他们只好将就微薄的薪酬，尤其是在加利福尼亚。所以这里面是隐藏着某种恶意的。我认为,当那些上层流散者谈论文化翻译和混杂性之类东西时,他们描述的其实并不真是他们的状况,因为这些人并不属于少数族。他们对于大群体来说是非常有用的。如果你想想墨西哥人,你会想到众多的人口,但实际上,其上层富人阶层是十分强大的。再比如纽约市,它是个双语城市,所有的通知都是英语和西班牙语的。所以如果你想拥有整个社群,以便你更加强大,那你就不是少数族了。但另一方面,如果你看看那些在底层真正遭难受罪的人们的话,你会发现,从他们社会流动的途径来看,他们是极为不同的。因此我们不要这种公式。在南亚,人们经常听到这样的口号说他们都是南亚妇女,大谈建立全世界的女性主义联合阵营,这时你就会发现,她们根本不知道自己在谈些什么。

我们再次回到比较文学,这也是他们本该谈论的。实际上,比较文学使你做的,就是深度的语言学习。这会有助于理解为何会有这个波及世界的拯救世界的趋势。上层流散者没有能力(inability)、也没有意识(sense)去关注真正的底层或者贱民。现在让我们看看摩萨维亚——国际劳工组织(ILO)的主任。就在几个月前的达沃斯世界经济论坛上,作了很多很多的访谈。所有人都喜欢访谈。可是那些访谈到底如何呢?那些记者最多最好也不过准备一星期的时间。要记住他们成天都在作访谈,或许只有一天的准备。这是显而易见的,但他们得假装知识非常渊博。因此最基本的问题是什么呢?欧洲移民的问题,阿拉伯欧洲人的问题,等等这些问题。每个人说的都是通常说的同样的事情,但内里隐藏的内容却不怎么样。但无论如何,摩萨维亚受到采访,她说:是的,我们现在应该容忍流散者。但那些上层的流散者绝对不是贱民。他们不但说话,而且还会写作呢。你能说贱民在说话吗?流散者在很多方面的发声是十分强有力的。摩萨维亚对访谈者变得非常不耐烦了,就对后者说:“想点儿别的事情吧!设想去改变一下经济中心的性质。”记住马克思的《资本论》I 和 III 的副标题是“政治经济批判”。因此摩萨维亚指出:“改变经济中的政治会怎样呢?这样你就不是一切为了国际资本的益处。照顾一下地方资本吧!每个人都愿意这样做,因为达沃斯对所有这些国际性的事物都有着计划。你眷顾一下地方资本以免人们如此急于离开。这肯定是真正的变化。”就像摩萨维亚所说的,对非洲而言,解决基本的吃饭饮水问题是最重要的,这也是你要做的;而不是给予各种他们一些不需要的援助。在南部,在非洲,更有意义的是改变经济政治。所有那些访谈,要忍耐、可怜的流散者、模拟,所有这一切都一遍又一遍地被展示。因此在某种程度上,上层流散者都是职业人士,工资待遇相对而言是很好的。这些人拼命地在资本主义制度下为孩子、为自己去寻找正义,他们对真正为他们自己的文化奋起疾呼一点也没有兴趣。查理·柔斯是公众广播系统的一位著名访谈者,有一次托尼·莫里森接受了他的采访。莫里森在访谈中指出:没有哪个流散者来到美国是为了认同黑人的。没有的事。百分之百的正确。因此这样一种想法:人们来到这里成为美国人,让自己的孩子成为体面的美国人,在家里有个次文化基础,因为没人关注他们。这与自封的流放根本就不是一回事儿。你来去自由,说走就走,怎么能说是流放呢?真是滑稽透顶。因此这种自封的"流放"和贱民的情形不是一回事儿。我不是在说代言的问题,我是在谈认同上的龌龊想法。他们被建构成投票团体。所以,对这类观念,你知道代表们谈论这类的流散者、大杂烩(hotch-potchy)等等,这样投票团体就被创造出来了。民主是挂在心上。民主不是波多黎各人投票给波多黎各人,印度人投票给印度人,妇女投票给女性主义者。没影的事儿。这就是关于上层流散者和未登记者的真相。

问:您是一个在外国工作的印度人,您爱着印度而又身居西方中心。能否说您是从某种局外人的身份观察您自己的民族呢?您是否认为这种身份对于您建起自己的民族想象是一种优势呢?

答:你问的这些问题与我的生活非常贴近,因此恐怕不能真的给予回答,这应该由别人来回答。因为我想这里牵涉到我自己的欲望,这就是为什么我认识到民族主义的力量的原因。我在美国生活了四十五年,但我还是个地地道道的印度人。另一方面,印度人会说:她生活在美国,她对印度又能知道些什么呢?这两种看法都不是真的。因此我其实不知道真实的样子。它要成为什么样子呢?这就是我说的我的演讲是有特定语境的,我说得很清楚,我实际上是对所有那些印度人发言的。所以在某一点上,我是个旅居海外的印度人。我使用这一用语,因为在汉语中也有华侨的说法。我纠正了我曾经写过的都市散居者(metropolitan diasporic)的说法,但我知道华侨一词是经常被使用的。我只是使用这一用语,但我确实不是很清楚。

让我再告诉你一些别的事儿吧。在某种程度上，我是不在乎的。我很高兴你提出这个问题。对我而言，太过于关心自己的文化身份是徒劳的，活文化是变动不居的，你永远也不会抓住它。它就是自己的反例。一等你抓住自己的文化轮廓，它就又跑得无影无踪了。过分沉迷于自己的文化身份是过于自恋了。生命是短暂的。我从来没有建构什么混杂性之类的理论，因为在我看来，那些思想……霍米·巴巴是我的好朋友，差不多就跟我的弟弟一样，但他也知道这一点，我对此公开提出过很多见解，就是你不能将理论建基于一种你认为是自己的个人经验之上，然后将其理论化。过分关注文化身份这样飘忽不定的东西，这似乎不是一个很好的主意，尤其是当你并非完全被剥夺了一切权利、也没有记录在档时。

至于作为局外人是否给了我一种优势，它确实给了我某种优势，而同时我也没有其他的一些优势。我有绿卡，是美国的永久居民，不是吗？所以尽管我在美国投身于各种激进政治活动，演讲啦、游行啦等等，但我其实不能真正做什么事情的，因为不是美国公民。另一方面，在印度，由于我不住在那里，我也没法享有作为中产阶级的权利，没法使我拥有我本该有的力量，譬如说教育穷苦百姓。很多年以来，我都试图使政府公务方面作出改变，培训乡村地区的小学教师。但我却不具有使之发生变化的基础，本来这会改变我正在做的——私人志愿行为，都是一派胡言。诸如此类的，因此它给了我一些优势，但又剥夺了我的另外一些优势。然而，我从中获得的最大的优势就是一种警示：喂，你现在想要什么？当这些欲望出现的时候，我就会看见发生了什么事情，因为我是在一个据说拥有这一切的国家教授一种主控型语言。我想这是一种巨大的优势，而我也尽我所能利用好它。

三、比较文学的死亡、女性主义与解构、政治活动主义

问：您于3月9日上午在清华大学外语系举行的座谈题目为“传统比较文学学科的死亡与新的比较文学的诞生”。您认为所谓的“新比较文学”在方法论上的特点是什么呢？是否主要是在政治方面，是跨文化、跨语言的比较文学，是政治与文学的结合？其方法特点是否就是跨学科的？比较文学在研究对象和方法上既要不断扩展以强调其开放的视野，又要保持这门学

科的独立性与合法性，您怎样看待这种张力？现在比较文学学界有这样的观点，即认为比较文学必然走向"比较诗学"或"比较哲学"，您是怎么看的？

答：我想情形确实是这样，仅仅局限于文学是不可能的了，也不再是理想的了。我认为大家放开手去做也是不错的。一方面，我们得考虑个人的情况，我的意思是我们不可能要求每个人都涉猎广泛。因此我不想在方法论上设置过多的限制，我是说不应该只有欧洲语言，正像你去过美国，可是你却从未去过印度尼西亚，对不对？世界就是这个样子，每个人都要去白人大国，而对其周围的一切却不太在意。我的意思是比较文学应该将亚洲语言包括进去。你读过我的作品，但你甚至都不知道我的母语叫什么，虽然世界上有1.42亿人在说这种语言，它也有着一千多年的历史。这就是问题的所在。因此我感到比较文学以及一切事物，而不仅仅是文学，都应该扩展到其他国家去。我见过一个来自台湾的印尼人，他做的是亚洲之内的文化研究，全是用英语。我想他确实付出了很多的努力，但我不认为所有的研究都该用英语进行。有那么多种语言，为什么单用英语？除非你的研究只是政治性的，要建起地缘政治的亚洲堡垒，那就是另一回事儿，而不是文化研究了。

我那本书的题目是《学科的死亡》，但我们不能只是看着题目就望文生义。你听说过挽歌吧？为死去的天才写的诗歌，他们生前没有机会、没法闪光，沉默而伟大的像密尔顿一样出色的人物，但因为生在偏远的农村，没有机会……因此这是一种普遍的挽歌。如果你有一种对什么是挽歌的文学上的感觉，你就不会感到困惑了。该书的题目就像是一首挽歌。在哀悼的挽歌的结尾处，对于你悼念的人物，你这样说：他或者她仍然活着。这就是挽歌的形式。你要知道，挽歌实际上是在结束时声称生命的复苏。死者没有死。我的回答是不是太零乱了？

问：还可以吧。当我们参加在深圳举行的中国比较文学协会2005年大会时，有一个作大会发言的印度学者就大力呼吁：让我们不要再比较什么东西方文学，让我们在东方之内进行比较吧，比如说，比较印度文学和中国文学。

答：我刚才说的不就是这个意思吗。自很长时间以来，我就一直认为比较文学不应该只是欧洲的。在我1970年代的著述中，我曾经提起我被邀成为国际比较文学协会（ICLA）的执行委员会委员。我那时非常年轻，被给予这样的职位是很了不起的一件事。我想我那时非常傻。我建议国际比协出版有关整个世界文学的书,因为它是国际性的。那时他们正在做一套有关欧洲的书,有关欧洲文艺复兴、欧洲中世纪,因此我就想到:为什么不提议写一套有关全世界的书呢?我那时是为印度和南亚周边地区代言的。我能够找人,我也乐意为国际比协工作。但当你试图对其教学结构作出改变时,你就会遇到各种各样的阻挠。一个法国的家伙,皮笑肉不笑地对我说:"这个么,已经有几本很不错的关于中国的书了。"这就是他说的话,就好像没有关于欧洲文艺复兴的好书一样。这就是为什么我感到十分不安的原因。因此说,当我那时提议国际比协要国际化时,我不仅没有受到鼓励,而是被那个老教授侮辱了。而他是以中国的名义侮辱我的。甚至连印度都没有提。既然比协什么都不做,我只有辞职了。昨天我还说过,我从来没有在乎过我的事业。我那时很年轻,被邀成为国际比协执委会的成员是一种很大的荣誉。但我立即辞职了。我已经意识到,比较文学协会的国际性不过是个玩笑,要想使比较文学真正国际化真是困难重重。

我没法学习所有的语言,但我可以组建机构,以便有可能教授所需的所有语言。现在,我们有网络的便利和种种技术,有可能以正义的方式造就真正的比较文学。真正阻碍我们的是我们自己的褊狭思想、民族主义和以西方为中心的论调(western focus)。当提到亚洲、非洲、拉美国家的人民时,我们都觉得他们不值一提,唯一值得称道的就是美国和欧洲。这就是比较文学运作的方式。而当你研究一点不属于自己的东西时,又通常是以英文写作的中国散居者或印度散居者。这不是比较文学。这是开比较文学的玩笑。因此我在80年代就指出,或许比较文学的任务就是需要一个正义的、正当的研究,而非完全是欧洲中心的研究。比较文学应该渗透进美国的区域研究内部去。这确实是一种政治性策略。兴起于50年代的区域研究依然兴盛不衰,比较文学也仍旧在走着老路子。在欧美人眼中,那些亚裔学生是通过用他们自己的母语分析文学而获取廉价的博士学位。我的意思是:你跑到国外然后把你的母语当成外语,因此我称之为廉价的PhD。这就是为什么我一再指出:我们一定要思考比较文学,要学习不属于你的本族文化的语言。比较文学的再次崛起只是一厢情愿的想法。比较文学在其最鼎盛的时候,也没有达到应有的力度。

人们不断地提及美国。无论到了哪里,都是与美国比。到了科威特,是阿拉伯文学与美国文学;到了日本,就是日本文学与美国文学。无论到了什么地方,总是美国美国。这是足以令人称奇的。也是很自然的。只有你和美国。世界上其余的地方统统不存在。当涉及文学或语言或任何其他事情的时候,世界上其他地方的信息就荡然无存了。有些人只知道往美国跑、往英国跑,就好像什么事情都没有发生一样。我感觉要对他们说:快点想想吧,生命是短暂的,时间是有限的,人总得尊重自己吧。你们还年轻,未来就在你们手中,你们可以用这种方式来思考比较文学的这些问题。无论当你说什么时,都不要对西方抱有愚昧无知的崇拜。这样我们就可以为世界上许许多多的语言之间的比较文学找到某种基础。

问:在印度和中国的历史上,我们一直有着文化交流的历史传统,最著名的当然是唐朝的玄奘去印度取经的事迹了,还有后来传为佳话的印度著名文人泰戈尔和徐志摩、徐悲鸿、梅兰芳之间的友谊。请问现在我们如何促进两国之间的文化交流呢?

答:建立起比较文学系,除此之外还能有什么办法?同时研究中文和印度的语言文学。要多样化而非老是去研究某个理论家比如J.希利斯·米勒。除非建立起比较文学系,就没有人研究它,没有钱啊。我们要实际一点。

问:作为个体的知识分子呢?

答:学习语言,还能有什么?答案不是很明显吗?

问:是的,答案非常直接,也非常真实。

答:人们不去做这方面的研究,因为没有钱。这也是非常直接、非常真实的。

问:萨义德曾经说您是“最棒的后殖民女性主义者”。您曾经来中国农村教过学,您发现中国女性的情形与其他第三世界国家的有什么异同吗?

答:不久之前接受过一个西班牙人的采访,谈到很久之前我与克里斯蒂娃关于她对中国妇女的看法的一场争论。在我的一篇题为《国际框架中的法国女性主义》的论文[1]中,我猛烈抨击了克里斯蒂娃的一本书——《关于中国妇女》(*About Chinese Women*),里面满是胡言乱语。她不过是读了一本书,自己根本就不懂汉语,然后就认为中国妇女不能开口说话诸如此类的。所以我对此提出强烈的反对意见。因此数月之前那个采访我的西班牙人就问:"那么你就与克里斯蒂娃战斗了?"我于是就试图解释那场战斗是什么样子的。我指出:瞧,中国妇女在你所说的解放之后在心理上比以前自由多了,比我所见过的世界上其他地方的妇女要自由得多,甚至包括西方国家……这确实是由于中国建立了共产主义制度。这一点我是很直接的……因为我也在各处走过,见到过各种层次的中国妇女。

问:您过去参加过哪些社会工作,尤其是为南亚的妇女?您是否发现您的社会工作与您的学术研究是互相支持的?抑或它们之间有冲突的地方?

答:我不认为我所做的就是社会工作,也没做过什么田野工作,因为首先,这些工作对我是一种教益,其次也很有趣。我所做的工作主要是教学和研究,无论是在美国的大学,还是在印度、印尼和中国。基本上都是教育,层次不同而已,但都是很重要的。我在纽约教学,我在小山村教学,所以为什么叫社会工作呢?没错,在这些工作和我的研究之间确实有着很紧密的联系。这些工作教育了我,因为它们使我能够检验有关全球化、有关网络社会诸如此类的笼统概念。当德里达写那些关于伦理的东西时,情况也是这样的。我想,我是个更粗俗、更缺乏教养的人,我想我那时能够识别出伦理主题。如果没有受过教育,那人们的生活就像动物没什么两样了。那样的话,我还能够识别伦理主题吗?或者我还能够在那种意义上轻蔑地离开它们、试图提升它们吗?因此为什么说这是社会工作呢?我不认为这是社会工作。但在这些工作和我的智性工作之间有着很强的联系。而且,我所做的工作也并不仅仅是为了妇女的。我确实做了一些像全球性社会运动之类的

---

① 请参阅"French Feminism in an International Frame",*Yale French Studies*, 62 (1981), pp. 154-184;论文结论重刊于 Camille Roman, Suzanne Juhasz and Cristanne Miller, eds. *The Women and Language Debate: A Sourcebook* (New Brunswick: Rutgers Univ. Press, 1993), pp. 101-104;论文片段重印于 Sandra Kemp and Judith Squires, eds. *Oxford Readers: Feminisms* (Oxford: Oxford Univ. Press, 1998), pp. 51-54。

工作，我曾经参加过妇女法庭的陪审团（the Jury of the court of women），但那也不局限于南亚。

问：在当前全球化的语境中，您认为女性主义的角色是什么？女性作家如何建立起她们自己的文学观和写作原则？

答：我想全球化的问题与人权和国际范围内的女性主义都是密切相关的。人们来到中国是因为其他的事情，他们过急地得出了关于女性的普泛性结论，然后就去试图转变那里妇女的生活。我认为这不是什么好主意。而且我觉得妇女问题有时候是一种悲剧性的诱饵，解放妇女就变成了某种军事干预的借口。妇女自古以来就是施行干预的托词。他们会声称：我们不是要伤害妇女，我们是为了她们好。这就是一个借口。所以我有一种感觉，就是必须让妇女联起手来，去提高妇女的条件地位以阻止这些外部力量，不让他们变得如此强大。而且如果你真想帮助别人的话，首先需要学习他们的语言。这是我的底线。

中国的情形要好多了。中国的妇女在中国享有较高的地位，与其他国家的妇女状况相比，她们在很多方面是不错的，但意识上还有待于提高，自我意识、女性意识不太强。

问：因为您首次成功地将德里达的著作翻译介绍到英语世界，因而有人称您为德里达的代言人，我想问您一个有关解构的问题。解构主义解构了一切，甚至因此也失去了自己的基础，那么请问我们有没有重建文学理论的可能性呢？

答：我想称我为德里达的代言人是不恰当的。我是我自己，为什么要为他人代言？谁是你问题中的“我们”呢？为了明白我的话，为了重建工作，我们必须要学好法语。这才是我所说的比较文学。总是向后走一步做好基础性的准备工作。就是说，我谈话的对象不是陌生人，而是比较文学的学者和学生。我喜欢读俄罗斯文学作品，但你从未见我写过关于陀斯妥耶夫斯基的任何文字，为什么？因为我不懂俄语。我认为在语言和文学的学科内，如果你只能读翻译的东西，那么撰写甚至谈论那些东西是错误的。至于解构，在第一版中，当它在杂志上发表时，叫“破坏”（destruction），这是海德格尔的说法。因为里面含有一种建构的含义，既是破坏又是建构。大多数人不知道它们是什么意思。他们以为解构不过是一个性感时髦的词汇,是将一切拆解开来。不,那有另外的一个好词——分析(analysis),分析就是把事物分解开来。综合是把事物再归纳起来。这些都是实实在在的熟词了,不需要用 deconstruction 来表示。用 deconstruction 一词是因为它具有建构性。我要告诉你。我们都将死去,对不对?但在早上我希望每个人都要刷牙的。这就是一种解构行为。我们明明知道我们的牙齿不会永久存活,我们也知道我们力量的局限性,但在这些我们知道的限度内,我们尽我们所能去做事。这不过是一种非常朴实(literal)的常识罢了。解构绝对是朴实的。如果这种朴实的常识翻译成创造理论的声明,那你就会开始理解被看到的是什么。但如果你学不好法语,无法亲自查验的话,你永远也不会理解它。这就是比较文学,如果你一点也不懂法语还去教别人的话,只好求上帝保佑了。这是完全不负责任的行为。不要教它,没必要教它。在比较文学中,你不能在不懂那种语言的情况下去教授它。这是底线,是最基本的规则了。你自己阅读翻译当然是可以的,就像古代的俄罗斯小说,我也是一遍又一遍地阅读翻译作品,我阅读不同的译本,但我从未撰写过与此相关的东西。这是完全不负责任的行为,我也不教授俄罗斯文学。当我必须要教授它们的时候,我就到俄语系找人帮我:我要引用这句话,请帮我看一下。这叫集体合作。没有人逼你靠着翻译去胡说八道。请注意,哈贝马斯曾经这样写道:"解构是一种实践,是关于行动的……现代性。在局限之内做那些实际上真实的事情。"事情就是这样。我意思是说所有的人都知道。这就是为什么我要求学生发言的原因。我在这里呐喊,我知道,五十个人听到我的话,就会根据各自的历史、心理、身体、父母、他们有关语言的知识、他们的偏见诸如此类的东西,会有五十种不同的理解。因此,换句话说,我的话无法准确地表达我的意思。如果我问一下你们每一个人我刚才说了什么,我得到的将是不同的答案。解构说的无非就是这些。这就是:要考虑到你从日常经验中所知道的;不要作滑稽可笑的概括如所有的学生都喜欢斯皮瓦克。这是胡说八道。所以这是首要的一点。其次,为了让政治和历史前进,我们必须假设那些不是真实的东西,我们必须假设它要走入歧途,它会产生误导。不是仅仅有差距,不是只说任何事物都会误入歧途……你要感觉能够有所作为;不是称之为理性(reason),解构称之为疯狂(madness)。相信事物会走入歧途是一种必要的疯狂,否则的话你就不能做任何事情。但认为因为没有它你就不能做任何事情、事情就是如此,这是非常幼稚的。说过的话在一种集体性中对于所有的人并不是相同的。这就是为什么妇女失败了,因为人们对此没有足够的重视。另一方面,你又必须相信事情不是这样的,你想把事情办成。

你们真的应该学学法语。这需要时间。你们必须学好法语。因为德里达的作品是用极为复杂的语言写的。另外,为了解构某事物,你必须首先真正爱上它。德里达热爱柏拉图,热爱亚里士多德,热爱所有这些人物,在他开始从事他的解构工作之前,他真是已经非常了解他们了。不光德里达如此,很多其他的理论家也是如此。因此我的意思是,在我教的本科生文学理论课上,首先要仔细理解这些古老的文本,而不是解构性理解。你首先得要获得解构的权力。为了能够解构,不被困住不是很容易的事情;为了能够解构,需要做复杂而又精确的工作。很多很多事情我不知道哪一样是细致精确的。在我的文学理论课上,我们到目前为止十分注意阅读原典。我们读一点柏拉图,读一点亚里士多德,读一点朗吉努斯,我们十分注意语言问题。在你真正地吸收了那些材料,爱上了那些材料之后,你只能解构你爱的东西。这不是解构你自身的问题。这不是解构你自己的问题……你将会看到当你不带这种关门的偏见(door-closing prejudice)开始这样做的时候是什么样子的,我的意思是,有些人写文章读书,发表自己的意见,都是用英语。这对学生是有害的。学生应该有足够的信念和自尊去自己核查原文,去阅读原来的语言,尤其是在比较文学中,相信我。我不是德里达或者任何人的代言人。我也不是马克思的代言人。我不是一个马克思主义基要主义者(fundamentalist),虽然他是我所受到的最大影响。如果我是什么人的代言人,那你们将能够看得出来,但只能基于非常细致的证据之上才有说服力。另外,我正在从事的,不是大张旗鼓地自吹自擂,而是将自己的目标内化为内在的动力,这样才能够成就某事。

问:您不仅是著名的文学批评家、学者,而且也是个政治家,请问智性工作与政治活动主义的区别何在?您在演讲中说没有人是干净的,也包括知识分子吗?知识分子是否应该独立于所有的政治党派?

答:智性活动和政治活动之间的区别,让我先给你一个非常老套的回答。我不认为在课堂上要训练政治活动主义。我认为课堂的速度要慢得多。在课堂上你是通过课程安排或者重新安排来型塑人的思想的,在这里,你需要放手。它或许会导致社会正义的工作,或许不会。除非你坚信它会,并将训练政治活动主义的短期目标带入教室。但如果你这样做了,恐怕你会两者都得不到。我用人文学科来指那种老式的东西如哲学、文学等,当我们谈论人文主义时,在某种程度上,我们心里想的是欧洲的人文主义传统,我们说的不是各种阿拉伯人文主义或者亚洲的人文主义,通常而言,该词是指欧洲人文主义的。我们受到60年代的某些批评家的启发,认识到、注意到,普遍说来,欧洲人文主义是以纯粹的、白种的、信奉基督教的、有财产的男人作为主角的。因此,我们就批评开头大写的欧洲人文主义,这并不意味着我们是反人文主义者(开头小写的)。我希望我所说的一切都显明了这一点。因此在人文学科领域,我们教导如何阅读,如何进行理论思索,如何训练想象力,而不是在课堂上训练政治活动主义。将人文主义和社会科学融为一体,我认为这是一个很好的主意,因为如若不然的话,我们就会看不到如下事实:一种完全利己的想象力或许会失去其定位,无法意识到它也属于这个世界;而社会科学随着越来越追求数量,也因而忘记了社会科学的要务也包括对各种现实的想象。这在人文领域内是常有的事。这个问题很大,而我的回答很短,但我想它可以成为一个开始。

我说过,美国政府建立其区域研究的目的是为了国家防务。在中国,有一种国际性的压力不断地记录审查制度。我是中国的客人,我说话自然是很客气的。如果你去美国,没有人是干净的。你会看到同样的事情。我不是在说知识分子,我只是泛泛地说国家、政治、政府等等。至于知识分子,我说过,你不是要教授活动主义。我不认为这是个好主意。知识分子就是知识分子。我不认为知识分子应该成为某个政治党派的代言人。不,我不这么看。但这并不意味着你不能在政治上受到启发或鼓舞。因为政治和政党不是一回事儿。知识分子是公众的知识分子,须得有某种程度的诚实,以便能够反对某个党派的路线,即使这样做存在着危险。我同意萨义德的观点。但萨义德在《知识分子论》中的立场与其他人是略有不同的,因为他在该书中所谈论的知识分子是有着欧洲的启蒙源头的。在18世纪的德国,在报纸上作了一次竞争性的大讨论,来回答什么是启蒙的问题,很多人都写了简短的文章来回复。我是要告诉大家不要以为这是康德哲学的一部分,这只是报纸搞的东西。那时在大学里你必须要遵守法令,你要缴税等等。但当知识分子宣称要为人民和永恒写作时,这就是启蒙性行为了。受到启蒙了的人是学者,他或她要为所有人、所有时代而写作。萨义德关于知识分子的观点就源自这种启蒙思想。而我们中有些人以为这种模式只是一种知识分子。世界上需要各种各样的知识分子。

王宁教授访谈录[①]

编者按:王宁教授是清华大学外语系教授兼比较文学和文化研究中心主任,美国耶鲁大学福特杰出学者讲座客座教授,兼任国际文学理论学会秘书长、国际比较文学协会文学理论委员会委员、美国《新文学史》(*New Literary History*)杂志中文版主编、中国比较文学学会常务理事和后现代研究中心主任以及中外文艺理论学会、中国翻译工作者协会、中国外国文学学会理事等职,并任国内外二十多所大学的兼职教授或客座教授。主要研究方向为现当代西方文论与思潮、英美文学、比较文学、翻译与影视传媒研究等。曾获得加拿大政府研究基金、诺思洛普·弗莱研究奖、挪威易卜生研究奖等国际知名奖项。主要著作包括《比较文学与中国当代文学》(1992)、《深层心理学与文学批评》(1992)、《多元共生的时代》(1993)、《比较文学与中国文学阐释》(1996)、《后现代主义之后》(1998)、《中国文化对欧洲的影响》(1999)、《比较文学与当代文化批评》(2000)、《二十世纪西方文学比较研究》(2000)、《全球化:文学研究与文化研究》(2003)、《文化翻译与经典阐释》(2006)、英文专著 *Globalization and Cultural Translation*(2004)等,在国内外发表论文三百余篇。

在访谈的第一部分,王宁教授对翻译学和学科理论建设、新兴的文艺理论对翻译理论的巨大影响、中西译论的混杂和共通性、翻译对经典的解构和重构作用等问题作了剖析,并追溯了中国现当代文学在北欧诸国的传播和接受状况;在第二部分,围绕着全球化时代的中国文化境遇、中国文学和文化的翻译和传播、"东学西渐"与中国学者的责任等话题,谈了自己的看法。

---

① 笔者对王宁教授先后作过两次访谈,现稍作编辑后合为一篇,原标题为现在的副标题。第一次作于 2003 年秋,题为《文学翻译研究和文学经典重构》,发表于《译林》2003 年第 6 期(总第 111 期),第 198—202 页;第二次做于 2007 年秋,题为《"东学西渐"中的中国当代文学和文化研究》,发表于《探索与争鸣》2008 年第 2 期,第 4—8 页。

一、文学翻译研究和文学经典重构

问:最近我读了您发表在国内外刊物上的有关翻译理论和翻译研究的系列文章,我想,是否存在翻译学或者翻译研究这一学科大概是学界数十年来一直争论不休的问题。有人说翻译只是一种技能、一种行为、一种艺术,它与系统学科的定义相去甚远;也有人认为翻译研究数十年来所取得的累累成果与进展足以说明翻译学作为一门独立的学科已日趋成熟;更有不少的学者根据国际学界的标准证明这一学科的存在并积极构筑完善系统的翻译学学科。王教授,您认为作为一门独立学科的翻译研究是否存在?如果存在,那么它目前正处于何种阶段?在今后应当如何尽快地系统完善、走向成熟?

答:这个问题问得好,这牵涉到翻译及翻译学或翻译研究的定义问题。首先,我们要搞清楚的是,强调翻译的技能方面和艺术方面都没有错,问题在于不能片面强调一点而走极端:作为纯粹技术层面上的翻译,或纯粹居于语言文字层面上的翻译,实际上只是将一种语言转换成另一种语言,这充其量只是一种技能;而文学翻译则有着深刻的文化和意识形态内涵,它在某种程度上是一门基于对原著的能动性理解而导致的再创造,或曰对原著的修正,由于文学本身就是一门语言的艺术,而翻译除去必然涉及的文化移译和文化再现外,首先接触的也是语言。因此如果说文学创作是一种艺术创造的话,文学翻译就应当是一种艺术的再创造。而相比之下,翻译学则是一门居于人文、社会科学和自然科学之临界点的边缘学科,它同时可以和上述三门科学进行对话,但它本身又有着自己的独立存在方式,因此除了对机器翻译的研究外,一般国际学术界总是将翻译学分别纳入人文和社会学科:偏重语言学的实证研究往往被纳入社会科学,而文学翻译和文化翻译则属于人文学科的范围。前一方面的论文一般收录于 SSCI(社会科学论文索引),而后一方面的学术论文则收录于 A&HCI(艺术与人文科学论文索引)。如果说翻译学作为一门独立的学科在国际学界的诞生只是20世纪80年代后期的事,那么它在中国的诞生则是90年代后期的事,现在这门学科仅仅处于发展的初级阶段。但是国内也有少数学者的研究具有超前性,他们已在国际刊物发表了大量的论文，达到了与国际翻译理论界平等对话的境地。

问：20世纪80年代以来，文学理论对翻译研究，尤其是西方的翻译研究的影响作用日趋明显，出现了解构主义的、女权主义的和后殖民主义的翻译理论。请问王教授，文学批评理论对翻译理论的影响会不会越来越大？为什么？这种影响可能会在翻译研究领域产生怎样的结果？

答：首先，我们要搞清楚的是，文学理论到了20世纪已经发生了本质的变化，它在很大程度上早已摆脱了纯"文学的"理论之狭隘的领地，而是和各种哲学、社会学、心理学、语言学以及文化学理论融为一体，因此西方学者干脆称其为批评理论。批评理论为什么会对翻译理论产生如此的影响？其主要原因在于长期以来翻译根本就没有自己的系统理论，它不得不从其他学科领域借用理论，这种情况今后还会继续下去，所导致的结果就是促使翻译学最终成为一门具有相对独立存在方式的人文社会科学分支学科领域，并与人文社会科学诸学科领域进行对话。所以翻译理论界已经有人认为，如果说20世纪90年代初翻译研究需要一种"文化的转向"的话，那么90年代末的文化研究则需要一种"翻译的转向"。也就是说，当翻译研究在西方刚处于初级阶段时，它需要文化研究的批判性介入，而文化研究这么多年来一直局限于英语世界则显然是不够的，翻译的跨文化、跨学科和跨语言性质完全可以给文化研究带来具有冲击力的"翻译的转向"。

问：在近几年关于翻译的讨论中，有人强调中国的译论不应依赖西方的译论，西方译论的产生与应用有其特殊的土壤与气候，而由于语言、文化、思维方式等方面的差异，西方的译论未必能够适合中国的环境，中国翻译学界应当积极探索建立起有中国特色的、独立的译论体系。另一种观点则认为，作为至少两种以上语言与文化的转换，翻译所面临的问题在东西方是共通的，那么，中西译论必然有很大的共通性，中国的翻译理论目前既然不如西方译论成熟，那我们就要积极介绍引进和吸取西方译论，丰富发展中国的译论。王教授，您怎么看待中外译论的特殊性与统一性的问题？中西译论在产生与运用上的差异何在？如果要吸取借鉴西方译论，那么有没有一个准则？

答：首先我想强调的是，翻译理论也和文学理论一样，在当今这个全球化的时代,很难区分什么西方译论和中国译论。我们为什么会花很大的力气去引进西方的翻译理论?因为我们需要它们来解释翻译实践中的问题和现象。那么它们为什么能够长驱直入中国的翻译界而轻易地为我们所接受?因为它们能够有效地解释我们翻译实践和理论研究中的一些问题。但是另一方面,你也许已经注意到,结果中国学者的“翻译”和能动性解释,这些理论已从其具有普遍意义的“全球化”进入了适合特定的中国国情的“本土化”,再加上中国学者的“混杂”策略,理论本身已经变得“不中不西”了。同样,中国的翻译理论经过我们和西方学者用另一种语言(英语)和能为西方学者所接受的学术话语的转述也照样发生了“混杂性的”变异。总之,在我看来,和文化理论一样,任何一种翻译理论,只有当它能用来指导跨文化意义的实践和现象,它才能是有效的理论。可惜可供我们向外输出的这类理论实在是太少了。

问:我注意到,您最近几年内在国内外刊物上发表了一系列文章论述翻译与文学经典重构的问题,引起了国内的中国文学研究者的强烈兴趣。确实,从现有的研究成果来看,中国现代文学与西方文学的影响有着密切的关系,因此难怪有人偏激地断言,中国现代文学的“殖民化”应当追溯至五四新文化运动时期。您是如何看待这个问题的?您认为翻译只能导致文化的“殖民化”吗?翻译能否充当文化“非殖民化”的有效工具呢?

答:这个问题实际上是上一个问题的进一步深化,涉及翻译与文化的关系。我们可能会想到翻译在推进中国文化现代化进程和建构中国文学批评理论话语的过程中所起到的不可替代的作用。众所周知,中国文学在过去的一百年里,已经深深地受到西方文学的影响,以至于不少恪守传统观念的中国学者认为,一部中国现代文学史,就是一部西方文化殖民中国文化的历史,他们特别反对五四运动,因为五四运动开启了中国新文学的先河,开启了中国文化现代化的先河,而在“五四”期间有一个特别重要的现象,就是大量的外国文学作品,尤其是西方文学作品和文化学术思潮、理论大量地被翻译成中文。鲁迅当年提出的口号“拿来主义”对这种西学东渐确实起到了推波助澜的作用。我们都知道,鲁迅在谈到自己的小说创作时,就曾直言不讳地说,他的小说创作只是在读了百来本外国小说和一点医学上的知识之基础上开始的，此外什么准备都没有。当然这番表述使他本人后来成了保守势力攻击的对象，说鲁迅是全盘“西化”的代表人物。还有另一些五四运动的干将，包括胡适、郭沫若，他们则通过大量的翻译和介绍西方文学作品，对传统的中国文学进行了有力的解构，从而催生出一批中国现代文学经典。所以在现代文学的历史上，翻译占有很重要的地位。我们甚至可以认为，在中国现代文学史上，翻译文学是一个不可分割的部分，如果从比较文学的角度来看，一部中国现代文学史在某种程度上就是一部翻译文学史，而研究翻译也是文化研究的一个重要方面。也就是说，翻译说到底也是一种文化现象，我们今天所提出的翻译的概念，已经不仅仅是从一种语言转变成另外一种语言的纯技术形式的翻译，而且还是从一种文化形式转化成另一种文化形式的广义的文化翻译，它是以语言作为媒介来实现的。既然有人认为(把外国的东西)翻译(进来)曾为中国文化的“殖民化”起过推进作用，那么，我们今天呼吁翻译路径的转向，即把翻译的重点放在把中国的东西译成外文，也就在进行一种文化的“非殖民化”尝试了。因此，翻译的作用实际上是双重的。

问：对于中国现当代文学所受到的西方文学的影响，国内学者几乎都不予以否认，但有人认为，中国文学在国外的影响是微乎其微的，这一方面是由于中国的翻译界对外翻译介绍的不力所导致，另一方面则是因为西方的文化霸权所造成的。您最近几年来，不仅从比较文学的角度清理了中国现当代文学所受到的外来影响，而且还追溯了中国现当代文学在国外，尤其是在西方的传播和接受，而对后者，国内的许多读者则知之甚少，能否请您再给我们介绍一下这方面的情况呢？

答：对于中国文化和文学在英、美、法、德等主要国家的翻译和传播，已经有不少人著述追踪，我本人也在不同的场合撰文作过评述。但鲜为人知的是，中国现当代文学除了在几个大国，还在一些小国得到了传播。这里有必要作一些简略的介绍。由于我本人曾在荷兰从事博士后研究一年，并多次在北欧诸国研究讲学，因此我想以这几个小国为个案，说明一下中国现当代文学在西方国家的传播。我主要说一下荷兰的情况。中国古典文学作品在荷兰大部分是通过英语和德语作为中介转译的。直到 20 世纪 70 年代，直接从中文译成荷兰文的作品仍凤毛麟角，只是到了近二十年，荷兰翻译界对中国文学的兴趣和介绍才出现了长足的发展，经过一批训练有素的中青年汉学家的努力，大量中国古典和现当代文学作品陆续有了直接译自中文的荷兰文新译本。

但即使是通过转译的中国文学作品进入荷兰，也照样对荷兰作家产生了一定的影响。就诗歌领域而言，对中国诗歌的翻译介绍所产生的影响还具体表现在荷兰诗人的误读和创造性建构上。这方面的主要代表是 J. 斯洛尔霍夫。作为一位曾在海军中服役的医生，他游历甚广，并到过中国，因此他喜欢在自己翻译或创作的诗中引入一些异国风情。作为一位有着自己翻译标准的诗人兼翻译家，斯洛尔霍夫的翻译与他的前辈有很大的不同，他是最早采用英国翻译家阿瑟·威利的译本的荷兰诗人。他一方面忠实地效法威利，另一方面又不时地对这些中国诗进行一些全新的误读和有意的曲解，因而展现在荷兰读者眼前的中国诗实际上是经过翻译家—诗人带有创造性主体建构意识的接受之后用另一种语言重新书写的“再创造性”作品。可以说，尽管斯洛尔霍夫的翻译加进了自己的浪漫主义情调，但是对荷兰读者来说，读他那自由发挥的、带有创造性的译诗远远胜过读另一些诗人的译作。由于荷兰本身有着“诗的王国”之称，因而在 20 世纪 40 年代至 80 年代，在中国文学作品的翻译中，诗歌的翻译始终占有很大的比重。自 80 年代中期以来，一年一度的荷兰鹿特丹诗歌节——目前世界上最大的诗歌节——开始邀请一些中国当代诗人出席并朗读自己的诗作，这无疑为中国诗歌在荷兰的翻译出版起到了推波助澜的作用。中国文学在荷兰的翻译所取得的成功在很大程度上并非取决于时代的风尚，而更多地取决于不同的译者的高超的翻译技巧。

相比之下，中国现当代文学的转译现象就少多了，这主要是因为经过多年的培养，荷兰逐步有了一批精通中文并有着丰厚的中国文化和文学素养的汉学家和翻译家，他们的努力工作为中国文学直接翻译介绍到荷兰作出了重要的贡献。这一时期的转译本仍在继续出版。J. 萨摩威尔于 1960 年编辑出版了一部题为《中国小说大师》的现代短篇小说选集，该文集中除了鲁迅有两篇小说收入外，其余的作家，如郭沫若、茅盾、沈从文、老舍、巴金、丁玲、林语堂和端木蕻良则每人收入一篇。实际上，在此之前，赛恩·弗里斯于1959年出版了鲁迅的《阿Q正传》荷兰文译本，茅盾的《子夜》则问世得更早些。1986年，由威廉·克鲁恩和丁耐克·豪斯曼据法译本译出了巴金的《家》，从而开启了巴金作品的翻译工作。据不完全统计，中国现代的主要作家都有作品被直接或转译成荷兰文，包括赵树理的《李有才板话》和老舍的《骆驼祥子》等。还有些短篇小说译自英文版《中国文学》（现已停刊），这些翻译作品的问世无疑繁荣了荷兰的文学市场，对当代荷兰作家产生了一定的启迪作用，同时也为年轻的汉学家直接从中文翻译介绍中国文学作品奠定了基础。

也许最重要的一个因素在于，70年代和80年代是荷兰汉学大发展的时期，学中文的学生数量猛增。许多人在中国学了一至两年中文后，便为中国当代的具有先锋实验特色的新时期文学所倾倒，有些学生甚至大学还未毕业就投身于中国文学的翻译工作。在这种形势的鼓舞下，一些荷兰的出版商也异常活跃地出版中国文学作品，并和一些基金会联手操作，邀请了一些中国当代著名作家访问荷兰，和荷兰读者见面并与翻译界建立了直接的联系。他们的访问讲学为荷兰的读书节和汉学界带来了中国文坛的最新信息，促进了中荷的文学交流。

近十多年来，中国现当代诗歌在荷兰也引起了广大读者和翻译界的重视，这主要得助于以著名诗人兼翻译家、汉学家汉乐逸为代表的一批中青年汉学家的努力。他于1981年出版了一本与别人合译的闻一多诗选，1983年又出版了中国现代五位著名诗人的诗选，他们是闻一多、李广田、卞之琳、何其芳和臧克家。T. I. 翁义于1986年翻译出版了冯至的《十四行集》。新一代翻译家柯雷和汉乐逸合作译出了1978年以来在中国文坛崭露头角的诗人的作品选，他们是顾城、多多、北岛、芒克、王家新、柏华、杨炼、琼柳等十位诗人。这两位汉学家一方面从事中国文学教学，另一方面通过直接与中国作家的接触，比较准确地把握了中国当代文坛的现状，及时地向荷兰及欧洲汉学界提供了中国文坛的最新信息。

随着中国当代诗歌翻译的兴盛，当代小说也不断被译成荷兰文，图书市场上出现了一批当代中国小说选集，其中比较有名的是库斯·奎柏和爱德华·布兰基斯廷合作编译的《新中国小说》（1983），所介绍的小说家包括“伤痕文学”的代表人物卢新华，以及新时期具有开拓精神的作家刘心武、陈国凯、茹志鹃、王蒙和高晓声，另一本则是出版于1988年的女性小说选集，由马利莎·班杰斯和爱利丝·德·琼合作编译，收入了王安忆、遇罗锦、宗璞、张辛欣和张洁的代表作品。当代荷兰的两位最多产的中文小说翻译家是库斯·奎柏和林特·希比思马：前者翻译了高晓声、戴厚英和张洁的代表性作品；后者则于1987年翻译出版了一本包括王蒙的四个短篇小说和王安忆的一部中篇的文集，1988年和1989年，他还接连出版了张贤亮的两部小说，《男人的一半是女人》和《绿化树》，1990年他又推出了王安忆的《小鲍庄》等。

在上述这些汉学家和文学翻译家的努力下，新时期中国文学的主要作家大都有了自己作品的荷兰文译本，其中被翻译的最多的作家当数张洁，包括《方舟》、《爱是不能忘记的》、《沉重的翅膀》、《只有一个太阳》和《祖母绿》在内的她的这些小说在荷兰文学界和广大读者中均有着一定的影响。比较有影响的小说还有谌容的《人到中年》和古华的《芙蓉镇》。而与之相比，台湾地区作家的作品翻译成荷兰文的就少多了。这大概与近二十年来中国改革开放所带来的文艺繁荣局面不无关系。

与中国文化在英、法、德、荷等国的传播和影响相比，北欧诸国对中国产生兴趣并与之接触，一般说来要晚至17世纪中叶，中国文化在北欧的影响也没有那么大，除了在瑞典有着较长的汉学研究传统外，在另三个北欧国家就逊色多了，当然这也说明，不同的国家也有着不同的接受条件和不同的文化交流环境。瑞典的汉学研究历史悠久，出版的中国文学作品和学术研究成果也较多，并且在整个欧洲都具有很大的影响。当年身为瑞典皇家学院院士、诺贝尔文学奖委员的马悦然教授曾断言，中国作家之所以至今未获得诺贝尔文学奖，在很大程度上是因为他们的作品没有好的西文译本。他的这一断言曾惹怒了一些中国作家，但另一方面，我们也应当看到，马悦然花了毕生的精力孜孜不倦地翻译和研究中国文化和文学，为把中国古典文学介绍给瑞典人民，为使中国现当代文学令世人瞩目都作出了很大的贡献。可以说，对于中国文学在瑞典的翻译和传播，马悦然功不可没。

马悦然作为中国读者比较熟悉的一位瑞典汉学家和文学翻译家，不仅本人学识渊博，对中国各个时代的语言文学均相当熟悉，而且花了大量精力把包括中国古典文学名著和现当代文学作品在内的中国文学精华介绍给了北欧文学界和读书界。他还和包括老舍在内的相当一批中国现当代作家、批评家和学者保持密切的接触和联系,从而及时地向皇家学院诺贝尔文学奖评奖委员会作出报告,为委员们的最后决定提供重要的参考意见。

由于瑞典汉学的得天独厚的优势,中国各个时期的重要文学作品都有着完整的或部分的译介。尤其应该指出的是,由于皇家学院二十多年来一直关注中国文学创作的新动向,并有意促使中国作家早日获得诺贝尔文学奖,这就为瑞典的中国当代文学翻译工作提供了有利的条件。甚至中国八九十年代活跃的作家,如莫言、王安忆、王朔、苏童、余华、格非、林白、虹影等国内先锋派作家或海外流散作家的作品也或多或少地有了瑞典文或其他欧洲语言的译本。

在人口不多的丹麦王国,综合性大学虽然只有五所,但其中却有两所(哥本哈根和奥尔胡斯)有东亚研究系。中国文化在丹麦的传播主要得助于丹麦的汉学研究,而且这两所大学的汉学研究也各具特色:前者历史较长并更注重语言学和古典汉语文学的研究;后者则致力于现当代中国文学和历史的研究。这两校的东亚系在欧洲都有着一定的影响,两校的教师都积极参与北欧的中国研究学术活动,并程度不同地参与了欧洲汉学界的合作项目。

与瑞典相比,中国文学在丹麦、挪威、芬兰和冰岛的传播和翻译则大大逊色,但在这几个国家的重要学府都有中文专业和课程,一批翻译工作者也孜孜不倦地学习中国文学,将其中的一些代表性作品译出。虽然数量不多,但随着中国文化在全世界越来越广泛的传播,将有越来越多的中国文学作品被翻译成外文,从而使得中国文学为世人所共享。在这方面,我们的翻译工作者应当作出自己的贡献。

二、"东学西渐"中的中国当代文学和文化研究

问:王老师,最近十多年来,您一直坚持与国际学术界前沿理论课题接轨并对话,借鉴和改造多种理论并运用于分析中国当代现实问题,力图有所创新和突破;另一方面,您在欧美文学的基础研究领域也有独到的研究。如果我们将前者俗称为一种"新"的话,那么后者显然就是"旧"了。请问,中

国学者应该如何处理学术研究中"新"与"旧"的关系?

答:实际上,在学术研究方面,"新"与"旧"无法截然区分。我们完全可以用新的理论视角来对历史上争论不休的"老"问题提出新的见解。比如说,我们大家都很熟悉英语文学研究界的新历史主义批评。所谓新历史主义并不一定研究的都是新事物,而恰恰是历史上的老问题,甚至研究的对象主要是文艺复兴时期的作品,但是他们对历史的看法却是全新的。按照新历史主义者的看法,历史的叙述并不等同于历史事件本身,任何一种对历史的文字描述都只能是历史的叙述(historical narrative),或撰史(historiography),或元历史(metahistory),或"文本化"的历史,其科学性和客观性大可值得怀疑。因为在撰史的背后,起主宰作用的是一种强势话语的霸权和权力的运作机制。由于新历史主义的发难和挑战,文学史的神话被消解了,文学史的编写又被限定在一个特定的学科领域之内,发挥它本该发挥的功能:它既不应当被夸大到一个等同于思想史的不恰当的地位,同时又不应当被排除出文学研究的领域。但这时的文学研究领域已经不是以往那个有着浓厚的精英气息的、封闭的、狭窄的领域,而成了一个开放的、广阔的跨学科和跨文化的领域。在这个广阔的领域里,文学研究被置于一个更加广阔的文化语境中来考察。这也许就是新的文学撰史学对传统的文学理论和"旧的"史学观念的挑战。

显然,新历史主义批评也对既有的文学经典提出了挑战。我们知道,所谓经典就是历史上已经有了定论的优秀文学作品。新历史主义发起挑战的一个直接后果,就是促使文学经典的重构问题被提到议事日程上。在上世纪80年代末和90年代初的欧美学术界,讨论文学经典建构和重构的问题成为时髦的话题。在这方面,美国的文学理论界起到了相当大的推进作用,尤其是《新文学史》和《批评探索》这两大权威刊物所起到的巨大导向性作用更是不可忽视。按照《新文学史》杂志主编拉尔夫·科恩的说法,该刊的一个宗旨就是"从今天的理论视角对文学史上的老问题提出新的见解"。

作为21世纪的学者,我们更应该着眼于学术研究的两个方面:其一是紧跟国际学术前沿,力求在与国际学术界进行对话的同时发出中国学者的声音;其二则是立足本土,创造性地运用各种新的理论来重新反思中国传统文化或文学史上的老问题,力求对之作出新的解释。即使我们研究欧美文学的经典作家和作品，也应该有新的视角，否则重复别人的老话题，怎么可能参加到国际性的学术讨论中呢？我近年来主编的大型文学理论丛刊《文学理论前沿》基本上就是按照上述两个原则来运行的，现在看来所起的作用还是很有成效的。

问：有人说面对大众文化、通俗文化的兴起，文学理论界正面临着某种危机。如果这种危机确实存在，那么是否存在隐匿在这种表面的危机背后的发展机遇呢？您认为与国际文学理论界相比，中国文学理论界有哪些不足之处？国际大环境下的文学理论发展趋势对我国的理论发展有何种影响？

答：其实，这正是近十年来我一直在思考的问题。我始终认为，我们现在正处于一个全球化的时代，不仅是经济上的全球化，文化上的全球化趋势也愈益明显。在文化全球化大潮的冲击下，文学以及文学研究的边界大大地扩展了。大众文化和通俗文化的兴起，无疑对处于精英文化领域的文学理论形成了挑战，使得它们固有的领地越来越萎缩，但这种挑战也可以转变为一种新的发展机遇。

面对文化全球化时代的到来，国内的不少文学理论工作者已开始对文学理论所面临的挑战感到无所适从，或者悲观地认为文学理论必将消亡，或者认为文学研究终将被文化研究所取代。这里不妨对近十年来中国文学理论批评的现状作一简略的回顾。

1980年代以来，各种西方理论思潮的蜂拥而入，致使有着自身独立人文传统的中国当代文学批评发生了深刻的变化：一方面，传统的以直觉印象为出发点的感悟式批评依然在很大的读者范围内受到欢迎，批评的指向或者是作者或者是文本本身，批评实际上仍未摆脱简单的作品评点或价值判断的浅层次，因而与当代文学创作有着难解难分的关系。应该指出，这种与创作关系过密的文学批评是不可能走向世界的，它至多只能成为创作的注解或附庸，久而久之，它也终将为创作者所不屑甚至抛弃。另一方面，一批有着较好理论素质并受过高等院校的学院式理论训练的批评家则越来越具有独立的批评理论意识，他们的最终目的既在于借用包括西方理论在内的所有新的文学和文化理论来阐释中国的文学和文化现象，同时又旨在批评实践中对本土固有的或从西方挪用来的理论进行质疑、改造甚至重构。这在很大程度上促进了中国比较文学和文学理论的复兴,使得中西文学理论的比较研究有了长足的发展。

当然,单方面的由西向东的“理论的旅行”并不是我们的最终目的,我们所需要的是理论的双向旅行和交流,需要的是中国文学理论走向世界。这方面,一个令人振奋的现象就是在广阔的中西比较文化大背景下出现的文学的文化批评,这种以理论阐释为特色的批评实际上是一种中西文论的比较研究和文化阐释。它并不回避对文学现象的价值判断,因为被批评家选定为批评阐释对象的作品(文本)及其生产者本身,就必须具有一定的批评价值和研究价值,但这种价值判断并非一定要体现在批评家的褒贬之词中,而更应该体现在这些文本内在的阐释深度和广度。

至于有人鼓吹的“失语症”,我的态度是,在中国文学理论批评走向世界的过程中,我们别无选择,只能暂时借用西方的理论话语,甚至借助于西方的语言,来与之进行对话,并不时地向西方学者介绍和宣传中国文化和文学的辉煌遗产,加进一些本土的批评话语,使他们在与中国学者的对话中受到潜移默化的影响和启迪。如果中国学者不以积极的姿态跻身于国际理论批评论争中,恐怕连等待汉学家发现的机会都不可能实现。当然,这种主动接近世界所付出的暂时的“失语”代价也是不可避免的,但这种“失语”并不意味着“失语症”,只是我们的声音比较微弱,能够发出强劲声音的人比较少,但这应该是一种通向更深层次的学术交流和对话所必须付出的代价。如果我们借用“全球化”这一策略来大力弘扬中国文化和美学精神,那么我们的文学理论研究就不可能只是被动地接受西方影响,而是积极地介入国际理论争鸣,以便发出中国理论家的越来越强劲的声音。在这方面,我们每一个理论工作者都责无旁贷。

问:您一直不遗余力地主张要将中国的文化(包括文学)发扬光大,而且您也一直身体力行地推广着中国文化和文学。早在1999年您就出版了专著《中国文化对欧洲的影响》,多年来,尤其是近十年来,您频繁往来于国际学术舞台,传播中国文化,请问您为什么以弘扬中国文化为自己的志向?您认为在全世界传播和弘扬中国文化最有效的途径有哪些?您是怎么看待在西方兴办孔子学院的?

答:确实,与西方文学和文化在中国的传播和接受相比,中国文学和文化在国外、尤其在西方世界的影响要小得多,但如果我们仔细梳理一下这种影响与接受的话,也不难发现,西方进入近代以来,几乎在各个时期都掀起过不同程度的"中国热",从对中国的误解和误读发展为对中国以及中国人的形象的想象性建构。我们从比较文学的角度来研究中国形象在西方人眼中的演变就是一种形象学研究。

我和别人合写过两本书,除了你提的那本外,2005 年出版了《神奇的想象——南北欧作家与中国文化》。我对前人以及西方汉学家传播中国文化和文学的努力十分钦佩,但总觉得应该有更多的人加入到这一行列,于是在最近几年里,我几乎每隔两年都要去一所美国大学讲授中国文学和文化。美国的大学所开设的世界文学课中,有一门叫"翻译中的中国文学"(Chinese Literature in Translation),也就是通过英文译本让对中国文学感兴趣的学生选修这门课。有些学生并不满足于只阅读译文,修完课后告诉我,他们还要从学习汉语开始逐步了解中国文化。这一初步的努力成效给了我更大的信心和勇气。

中国既然在经济上有了突飞猛进的发展,那就必然要在国际社会扮演一个政治大国和文化大国的角色,兴办孔子学院就是一种国家行为。虽然国家已经决定在海外兴办若干所孔子学院,通过政府行为在全世界推广汉语和中国文化;但我仍然认为,最为有效的还是民间行为,也即通过中外大学之间的合作交流达到推广中国语言和文化的目的。

问:国内很多出版机构和大学一直在大力译介国外尤其是欧美的学术著作、文学著作,也有学者正在组织策划将中国的学术名著翻译成英语,介绍到国外去。您是如何看待这一现象的?

答:你说的这些我也知道,有些项目我本人也或多或少参与了。毫无疑问,历史上的"西学东渐"对推进中国的政治和文化现代性进程起到了极其重要的作用,因此,在过去的一段时间内,我在国内也一直大力主张译介西方学术理论著作和文学名著,并亲自翻译过一些西方理论著作和文学作品,主编过相关的丛书。我现在依然对这一工作给予必要的支持和帮助。但是,令我感到不安的是,"东学西渐"的现状却不容乐观。事实上,中国的不少一流作家和学者除了仅为极少数汉学家所了解外，根本不为欧美主流学者所知，而西方的一些二、三流作家和学者的著作却争相被国人翻译介绍。一些在西方不知名的大学里担任副教授或助理教授的华裔学者，居然在国内受到很高的礼遇。当然这里面确实有一些人的水平很高，只是年龄资历浅一些，那倒另当别论。但是这种文化学术交流的不平等现象是客观存在的。

最近，我在参与主办第13届国际逻辑学、方法论和科学哲学大会期间，接待了美国著名心智哲学和语言学家约翰·塞尔。当有人问他知不知道中国的哲学家时，他肯定地说了一声“No”。我随即向他介绍了中国学界的现状，以及他可以看到的为数极少的几部中国学者出版的英文著述。可见，在国际学术刊物上发表论文多么重要啊！有鉴于此，近几年来，我拒绝了多家出版社要我翻译西方学术著作的邀请，而是转向国际学术界推介中国的文化和文学。

问：由于受到外语水平（如口语表达、听力等）的影响，也由于很多国内学者不太了解西方文化（包括礼节、习俗等），一些在国内比较知名的中国学者对与西方学者直接交流深感畏惧，缺乏自信。而您在国际学术舞台上却能纵横驰骋，频繁而有效地展开各种国际性的学术交流和对话。请问，中国学者在与外国学者尤其是一流的学者交流中怎样才能做到游刃有余？

答：很多人错误地认为，语言是妨碍国内学者与国际学者交流的主要原因，其实在我看来，这远不止是语言的问题。当然语言的障碍会阻碍直接的学术交流，但我倒要问这样一个问题，为什么有些口语很棒、发音也很纯正的英语教师在学术会议上却提不出问题？而让他们为别人的发言翻译时却能流利地表达？这恐怕更是一个学术话题和知识面的问题。所以，我多次提醒我的学生和学界同行，要尽可能地多读书，不仅要读专业书，而且要广泛涉猎整个人文学科的经典著作，掌握必要的学术话语和专业术语，这样在国际场合就可以游刃有余地和国际学者进行卓有成效的交流。也就是说，我们和国际学者进行直接讨论和对话，首先要对他们的研究现状和相关著述有所了解，然后接着他的话题提出你的质疑甚至反驳。

以上是我个人的经验，可以供大家借鉴，但不一定对所有的人都很适用，因为各人有其特殊情况。有时你当面向一个学者提出十分尖锐的问题，虽然他一时接受不了,甚至不高兴,但心里会佩服你的,甚至会邀请你去他的学校演讲,以便继续这种争论。我自己就有过很多这样的经历。也有一些中青年学者经常问我,向国际刊物投稿有何诀窍?我的回答照样是,首先你要把你准备投稿的刊物找来仔细地读上一、二期,甚至三、四期,客观地将自己的文章与该刊物上发表的一般论文比较一下,看看讨论的话题和关注的兴趣是否合拍;其次,看看质量上有无较大的差距,语言风格和格式上是否相近。然后再把自己的稿子寄过去,这样命中率就会高一些。我自己过去就是这样走过来的。当然,最近几年,由于我在国际刊物上发表的文章多了,知名度提高了,就不必去主动投稿,一般都是应约撰稿,但是对初出茅庐的青年学者来说,不经过一段艰苦的努力是不可能达到这一境地的。

问:最后,请谈谈您最近在学术上——主要是文学理论研究、比较文学和翻译理论研究方面——关注哪些课题或者问题?国际上的学术动态如何?

答:众所周知,2003 年,英国马克思主义理论家特里·伊格尔顿出版《理论之后》,在西方理论界引起很大的争议。他认为理论的"黄金时期"已经过去,当代理论家再也无法推出震撼人心的理论著作,因此应当返回"前理论"的天真烂漫时代。针对这一悲观的言论,我在国内外发表了一系列商榷文章,并指出,我们实际上已进入一个"后理论时代"。这是一个真正的多元共生的时代,一个没有主流的时代,一个多种话语相互竞争并显示出某种"杂糅共生"特征和彼此沟通对话的时代。经过后现代主义大潮的冲击以后,西方文学和文化理论界普遍关心的一个问题始终是:当代文学和文化理论界还会出现什么样的景观?面对"理论死亡"的噪音越来越大的境况,理论本身还能产生何种功能?如果理论的功能已经萎缩的话,那么理论的作用何在?如此等等。

实际上,我们完全可以从当今西方文学和文化理论界的流派纷呈、思潮更迭的多元景观中看出一些清晰的发展线索:后殖民主义经过一段时期的式微之后再度崛起,三位代表人物(包括已故的萨义德)先后发表新著,使得学界对后殖民主义的研究与文化身份、种族问题、流散现象以及全球化问题融为一体,并在一些有着第三世界背景的学者中引发了关于民族主义和

"超民族主义"(transnationalism)的讨论。早先的女权/女性主义理论批评虽然仍在沿着自己的路径发展,但性别研究的异军突起却在很大程度上抢去了其往日的风头,性别研究本身也逐步分化为(女性)"性别研究"、"女同性恋研究"(lesbian studies)和"怪异研究"(queer studies)等。这些研究领域分别从不同的角度显示了女权主义或女性主义的多元走向,并使得性别问题与民族和文化身份问题融为一体。

全球变暖和人类生存环境的恶化导致文学批评中生态理论话语的异军突起,注重环境写作和对经典文学文本的生态视角阅读,使得文学作品被隐匿的意义得以发掘出来。我们不难看出,一些卓越的生态批评家本身曾经是一些传统研究学科领域的杰出学者,例如长期执教于哈佛大学的劳伦斯·布伊尔(Lawrence Buell),就是美国浪漫主义/超验主义文学研究领域内公认的权威学者,因此由他率先从生态视角对美国19世纪文学研究进行介入,必然导致文学研究方法的更新。

随着全球性移民浪潮的愈演愈烈,"流散"现象日益引起人们的注意,而作为其必然结果的"流散写作"的崛起,尤其是包括华裔在内的亚裔流散写作的崛起,则在某种程度上起到了对文化重建和文学史重新书写的导向作用,同时也促成了流散批评的形成。文化研究在经历了一段时期的发展演变后已经愈来愈不满足于局限英语世界,因而逐步发展为"跨(东西方)文化"的研究。它虽然对传统意义的比较文学产生过某种挑战和冲击,但在另一方面,也与后者形成某种互动和互补作用。传统的"欧洲中心主义"意义上的比较文学虽然在西方被认为已经"死亡",但它的"跨学科"、"跨文化"以及"跨疆界"等特征则使其在全球化的时代又获得了"新生"。在一个以信息传播为主的高科技时代,人们对文字阅读的兴趣逐渐转向对图像的迷恋,因而出现在文学批评和文化批评中的"图像的转折"就有着重要的意义,它在某种程度上标志着"后理论时代"的来临和理论的功能转变。

我想,上述这些前沿理论课题已经开始见诸于中国学者的著述,因此,从中国的立场出发,针对这些话题提出我们的见解,完全可以达到与西方乃至国际学界进行平等对话的目的。当然,我也期待着中国学者提出一些能够为国际学界普遍谈论的理论话题,我本人也将在这方面作出努力。

走向哲学的全球化

——约翰·塞尔访谈录①

编者按：约翰·塞尔(John Rogers Searle, 1932—)是加州大学伯克利分校斯拉瑟哲学讲座教授(Slusser Professor of Philosophy)，2004年美国国家人文科学总统奖章获得者，世界著名语言哲学家、心智哲学家和社会哲学家。著作包括《论言语行为》(1969)、《表达与意义》(1979)、《心、脑与科学》(1984)、《心灵的再发现》(1992)、《意识与语言》(2002)、《自由与神经生物学》(2004)、《心智导论》(2004)等，论文不计其数。笔者于2007年8月在北京举行的"第13届国际逻辑学、方法论与科学哲学大会"期间访问了塞尔教授。塞尔在这次长篇访谈中回顾了自己走上哲学研究的历程，深入浅出地探讨了意识问题、心智哲学与语言哲学和分析哲学的关系、社会本体论和心智哲学之间的关系、义务论与权力的关系、语言学和人工智能的关系等，坦诚地阐述了他个人的政治观点与政治理想以及他对高等教育该如何发展的意见，提出了建立一种学术共同语言的可能性。在访谈中，塞尔教授表达了要建立起一种综合性哲学理论体系的宏伟抱负，阐释了世界范围内哲学的全球化的可能性。

问：塞尔教授，作为美国甚至全世界最著名且颇具争议的哲学家之一，您是从什么时候起并如何对哲学发生了兴趣的呢？对您学术生涯最有影响人物应该包括维特根斯坦(Wittgenstein)、简·奥斯汀(J. L. Austin)或彼得·斯特劳森(Peter Strawson)等，他们都是如何对您产生影响的呢？

---

① 本访谈由生安锋和吴树仙共同完成。吴树仙是清华大学人文社会学院2007级博士研究生，研究方向为心智哲学、现代逻辑。

答:从童年时代起,我就一直对哲学问题感兴趣。可直到后来很晚我才知道那些问题被称作“哲学”。到中学以后我开始阅读哲学著作,但那时我的阅读还很肤浅,而且读了以后也是不知所云。进入大学以后,我意识到哲学比其他学科更加使我感兴趣。我在威斯康星大学开始研究哲学,之后我去了牛津大学。

我从未怀疑过哲学是我最大的兴趣,但是在很长一段时间里,我不能确信自己是否有足够的能力去做好这方面的研究。但在牛津我受到了鼓励,尤其受到我的老师彼得·斯特劳森和简·奥斯汀的鼓励。他们对我产生了极为深远的影响。奥斯汀给我提供了我的第一本书《论言语行为》的题材,斯特劳森则教我怎么对这一题材进行研究。作为个人,斯特劳森对我产生的影响是最大的,因为他具有极大的理性与智慧以及极为复杂善辩的论争风格。所以对我影响最大的就是简·奥斯汀和彼得·斯特劳森。然而,我必须指出,我认为我的哲学和他们的非常不同。我不像斯特劳森那样对这个学科的历史和传统问题那么感兴趣,我也不仅仅局限于用奥斯汀的方法去探索语言问题。

问:说到意识(consciousness)和心灵(mind),您无疑是这方面的世界级别的专家了。您曾在您的著作中鲜明地提出了关于意识的看法:“意识就是心理状态的主观特征”。我们注意到这是典型的哲学思考。但是,在你给查尔摩斯(David Chalmers)的《有意识的心灵》(*The Conscious Mind*)所写的书评中您又指出:“大脑是一个生物器官,像其他的器官一样,而意识就如同消化或者光合作用那样的生物过程。”您是不是想要把哲学的与科学的(生物学的)关于意识的想法融合起来?

答:在第一个层面上,我只是试图要阐述清楚事实。当我思考一个哲学问题时,我要做的第一件事就是要忘掉传统范畴和哲学史,而努力去陈述事实。我最初的目标不是要“融和哲学的和生物学的”,而只是阐明事实,然后我们就可以在以后决定如何把他们加以分类。现在,关于意识的事实是它是存在的。我们大部分时间都有意识,这是关于我们的生命的一个不可化减的事实。我们知道关于意识的其他一些事实包括:它是不可化减的主观的,它只存在于当它实际上被人类或动物主体经验的时候。而且我们还进一步知道，它完全是由大脑过程引起的并完全存在于大脑之中。所以当你阐述了所有这些事实时，你就可以问：这些事实怎么符合传统哲学问题？这一观点是哲学的还是科学的？这一观点是二元论的还是唯物主义的？它是科学还是哲学？然后你就会发现这些问题不是很有趣。重要的是意识是实在的，是主观的，它由大脑过程引起并存在于大脑之中。然后你继续追问其他问题。我不是试图针对哲学传统的，至少最初不是这样。但当我陈述事实时，搞传统哲学的人们就会感到不舒服，因为我的观点听起来不像二元论或者唯物主义。而很多人认为我们现在只能在这二者之间作出选择，你必须要么是唯物主义者要么是二元论者。我要说二元论和唯物主义两者都错了。忘掉学科的历史而去仅仅陈述事实吧。那就是我努力做的。

问：事实上，在您的近著《心智导论》(2004)中，您也表明了您关于"心—身问题"的生物自然主义的观点，提供了一个自然主义的解决途径。您是说这个方法强调心理状态的生物特性，从而避免唯物主义和二元论吗？

答：是的，这正是我的意思。我之所以称它为"自然主义"，是因为它说意识是自然的一部分，正像自然的其他部分一样。我称它为"生物学的"，原因是描述意识的方式，把它解释为自然的一部分的方式，不是通过比如说原子结构，而是通过生物过程，尤其是大脑里的神经元触发的过程。而那正是理解意识的原因的关键所在。

问：那么，您认为心智哲学的研究，要难于以往的语言哲学(philosophy of language)和分析哲学(analytic philosophy)吗？

答：不，我认为语言哲学比心智哲学难多了。我花费了大半生的时间从事语言哲学研究，让我一直感到惊奇的是发现做心智哲学竟是容易得多了。只有为数不多的非常重要的问题，而它们的解答大部分都很简单。有个艰巨的问题是如何得到一个关于意识的神经生物学。但是语言哲学包括形式逻辑结构和自然语言结构之间，以及语言与前语言(prelinguistic)的意向性现象之间很多复杂的关系。另外，还有关于句子结构和命题的逻辑结构之间关系，和所有不同种类的言语行为之间关系的问题。我认为这些问题比心智哲学的问题要难。让我一直感到有点儿负罪感的是，我做心智哲学研究还能得到报酬，因为它与语言哲学相比要容易得多了。后者真的很难。

问：但难道您不认为正是因为您已经深入研究了语言哲学和分析哲学，您才为轻松地研究心智哲学打下了坚实的基础吗？

答：哦，是这样的。我在做心智哲学之前有很好的哲学基础。但如果我们只看学科的固有困难的话，我认为语言哲学还是要难得多。比如说，读弗雷格比读笛卡儿难。笛卡儿区分了心灵和身体，而且有时候使关系模糊。但是弗雷格非常难读，因为他把对语言的解释和对数理逻辑的解释联结起来。做心智哲学你不必懂那么多数理逻辑。而做语言哲学你必须知道数量不小的数理逻辑。所以心智哲学比语言哲学容易。

问：您认为语言哲学的难点在于逻辑部分吗？

答：不，语言哲学特别难，这是因为实际的人类语言结构的复杂性。比如，假设你想理解副词的机能，结果你会发现它们极其错综复杂。你有整句副词来修饰整个句子，就像“Certainly it's warm in Beijing”句中的副词“certainly”。但是这和那些修饰某些特定动词或者人们所演示的某些特定的动词命名（verb-naming）行为的副词的运作是不一样的。在“I went quickly to the store”中，副词不是作为整个句子的修饰语起作用，而只是作为一个特殊行为动词的修饰语。当你进入这个句子的复杂系统时，你就开始理解范围的暧昧性了，然后你就意识到它是多么复杂。我给你个例子。（这里我只讨论英语，我不知道在中文里是怎样的。）在英语中，我们来看一个简单句如“They ought to be leaving the country by now”。这个句子在好几个方面是含糊的，取决于“ought”是否有一个实际的或理论性的阐释，也就是“有证据表明，他们现在将要离开了”。这是理论性的阐释。但还有另一个“ought”则说，“他们现在有很强的理由到现在要离开该国了”。所以这就是实际的“ought”和理论性的“ought”之间的区别。但当你进入这个句子内部后你又发现：相对于应用于整个句子的“ought”，还有一个应用于特殊个体的“ought”。如果你考虑英语的情态辅助动词“ought”，“should”，“may”，“must”，“might”，“can”和“could”等等，理解它们是非常困难的。我不知道有谁能把它们完全搞清楚。你看，做语言哲学要难多了，因为有很多关于具体的逻辑关系，很多细腻的、具体的问题。

所以我认为，在很高的层面上，研究语言哲学要比研究心智哲学困难多了。心智哲学现在也不容易,但是如果你问我心智哲学的主要问题,如什么是意向性的本质?什么是意识的本质?意识和意向性之间是什么关系?意向性的各种不同形式是什么?那么我想比起我刚才告诉你的关于情态动词的问题,这是容易一些的。当然这两类问题互相交缠在一起的,因为如果我谈论意向性实际上如何工作的话,那我就必须谈论那些标志意向状态的各种动词如 believe, hope, desire, fear, wonder 和 imagine 等。在你检视这些动词的时候,你就回到了语言哲学,所以语言哲学和心智哲学是交迭的。但如果你只做心智哲学这一领域,就比你做语言哲学的那些困难部分要容易得多。还有,语言哲学有大量的技术性极强的文献。有不同形式的形式语义学——模态理论语义学、真值条件语义学等,它们是极为复杂而且技术性极强的。在心智哲学里就没有这样的东西。

问:但是我们能够在不学习语言哲学的情况下就展开对心智哲学的研究吗?

答:这个么,在哲学上,在某种程度上,你必须要学习所有的东西,否则你就没法学习任何东西。它们当然都是相互关联的。但你可以看一下我的书《心智导论》,你可以理解它,而不必理解弗雷格在语言哲学上的理论及数理逻辑方面的最新发展。当然,一切事物都是互相联系的。做心智哲学你也将需要学习一定量的语言哲学,但是不用详尽细致地学习语言哲学而很好地把握心智哲学也是可能的。

问:目前中国的心智哲学(philosophy of mind)研究刚刚起步,您对中国的同事们涉足此方面有什么建议?心智哲学的研究,是不是不能完全,还需要参照认知科学如心理学、脑科学的最新进展?

答:这个么,我对中国从事心智哲学研究的学者的部分建议是,要靠近神经科学领域的最好的科研结果。然而,我也必须指出认知科学的一些危险,因为很多认知科学家过去认为,而且一些人仍然认为,意识不是心智的生物学特征,它是一个计算过程,能够在任何类型的系统中运行。所以,我会避免对意识进行计算阐释,因为这是错误的。我将强调对意识的生物学理解,因为那是我们最终会得到意识问题的科学解答之所,对大脑的神经生物学过程如何引起意识状态的一个科学的解答。

问:下一个问题是关于人类存在的意义的。是否有可能像牛顿或者爱因斯坦在物理学中创造出的那样有一种综合的或者普遍的哲学理论?您是否有此抱负去建立这样一种理论呢?我们都知道,要建立这样一种综合性哲学理论是极其困难的,这是否是因为人类心智的不确定性呢?

答:从某种意义上来说,在我还没有意识到的情况下,我就已经在建立一个系统的解释了。当我一开始哲学研究时我并没有打算去做。我首先写了两本关于语言和言语行为的书:《论言语行为》和《表达与意义》。但这就自然引出了关于语言和意向性基础的问题。所以我就写了一本关于意向性的书。然后,如果你写关于意向性的书,最终你会发现你在和其他哲学家争论意识问题。因此我就写了一本叫做《心灵的再发现》的书,去攻击其他哲学家。之后我就对认知科学研究所出现的错误发生了兴趣,这就导致我在《心、脑与科学》一书中的“中文屋论证”(Chinese Room Argument)。这就自然引导我进入社会哲学。所以我确实在试图对包含意义、意向性、意识在内的言语行为和社会之间的关系作出一个连贯一致的、系统的理论阐释。这样所有这些就都连在一起。现在我正在写一本非常综合性的书叫做《哲学》,其中我要讨论另外一些问题如数学、伦理学、美学等的本质的问题。所以,我想答案是肯定的,如果你是个哲学家,如果你能对你所感兴趣的所有论题得出一个连贯的理论阐释并说明它们彼此如何互相联系,那将是很令人满意的。而且我愿意去做这个工作。

问:这肯定是一个很宏伟的计划了?

答:没错。

问:你刚才提到的著作《哲学》什么时候出版呢?

答:这个么,什么时候呢?晚饭之前肯定是不可能了。这一点我敢保证,哈哈……

问:在您的大会主题演讲中您谈到社会本体论问题。请问社会本体论和您的心智哲学之间的关系是什么?

答:简而言之,社会是由心智创造出来的。然而有趣的是,社会需要集体的意图性。它需要不止一个人、不止一种精神态度。因此你必须有集体意图性，很多人意识中的集体意图性创造出金钱、财产、政府、婚姻、大学和访谈，就像我们现在所做的那样。心智和社会之间的关联在于，人们有着基本的精神现象，包括集体性的精神现象，人们用此来建造起社会。社会是从这种根本性现象中建造起来的，精神联接于社会的关键之处在于集体意图性，在这里人们拥有彼此互相合作的能力。

问：在您的演讲中您也谈到义务论与权力的关系问题。请问义务论的目的何在？说它能“创造权力”在我看来似乎是讲不通的。

答：一群动物中的雄性领头者和美国总统的区别在哪里呢？有很多物种都有雄性领头者，它们拥有很大的权力。这里的区别在于义务论（deontology）。美国总统是四年一次选举出来的，无论有多少其他雄性领头者能够在身体搏斗中击败他都无所谓，他仍然是权威，仍然拥有作为总统的道义权力（deontic power）。人类社会的秘密就在于我们有义务论——一个义务、权利、职责和责任的体制。为什么说这是一个秘密呢？因为义务论的事实创造出独立于欲望之外的行动的原因。我这里举一个叹为观止的例子吧。2000 年的美国总统大选的结果是具有争议的。选举有一个特点，就是它总是有一个错误系数。正常的话，错误系数是无关紧要的，因为胜利系数要大大高于错误系数。但在 2000 年的总统大选中，错误系数却超过了胜利系数。看到赢得大多数选票的候选人没有当选总统，很多人都感到很失望。但这是没用的。美国有这么个制度，在这种情况下，最高法院有权作出最后决定。最高法院要决定谁将出任总统。他现在成了我们的总统。这已经被全世界所接受了。在伯克利，有人在汽车保险杠上贴着“他不是我的总统”，但没人去理会他们。因此，人类社会的一个显著特点就是我们创造了各种融合了人类理性的结构。在商店里，店员会接受这张纸片，这不是因为他们对纸的无端崇拜，而是因为这是钱。他们认可它是义务论权力的承载物，这与你所想象的其他形式不同，在那些形式中你只是向人们发号施令。重要的不是发号施令，而是隐藏于命令背后的权威。如果我走在大街上有个家伙走过来对我说“脱掉衣服”，我根本就不会理他：他没有任何这样的权威。但如果是在医生办公室里我的医生对我说“脱掉衣服”的话，他在那个特定的语境下，就具有某种权威。因此对你的问题的两个答案就是：一、我们需要有一种义务论;这是人类社会的一种规定性特征;二、义务论的目的是要创造人类权力。拥有义务论体制能极大地增加人类权力,因为它们能创造出独立于欲望之外的行动理性。

问:对语言学的研究和对蒸蒸日上的人工智能的研究的关系是怎样的?其次,人类语言中有多少能够被像计算机语言之类的机械方法论所表达呢?

答:你问的题目足够让我再作一场演讲了。但我曾经对这些问题作过广泛的论述,这里我只想简要地回答一下。第一个问题是关于语言学和人工智能的关系的。首先,"智能"这一观念在系统上是暧昧的,介于一种独立于观察者意义和一种相对于观察者意义之间。与此类似,"人工"这一观念也是暧昧不清的,介于对真实事物的人工创造和对真实事物的人工模拟之间。因此如果我创造出人工染料,它就是真正的染料。但人工香草子却不是真正的香草子。因此人工这一观念有一种系统上的暧昧。但至关重要的一点是:就人工智能而言,如果我们谈论人类认知能力的计算机模拟(simulations),那么计算机模拟就只在相对于观察者意义上是智能的。它们模拟智能。它们不是真的有智能。我将用一个非常简单的计算机来展示这一点(他从口袋中拿出一支笔)。通过扔下这支笔,我们将计算 S = 1/2gt2 功能。事实上,如果我们有一种足够准确的时间测量器具的话,我们就能用这台计算机来计算出 S 的价值。这是一台模拟计算机(analogue computer),但这也没有关系,因为模拟计算机和数字计算机可以彼此模拟,这种模拟可以达到你想要的任何程度的准确性。

但这一结果又带来了新的问题:如果这是计算机的话,那么任何事物都是计算机。但如果任何事物都是计算机,那么计算(computation)这一观念本身就成了一个空壳。当我们将其范围加以限制后,我们就会发现一种区别:当我计算 2 加 2 等于 4 时我大脑中所发生的,和当我敲击 2 加 2 等于 4 时计算器中所发生的一切是不一样的。在我大脑中所进行的计算是内在地发生的或者是一种独立于观察者的方式。但一个便携式计算器中内在地进行的是在一个简单的电子线路中的状态转变。

人们通常会问:大脑是一台数字式电脑吗?我想说:这个问题本身就界定不明确。如果你是问:大脑内在地是一台数字式电脑吗?没有什么东西内在就是一台数字式电脑,除了计算的实际的、有意识的过程。如果你是问:你能对大脑进行某种计算式的阐释吗?答案是你可以对任何事物进行某种计算式的阐释。这就是关键所在。

如果人工智能被定义为一种为了理论目的和实用目的而模仿人类认知能力的企图,那么我完全赞同。我们就这样做,多多益善。但很多人错误地认为模拟就是复制,这是一个严重的错误。因为模拟创造了某种相对于观察者意义的事物,而我们感兴趣的是当人类实际进行智力思维过程时的内在智能。

问:您的新书是一本很好的心智哲学教科书,翔实而又通俗。事实上,您的许多著作都是精炼而又不晦涩,您是怎么做到这一点的?它一方面十分扎实、信息量大又不乏深刻,另一方面表达又十分简练、明晰,读起来相对容易。我们知道,当代的大多数哲学著作都是极其晦涩难懂的。据我所知,您的著作不仅在大学和学术界里很受欢迎、读者甚众,在校园之外也比较流行,这是问什么呢?

答:我很高兴听到这个。我希望它们卖出很多,每个人都读到。中国有十亿人,我希望他们都去读。我有个简单的原则,那就是:如果你不把它说清楚,如果你不能把它说清楚,那是因为你自己就搞不清楚。当我读有些德国哲学家的作品时就是这样,我想这里不必说出他们的名字……

问:还有那些法国哲学家们。

答:没错,有些法国哲学家甚至比德国人还差。在我看来他们显然没有理解素材。如果他们理解了,就能够把它们解释清楚。然而,清楚地解释哲学思想可不那么容易。你必须得把材料写了一遍又一遍。所以到最后,如果写得很清楚,如果看上去似乎写得很容易,但其实是因为实际上写得极其艰难。你必须一遍又一遍地改写重写,直到最后写清楚为止。直到最后你说清楚了自己想说的话为止。很多人有这样的印象,以为我写哲学著述是很容易的。不是这样的,写作很难,因为我必须使它清楚,这就意味着我必须要不断地写、重写、再重写。我们所谈论的是表达自己的问题。准确而清晰地表达任何哲学题材一直是很困难的。思想是很难准确地说清楚的。

问:据说您在上学期间一直是个相当激进的活动主义者,您也总是对政府(或者说所有政府,甚至包括中国政府和我们的前国家领袖毛泽东)持有批评态度,这一点我们从以前的谈话中就知道了。请问您的政治抱负是什么?您认为批评政府权威是一个知识分子的责任吗?当您提出批评的时候,您代表的是哪个群体呢?是中产阶级呢还是学术界,或者只是您自己?

答:好的,我的政治观点基本上并不符合左和右的划分范围。因此,我只能代表我自己。我也不是任何政治运动的成员,我登记的是民主党成员,但这样做是为了我能在民主党初选中可以进行选举。我必须拥有选举的权利,但这并不意味着我同意民主党所做的任何事情,或者我是否同情他们的整体的政府管理风格。因此我是极为独立的。我所感兴趣的是人类的福利尤其是人权,而我尤其对言论自由、自由表达的权利感兴趣。坦诚地说,我不认为在中国你们有充分的自由表达的权利。我认为在最根本的层面上批评政府的权利,譬如敦促政府撤除某人职务的权利是一项基本的人权。我认为在美国我们就有这个权利。我认为乔治·布什应该被选下台,在上次选举的前后我都是这样说的。你们在中国也应该拥有类似的权利。但就我所知,你们还没有这种权利。

问:另一个世界著名的公众知识分子、麻省理工学院教授诺姆·乔姆斯基(Noam Chomsky)也对政府持激烈的批判态度。考虑到你们都是著名的哲学家、都在著名学府任教而又都如此关切政治事务,真是很有趣的一件事。您认为在您的批评和乔姆斯基的批评之间有什么可比性吗?

答:没有。我认为乔姆斯基的观点与我的观点完全不同。我相信乔姆斯基对美国政府整体上没有一点同情感。一般而言,他对政府是持敌对态度的。我们在交谈的时候他总是敌视资本主义的。我认为资本主义是一种绝妙的经济制度。当然它也有不公义的地方,有自己的缺陷。但它比其他经济制度要好得多。乔姆斯基有一次跟我谈话时将自己的观点描述为"马克思主义无政府主义"。我既反对马克思主义也反对无政府主义。我一点也不同意乔姆斯基的思路。因此对你所说的话中我要纠正的一点就是,我不总是对美国政府持不同情态度。只不过是,只有当我不同情的时候我才最有可能大声说出来罢了。当我赞同美国政府的所作所为的时候,我也乐意说我赞同它们。我反对对伊拉克的侵略,因为我认为:出于认知上的原因,美国的领导人不知道将要发生什么。他们对成功占领巴格达之后将要发生什么没有一个理智的估计。事实证明我是正确的。他们确实不清楚所发生的一切。另一方面,我不反对入侵阿富汗,我认为在"9·11"事件我们受到攻击之后,我们需要对位于阿富汗的"基地"组织作出回应,攻击者就来自那里。因此我并非对美国政府所做的一切都持敌视态度。我认为乔姆斯基在大多数情况下都对我们所做的一切持敌对态度。我却不是这样的。让我们不要忘了,我的大儿子是特种部队的一个陆军中校,就是人称的"绿色贝雷帽"(Green Berets)的特种部队,它是美国陆军中的精英部队。他没有做任何我不赞成的事情。我认为他以这种方式报效祖国是非常棒的。

问:您在加州大学伯克利校区已经呆了大约四十五年了吧?

答:是的,至少四十五年了。

问:那么请问您为什么在那里呆了这么长时间呢?您认为加州大学伯克利校区是一所从事学术活动的理想机构吗?如果是的话,请问它有哪些特征让您呆了这么久的时间?换句话说,一所理想的大学都具有哪些必备的特征呢?

答:我喜欢伯克利,我不敢说所有人都喜欢伯克利,但我是很喜欢它的。我喜欢那里的学生,也喜欢他们所具有的那种普遍的学术热情。我不知道我是不是喜欢我所有的同事,这一点我必须承认,但我认为学生都是很优秀的。在伯克利我有很好的学生。而且在那里生活就像住在天堂一样。那里的社区对我而言真是完美无缺的。我们住在一所漂亮的房子里。我们有一个花园,从家里可以看到美丽的旧金山湾。我们都喜欢滑雪,在山里我们有一处可以滑雪的地方。我们还有一处位于海滩上的房子。对于我来说,生活在伯克利和北加州就是生活在天堂里了。我认为那是生活和工作最理想的地方。我妻子和孩子们也喜欢那里。

不过,那里也有很多问题。我想加州对智性生活支持的力度是不够的。结果就使得加州大学伯克利校区在与私立高校的竞争时更加困难了。私立大学不像我们那样依赖于州财政支持。它们都有着数十亿的巨额捐款。州政府给我们一些资金,但学校只有不到一半的资金来自加州。其他的则来自学生学费、研究资助、捐款等。加州对我们的支持力度是不够的。这种情形是最近才发生的。当我最初来伯克利的时候情况不是这样的。因此我们也有这些问题。这是不可否认的，但对我来说这里真是生活、工作的理想地方。我现在处于一种奇怪的情形中，我不是为了薪水而教学的，因为(如果我退休的话)我的退休金与我目前的薪水是一样多的。如果你呆了很长的时间，你的退休金就等同于你的最高工资。不过我喜欢教学。我不想放弃教学。

问：我想您是不愿意放弃教学，您还在1999年拿过“杰出教学奖”呢。有个相关的问题，目前在中国，我们正在讨论高校自主性的问题，这是由最近发生在北大和人大的一些事件引发的。有的教授与院长产生了矛盾，于是就被消音甚至被开除出学校了。

答：这在美国是不行的。

问：这在中国有个说法，叫做大学的“行政化”，学校官僚、学校行政部门施行了过多的干预，而且本来设立的行政部门就臃肿庞大。你是如何看待这种现象的？

答：我认为如果没有学术自由大学就不可能成功。而学术自由就意味着教授有权利就任何论题表达自己的观点。如果没有学术自由的话我早就被开除了。学术自由最好的保证就是“常任教职轨”(tenure)制度。根据这种制度，如果我达到了某种地位，他们就不能解雇我了。因此，无论我说什么，他们都没法解雇我。我是一个“常任教职轨”教授，就是说我拥有终身的常任教职。只要我完成我的职责和义务，如授课等，他们就不能解雇我，这是一个绝妙的体制。不过，它也有点儿问题。问题之一就是我们有时候提拔一些不称职的、懒惰的、愚蠢的人进入“常任教职轨”，然后他们就一辈子待在那里无所事事，不做实事只顾捞钱。他们去办公室、上课、领支票、走人。但他们其实没有真正做什么工作。因此我不知道如何解决这一问题。这样看来，“常任教职轨”制度又是一种糟糕的制度，因为它使得一些游手好闲的、懒惰、无能的人一辈子都靠学校薪水生活。但与此同时，它又是我所知道的保护自由的唯一方法，也是我所知道的保护我的自由的唯一方法。没有“常任教职轨”，我早就被解聘了。

问:这是一把双刃剑。

答:没错。似乎没什么别的办法来保护真正称职的、努力工作的人,而不去保护那些游手好闲者。

问:任何事情都有好的方面和坏的方面。该制度的优点多于缺点,因此我们应该保留它。

答:是的,我想应该这样做。如果有一个比"常任教职轨"更好的制度那是再好不过了。它有很多缺点,应该有办法确保其优点而消除其缺点。顺便一提,现在这种制度产生了一个从来就意想不到的结果,就是它能保护像我这样高薪水的资深教授。因为学校更愿意除掉我们这些薪水最高的家伙。他们可以用付给我的薪水雇佣三个年轻教师。有些资深教授从"常任教职轨"制度中收益了,这可是那些制度制定者从来没想到的。美国生活还有另一个特征。最高法院规定,强迫人在某个年龄退休是不符合宪法的。以前的时候,人们到了七十岁就被强制退休了。但是,大多是由老年人组成的最高法院决定:如果你不能因为她们是女性就解雇她们、如果你不能因为他们是黑人就解雇他们的话,如果你也不能因为他们是同性恋者就解雇他们的话,你怎么能因为他们七十岁了就可以解雇他们呢?因此他们认为只是因为年龄原因就强迫人们退休是不符合宪法的。

问:我有个哲学方面的问题。很多人都思考过存在的意义,许多哲学家一代接着一代地讨论过它,我想知道您对于存在的看法。

答:我想"什么是存在的意义"这个问题很模糊,以至于我不太确定是个什么问题。在我看来,意义的观念是与意向性的观念联系在一起的。它是与有命题内容的某种事物如信念、欲望或者意义(在文本的"意义"这种意义上)的观念相连。我不会问这种问题,如:什么是存在的意义?我想它是个没有意义的问题。但它的一些辅助性问题倒是很有意义,如:什么是我们要过的好的生活?过那样一种生活的目的是什么?是什么使得某些种类的生活好于其他种类的生活?当我们生活在地球上时,我们应该努力成就什么?不管怎样,当人们问什么是存在的意义时,这可能就是他们的意思。但是我不知道他们另外还有什么意思。这不是个很清楚的问题。有什么别的哲学家严肃地回答过这个问题吗？我想没有。

问：那是否可以问我们为什么活着呢？

答：这取决于我们是谁。我可能不会为了和别人同样的目的而活着。弗洛伊德说过，人类生命中最重要的两样东西是爱与工作。你必须爱你身边的人，你必须从事有意义的工作。我同意这样的说法，而且我认为那确实是两样最重要的东西。我想在爱与工作之外再加点别的东西。对我来说，相信智力的品质(intellectual quality)是非常重要的。我的观点是不仅仅做任何工作，而是要努力做高级工作，那种具有令人可以接受的智性成就水准的工作。做低品质工作我就不会高兴，类似只是铲土之类的工作。我乐于做高品质的工作。我想生活中的其他很多维度也需要加以强调。我不能想象我的生活没有审美经验。例如在昨天，天坛的宏伟建筑给我留下了深刻的印象，因为，不知何故我对它的理解要比对那些比它更加高大的建筑深刻。它在大小上给人的印象并不是很深刻，但其建筑内涵的紧密性是更加强烈的。我想这方面它是极为有效的。这只是举个例子而已。音乐、绘画、文学，所有这些对我都极其重要，我不能想象我的生活没有它们。所以生活的意义中没有什么单个的元素。它有很多很多不同的部分，有职业生涯、家庭和你的经验本质。对我来说，可能我培养起了太多各种各样的经验。或许，如果我不是有那么多有趣的经验，去了世界上那么多地方旅游、读了那么多和哲学毫不相关的书籍、到那么多的山上滑雪的话，我想我能写出更多的书来。但我想这些经验或许都是值得的。

问：作为当代著名的哲学家，您对包括西方哲学在内的西方文化有着深刻了解，这是毋庸置疑的。请问您对中国文化，尤其是中国哲学了解吗？

答：我知道的很少。两年前他们在香港组织了一场会议叫做“约翰·塞尔的哲学与中国哲学：一个建设性的连接”。编辑该会议论文集的人叫牟博，在加州圣荷西大学教书。在会上我了解了一些关于孔子、孟子和其他一些重要的中国哲学家的思想，但我基本上对中国哲学一无所知。我还有个中国学生(顺便提一句，在伯克利有很多中国学生，他们都很优秀。伯克利有那么多聪明的中国学生，你要是去了就像是回家了一样)，告诉我说，你不能把中国哲学家看做是在西方所习惯的意义上那样的哲学家，因为像孔子这样的人更像是个智者,他是个富有智慧的人;他并没有像罗素(Bertrand Russell)那样试图去解决一些技术性问题,孔子对我们今天的数理逻辑问题并没有一种技术性解决方案。按照这种观点,要把那些伟大的中国哲学家看做这种技术性意义上的哲学家简直是虚妄的。我不知道这种看法是否正确。我把这种看法告诉了一个教授中国哲学的朋友,他感到很受侮辱。我告诉他这些的时候他似乎非常生气。

问:或许中国哲学看上去不是那么很成体系吧。中国哲学不像西方哲学那样有一种综合性体系。

答:我认为将要发生的情形是:民族哲学这一概念将变得过时,这种趋势甚至现在就已经开始了。我是个美国哲学家,这是在我工作于美国这一意义上说的。但我曾经在英国求学,我在任何欧洲国家,或者在中国,都感到非常自在。因此我认为我们将有一种哲学的全球化。在我刚才提到的有关我的哲学和中国哲学的书中,我写了一篇介绍性文章,叫做《哲学的全球化》。

问:但有人指出文化的全球化是绝对不可能的。我们可以有金融全球化、经济全球化,但绝对不会有什么文化的全球化。

答:我想这是正确的。我们不会全都用筷子吃饭,或者全都用刀子和叉子吃饭。但是你可以有一种哲学的全球化,而不用让每个人都用筷子吃饭,或者都用刀叉吃饭。哲学的全球化并不要求文化的全球化,也不要求同质性文化。它所需要的是:应该有一种高层的、共同的、在国际上都认可和接受的哲学论辩标准。我说的哲学的全球化无非就是这个意思。譬如说,如果我针对心智—身体的问题提出了某种解决方案,然后用中文发表出来,中国读者应该能够按照普世性的理性标准来对它作出评价。哲学与诗是不一样的。它并不仅仅是一种表达某种经验的企图。它是一种说明普遍真理的努力,而这正是我在我的著述中要做的。

问:那么请问您所说的哲学全球化的基础是什么呢?

答:我们现在比以前更加富裕,交通运输也更加便捷,而且我们有计算机和万维网,这就意味着:任何哲学思想都能在几分钟内传播出去,而且能按照国际接受的标准在全世界被评价。所以基本上是经济成就和技术成就使全球化哲学成为可能。当我还是一个孩子时,我们就开始思考,并认为有某种相对于英国哲学而存在的美国哲学这种想法是愚蠢的,因为我们都在用共同的语言研究着共同的问题。现在表明,认为存在一种特殊的法国哲学或者德国哲学实在是错误的。虽然我们可以说,比如,在19世纪和20世纪早期,存在着某种特殊的德国哲学的历史传统。但我想我们现在正在远离特殊的民族哲学的时代,我们正在朝向一种哲学问题和成功之哲学标准的国际性概念前进。

问:说到共同语言,您是否认为英语将成为一个全球化世界上哲学全球化的唯一共同语言呢?

答:在我看来这似乎是不太可能的,因为没有那么多使用英语的人。但我们确实需要一种单一的、普遍的学术语言。我在那天的演讲中提到,一个到匈牙利参加会议的中国哲学家,想与一位来自巴西的哲学家交谈时,就必须能够使用一种共同语言。这是必需的。由于历史上的偶然原因,目前出现的共同语言恰恰是英语。但这并不是必然的。它本来有可能是西班牙语,也有可能是法语或者德语。我们需要一种世界性的共同语言,以便我们可以去到世界上任何地方,仍旧能够被人理解。我认为有一种共同语言真是很不错的。我可以在北京用英语演讲,我也可以在曼谷用英语演讲,在整个欧洲和南美洲就更不用说了。至于哪种语言并不重要,关键是任何职业知识分子都能在世界各地使用这种语言听演讲、作演讲。目前,这种语言恰巧是英语,或许几年之后,就成了西班牙语或者汉语了,因为有更多人讲西班牙语或者汉语。

问:您有没有意识到这种可能性:当一种语言成为主宰性语言之后,那么该语言所承载的文化也就随之开始主宰其他文化呢?

答:我不认为是这样。你看,有趣的是,国际学者的英语其实不是真正的英国英语或者美国英语,而是一种有自己特色的方言,并不带有英国文化或者美国文化。因此对日本哲学家发言的中国哲学家还是在使用筷子。因此,我们这里所谈的语言虽然是英语,但已经不同于美国人或者英国人所使用的英语了。当前,一种国际英语正在发展之中。当我在国际会议上发言时,我所使用的是一种语速较慢的、更加准确的英语。有些美国人在参加会议时,谈起话来就像在家里跟朋友说话一样,这一点我很讨厌。他们说得太快了,没人听得懂他们。

问:多谢。刚才您谈论存在的时候,您也提到了爱和家庭,我想你一定是一个很称职的丈夫吧。

答:(转身看着身边的妻子)他是个很好的妻子。很多朋友都说她一定是疯了,竟然肯跟我这个家伙呆在一块。

问:那么您妻子是如何支持您的事业的呢?她在您的学术生活中发挥了哪些作用?

答:我妻子所学的也是哲学,她拿到了牛津大学的哲学硕士学位。但她后来成为一名律师,在这一行干了很多年。她对我的哲学研究帮助极大,因为她跟我探讨所有的问题、阅读我的文稿并作出很多有益的纠正。没有她的帮助,我没法进行我的研究工作。

问:不是每个妻子都能做到这一点的。

答:除非有她在我身边,否则我是不会到国外去作公众演讲的。你瞧,我无论走到哪里,她都跟我在一起,听我的演讲。她对我帮助很大,非常善于合作。

问:非常感谢你们花费了这么长的时间跟我们谈话!

文化变迁与当代文化生态

——龚鹏程教授访谈录

编者按：龚鹏程(1956—)，祖籍江西吉安，生于台北，毕业于台湾师范大学，是享誉海内外的当代著名学者、思想家、教育家。他精通中国文学、中国史学、中国哲学、中国宗教，著有各类学术专著及散文、时评、诗集等七十余种，主编著作不计其数，近年在大陆出版著作十几种。历任北京大学、清华大学、北京师范大学、南京师范大学、南京大学、中国人民大学等校的讲座教授或者客座教授。曾任台湾大陆委员会文教处处长，现任《国文天地》杂志社总编辑、《中国晨报》总主笔、台湾中国古典文学研究会理事长、学生书局总编辑、中华两岸文化统合会理事长、中华武侠文学会理事长、历史文学会理事长、艺术行政学会理事长、当代思潮研究社理事长、伦敦终身教育学院董事等多种学术兼职。他是知名教育家，不仅出版多种有关国民教育的著作，而且在世界各地兴学办学，是台湾南华大学、佛光大学和卢森堡欧亚大学的创校校长；他曾在世界各地多所知名大学讲学，多次主办大型学术研讨会，为增进两岸四地文化界及社会各阶层人士之间的沟通了解、为促进两岸文化的交流，作出了卓越的贡献。

2007 年 9 月，笔者在北京对龚教授进行了采访。他在访谈中指出自己一贯的学术研究的主线就是关注近代中国所面临的文化变迁。他希望通过探索文化变迁的种种模式，为我们的时代提供借鉴；他否认自己是“天才”，而是将自己的学术成就归结为扎实、诚恳、刻苦、用功；他指明了自己作为一个现代文人跟古代文人的本质区别，谈了献身学术研究和思想探索的切身感受；他对两岸文化交流的前景作了预测，并通过中外及两岸对比，批评了大陆在教育理念和教育体制方面的种种问题，同时对知识分子的社会责任和近期讨论得沸沸扬扬的高校“行政化”问题等都作出了精到的分析。

问:您经常自比中国传统文化的代表人物、圣人孔子,您在开玩笑时说过您和孔子有很多相似的地方,如都做过官、都喜欢到处游历、都授徒教学、甚至都有过绯闻等等。我想请问:您为什么要自比孔子而不是中国历史上的其他先贤?您和孔子的相同处是什么?又有什么差异?您有没有要超越孔子的地方?问这个问题是因为我觉得,凭我对您的了解,您是不轻易服人的,我想就是孔子您一定也能找出他的弱点并力争要超过他吧。

答:其实我不是自比孔子。我很小的时候读过《孔子传》,那时就被孔子所感动,所以我从小就佩服他、愿意学习他,我不敢自比他,我只是说要经常学习他。后来讲的什么做官啦、讲学啦等等其实都是开玩笑的。基本上就是学孔子。那些人生的遭遇都是偶然的。孔子好学,又一辈子都坚持自己的理想,这都是值得我学习的。而且我也喜欢他的个性,言说中有些诙谐,人也很达观,了解天命。我喜欢这样一种形态的孔子。或者说我所认识的孔子也许跟别人眼中的孔子不太一样,我会觉得我这几十年的生命中一直跟孔子颇有契合之处,所以我把孔子当成是我尊敬的一位朋友。我不会把他当成竞争的对象,而是我学习的一个典范。当然我也喜欢我同年读过的孟子、庄子,我恐怕也受庄子和孟子蛮大的影响,不过孔子还是我最早认识到的伟大人格引导者。

问:随着新儒学的兴起,世界上似乎对以儒家思想、儒家哲学为核心的东方文化开始发生了浓厚的兴趣,甚至有西方人士认为这是拯救西方衰微的文化的良药。您是否认为儒学有复兴的希望?

答:先谈西方。西方文化针对现代社会的发展,一直有所反省。整个现代艺术、现代文学对现代人的精神处境都有很多深刻的批判和挖掘。在这种反省中,他们可能回到古希腊,或者回到中世纪,去寻找一些不同于现代的思想资源,希望能帮现代人走出目前心灵的困境。同理,他们也希望从东方的文化中找到一些类似的东西。可是这样的一种倾向主要是面对当代社会问题,要解决当代人的精神文明上出现的一些偏差,这是否可以被当成是我们的儒学复兴的一种表现?我看未必。它最多只是我们复兴儒学的一个机会而已。而在我们目前,包括台湾和大陆,社会体制跟追求现代化的社会进程,恐怕目前还都不是儒学真正复兴之机。因为我们社会的主流思想意识还是在追求着现代化。如果在政治上能够发展出民主政治,我们就谢天谢地了。经济上,我们则正进入资本主义经济全球化的结构里,忙着发展经济。这时候,很少有人会想到可用儒学来作为对当代社会的一种批判性的思想资源。因此,所谓儒学复兴,只是在现代化的进程里面,增加了一些补助性或救济性的思想元素,根本不足以主导这个社会的发展。目前我们时代的机遇只不过如此,故而我们也不敢奢望儒学现在就能够复兴,只能说现在也许可以埋下一些种子,为将来的复兴提供更多的机会而已。

问:您的学问贯通中国文学、史学、哲学、宗教四大领域,在您看来,这些领域是不是都是一致的,也就是说属于中国文化传统的不同方面?您的研究领域如此广泛,以至于有的研究生想以您的思想领域做毕业论文,最后也因为您涉猎的范围太宽、太深而不得不望洋兴叹。我们都可以看出您做学问是真正名符其实的融通古今、学贯中西的,从研究领域讲是跨学科的。但能否请您自己概括一下您在学术上都有哪些特点?您是顺其自然呢还是有意为之的?

答:既是顺其自然也是有意为之的。顺其自然是说,从小我就阅读中国文化典籍,对它非常熟悉。当然我阅读的范围也包括一些西方的东西,像我写《美人之美》,里面所谈的西方小说等等。可是我更会觉得,作为一个中国人,对于中国文化的内涵恐怕需要有更多的了解,所以我从小就习惯探索这些问题。文史哲这些不同的领域,其实都是现代学科给它划分的,我们在读书、想问题的时候,这些问题是跟我们生命连贯在一起的,本来不可分割。可是现在基于学术分化的原则,却将其切分成若干领域,于是我们就觉得这些领域好像是固定了的,好像从来便是如此了。当忽然有一个人不是这样,大家就觉得很惊奇。可是实际上做学问不是本来就该如此吗?我刚才讲,从每个人的文学阅读经验来看,谁是专门只读外国文学,不读中国文学的呢?或者只看现代文学,而不读古代诗歌辞赋呢?不可能啊!但现在经过我们人为的切割以后,做古典文学的人,竟然就不涉猎现代文学;而研究现代文学的人也理所当然地不管当代文学;研究中国的不研究西方,研究西方的则不研究中国。这不是太荒唐了吗?

我觉得,我们在面对文化问题时,它们彼此内部是相通相贯的,我们自身的生命也是统合的，不可能将其切割成零碎的片段。所谓做学问，我想，就是一方面解决我想到与感受到的、跟我生命有关的各种问题；一方面了解中国文化的内涵。所以好像会涉猎到很多的领域，可其实它们的内部都是统一的。在我想来，这样做不仅不难，而且还应该是一个正途。因为每一件事情都是相关的。譬如说我小时候喜欢打架生事，整天练拳。打拳就会受伤，所以我当然就要了解一下中医、中药、经脉，于是这就从武术关联到人体、药学和医学；然后再关联到少林、武当各门派，这又跟佛教、道教等宗教有关，涉及宗教史了。我们混江湖的，也总跟社会上的帮派有关，所以不免还要稍稍涉猎中国的帮会史、涉及一些相关的社会性知识跟武侠小说等文学门类。通过打拳这一条脉络，就将这些全部都串起来了。我们常常去争论专精跟博通之间的关系，好像这两者是水火不相容的，可是我们仔细想想就知道，要专精一件事，与它相关的许多东西不是都必须要了解吗？所以，正是因为要专精，所以才必须要博通。这两者本来就是合在一起的。我写的东西，其实只是材料看起来不一样而已，处理的是个别领域个别的问题，可内部都是贯通的，都有一些我共同关心的问题在里面。

我也不是什么东西都做的。人不可能也没有必要什么东西都研究，我只环绕着我所关心的主线，我的主线就是有关近代中国所面临的文化变迁。要了解这样的文化变迁，即必须对中国的西方的、古代的现代的文化冲突，还有历史上不同时间阶段、不同的文化变迁都做些研究。了解文化变迁的种种模式，了解每个时代的人怎样去面对时代和社会的变动，为我们的时代提供参考。这些是我的一个主线。很多东西都是从这里面旁涉出去的。其他不相干的东西我其实并不太写。

问：我们在研究自己的专业时当然肯定会旁及涉猎一些不同的东西，但很难做得像您这样深刻。像您刚才谈到的从练武涉猎到医药、宗教、帮会、侠文化等种种学问，而且在每一方面做得都非常深刻，这一点是我们感到非常奇怪的，也是我们感到非常佩服的。

答：我刚才讲过，要“一门深入”，当然就必须要了解所有相关的东西。这看起来好像很难，其实不然。因为在每个领域内，积累越多、挖掘越深入，把周边的东西都掌握了，以后我再去做别的东西，就有了很多的思想配备。

这可以用支援意识(subsidiary awareness)跟焦点意识(focal awareness)来说明这个状况。比如我们在敲钉子的时候,我们的焦点意识是敲这颗钉子,但是要完成这个动作,其实还要有很多周边的感觉和很多相关的知识在帮助我,故我们的支援意识越丰富,在解决这个焦点意识所要处理的问题时,也会更快。因而旁涉越多,在处理问题时深入下去所花费的时间也就越短。所以看起来一开始好像要花很多时间,可是这个时间花了以后,在此后处理任何问题时不仅会更快,也增加了我们处理问题的能力。所以精力并没有消耗,反而是节省了。

问:您在台湾正式出版的各种著作已达约70种,近十年来在大陆也逐渐产生了重要影响,到目前为止已在大陆出版著作十几种。由于您的学术成就、活跃的沟通和交流能力,鲜有人及的亲和力、凝聚力和号召力,以及您在全球华人世界的影响,很多人已经开始系统地研究您的思想了,甚至有建立"龚学"之说,您是怎么看的?

答:我一直想了解我们的时代,想知道该怎样面对我们的文化变迁,同时也提供一些想法给各界参考。我说过我从小喜欢孔子,他一方面是好学不倦,另外,他也在思考一些大的文化问题,希望就夏商周文化的变动提供一些想法,能帮助大家开创新文化。我或许在这点上有些像他。所以假如有人愿意研究我,其实就是以我提供的一些想法为基点,能够刺激或协助大家共同思索一些新时代文化的出路问题,这当然是一个好事啦!而且独学无友,也会孤陋寡闻。所以若有朋友愿意来讨论、来商榷,共同面对时代的文化问题,我当然很高兴。

问:第一次见到您是2002年您应清华大学王宁教授之邀到清华大学作题为《才性论》的演讲,我一直留有难忘的印象。学界都说您是百年不遇的天才,请问您的天分是从何而来的?如果后天可以学来,那么请您谈谈如何让中国、让世界产生更多像您这样的天才,毕竟,我们现在是一个英雄缺失的年代;如果说不是,那么,您认为天才产生的环境(既然天才是不可造就的)是怎样的?我们现在这个物欲横流、商业主义泛滥、文化衰微、道德混乱的世界还有希望产生天才吗?

答:孔子的学生和同时代人都说他是天才,但孔子每次都回答说:我不是天才，我只不过是好学而已。很抱歉，我又拿孔子来作比喻了，哈哈！不过确实是这样的。自幼别人就称我为天才，可是我自己非常清楚，我不是！我不是天才是很实际的，不像孔子那样只是谦虚。原因在哪儿呢？天才拥有高度的创造性，而我创造力不足。我所有的创造，都是在前人的积累中增加一点小东西、小想法而已。我并没有像古代我所知道的天才那样，能够创造一个论域，导引人类文明走向某个方向，我没有这样的能力。

我真正认真读书是进大学以后的事。大一开始，我就自己注解《庄子》，写了几十万字。那时我要一个字一个字地去了解《庄子》，然后把所有跟庄子有关的书统统找来，详细地阅读，翻来覆去地看。大二做谢宣城诗研究，大三做先秦学术思想史的研究，大四的时候做晚清到民国初年的诗歌史的研究。我每年都替自己定了一个功课，除了正规上课、应付考试和其他乱七八糟的事情之外，我自己有一个长期的读书的功课。而且一开始就是大规模的会战，不是小打小闹的。一开始就是一部一部大书这样写。注《庄子》就是几十万字；大三时候写的先秦思想史《古学微论》，讨论儒道名法墨家阴阳家等九流十家，翻来覆去也写了将近一百万字。把所有相关的古代文献几乎全看完了，包括民国以来的古史讨论，都一一读过。每年都是这样，到现在三十多年。我自己发现问题，自己找资料，自己去组织一套想法。所以我其实是下了很多人所难及的苦工。我一向很忙，有很多行政工作要做、要满世界乱跑，但是我每年基本上都还有七、八十万字的写作研究量，磨练着我的文笔、锻炼着我的思考。学界天才很多，但没有一个人比得上我用功。而且我对每个问题，从怎么样找问题，怎么样组织文献，怎么样去发展一个想法，我都是一步一步、扎扎实实来做的。我自己在做学问上或许是比较刻苦、比较诚恳的。所以我并不是像现在的一些学者，去学习哪个门派，以后就拿着这套理论来打这个套路。我不是这样的。我是自己去想问题、找材料，去组织、去作系统性的思考。唯有这样一刀一枪地攻坚，去抢下城池，才能够守得住。所以我也不觉得有什么真正的天才。天才其实很难得，百年不遇。但是像我们这样的人恐怕只能够通过这样的方式一步一步地努力，踏踏实实地做学问。

问：我感觉您的记忆力是非常好的。

答:我记忆力当然还不坏。但是,记忆是不可靠的。对于任何事情,我们的记忆都会出错,而且光靠记忆材料有什么用呢?通常我是不记的。我记得的东西其实都是我想过的。就是:想一个问题时,我通过观察了一些现象、看了一些书,慢慢形成想法,我是通过这个想法去记住相关材料的。想法就像一条线索,而这些材料不过是像串起来的珠子一样,通过线索把这些东西串起来、组织起来。我记得的是我的想法,因为那个想法是我自己想出来的。我记得的是这个想法,所以我就同时记得跟它有关的那些材料,如果我没有什么想法,我看过的书就都会忘记。没有组织,谁能记得这么多鸡零狗碎的东西呢?

问:您现在能够想到的古今中外的天才有哪些呢?

答:天才太多了。比如说像佛教里面的鸠摩罗什,十几岁就当了龟兹国的国师,弘开大乘佛法。他本来学小乘,后又学大乘,学得非常好,以至于到后来,他原来的老师要回头过来拜他为师。他十几岁就当国师,姚秦要请他过来,龟兹国不放人,结果两国竟为此交兵,打仗打了若干年。他其实是一个西域中亚地区的胡人,可是你看他翻译的佛经,中文如此之好,足以令我辈愧然。这种人,可以打开一个大的时代、一个新的格局,是中国大乘佛学各派共同的祖师。像这种天才,我们赶不上的。又比如王弼,魏晋玄学的代表人物,死的时候才二十几岁,可是他所注解的《老子》、《易经》到现在来看还是最好的。还有很多文学家,像李贺,死的时候也才二十来岁,他的诗歌才华横溢,我们都达不到这样的境地。但我们也不应该去期待自己,或者期待我们同时代的任何人去达到这样的境地。我们这个时代实际上也没有什么天才,最高明的也不过跟我差不多,都是困知勉行啊!所以我们应该鼓励的是这样踏踏实实的、比较笃实的学风。

问:记得您说过:以前在台湾期间,您每年在大陆讲学参会游历的时间就有三分之一。您又兼有多种身份与头衔,其中学术兼职、文化团体兼职尤多,然后又整天开会,请问您都是什么时候做科研?我知道您喜欢或者是被逼无奈,在旅途中写东西,看您的文章,后面经常写着某年某月某日写于某地至某地旅次。这就是为什么您每年的文化产出量近百万字的原因了。我想知道的是:学术写作需要冷静的思索和条理的安排,需要严密的逻辑性,尤其需要多方查证资料，请问您众多的学术著作如《晚明思潮》、《汉代思潮》、《游的精神文化史》、《文化符号学》等一系列严谨厚重的学术著作都是如何完成的？

答：我本来就忙，大学毕业以后，没有一年不在干行政，社会活动又多，确实非常忙。但不管做任何事，我都觉得学术研究是跟我的整个生命结合在一起的，它是我最重要的事情，所以我从来就没有放弃过。而所谓没有放弃，跟一般人的理解也不很一样。一般人是我在做什么什么事，那么另外的时间我就静下来，好好读点书，我不是这样的。早期，我也是要挪出时间，把很多事情排开，躲起来读书。譬如礼拜一到礼拜五去上班，但礼拜六、礼拜天通常哪里都不去，一定关在家里读书。晚上下班回来通常也是读书，在办公室有空也要读书。但是慢慢地，我已经养成了一些习惯，读书做学问对我而言就像呼吸差不多，我们不会专门留下一个时间来练习呼吸吧？也就是说，我整个的生活是一个学问的生活。读书做学问不是说特意地一定要跟工作生活切割开来的。我所有的工作都跟我的学问结合起来。

怎么讲呢？举例来说，我要办学校，那么，建筑规划、景观设计、植栽绿化、空间处理、水土工程等等，该不该懂呢？该不该去研究呢？大家或许会说这些都可以委托给专家，但我办的学校若要有自己的想法与风格，即必须自己去想、去研究，别人替代不了你。而除了盖房子等事务性事情外，校长最重要的是要懂得高等教育的发展。明白了，才能够替自己的学校找到它的定位，才能够知道该如何办。所以要通贯地从教育史来看，我要延续什么样的教育理想和什么样的教育精神。横面上，则要了解目前社会上和其他国家高等教育发展的趋势到底是什么。这都需要花很多时间去做研究。很多办公的人就只是在办公，而不晓得要把这件事情办成，基本上是需要研究的。

我原先办的学校是一所管理学院。我虽是人文学科出身的，但当时台湾的政策还没有开放私人办人文社会学院，因此我只能办管理学院。那么我就要想：在整个台湾或华人社会的管理学的发展中，为什么还需要再增加一所管理学院呢？不是已经很多了吗？而且人家也都办得非常好啊。那我为什么还要再办呢？我要办的管理学院对于整个社会、管理学界，能够带动什么？所以我选择了人文管理的路数，先后创办生死学、环境管理、出版学、艺术管理、文化行政、非营利事业管理等很多新学科。这些新学科的创设都关联着整个学科的发展，影响深远。所以创立每一个新学科，乃至创立一所新学校，本身就是一个很大的研究题目。我首先要想清楚，不然的话如何去办它呢？也就是说对于每一件事情，我都把它当成像做研究，去好好研究一番。在办这些学校时，我还把我从中国文化之中学习到、了解到的一些教育理想、书院传统等跟我所办的学校融合起来。这样，所有的时间对我来说就都不是浪费了。

问：在很多人看来，您都是中国传统文人墨客的典型：喜着传统的中式服装、精于书法和国术（武术）、饮酒作诗（格律诗）、品茶赏月；有时候您又放浪形骸，纵酒高歌，让我们想起李白、杜甫、白居易等中国传统大诗人的形象。请问在您自己的心目中，您是一个什么样的人？是传统的文人或者士吗？您是如何定位自己的，是否就是一个承载中华传统的现代文人？

答：你最后讲的一句话没错。现代文人跟古代文人是不一样的。现代文人活在现代社会。他必然带有现代意识，也同样面临现代社会的一些挑战。我们传统的中国文化在现代社会中怎么表现，这是一个大的问题，是古人不会遇到的。我自己的学术背景看起来最明显的部分，当然是你刚才所讲的传统典章、文物，或者是文人墨客的这一套。这部分我在大学时代就已经学得很纯熟了，哈哈哈，我也接触到很多老辈，从他们身上也学到了很多文人的本领和毛病、坏习气。但是，我跟传统文人还是有一个非常大的不同。

我大学毕业后，担任了校长张建邦先生八年的秘书，这八年对我影响极大，使我增加了另外一个非传统的面向。张先生是华人世界里最早讨论后现代、后工业社会、"第三波"、知识爆炸和未来学等的学者。当时他创办了一个刊物叫《明日世界》。而我原来只是活在历史中的，故这对我是个非常大的冲击。我主要是帮他写文稿。他当时在美国读博士，研究高等教育的发展、教育行政、教育管理模式，再就是谈未来学、后现代、后工业社会、资讯社会、知识爆炸，并推动电脑资讯教育。这些东西，我都很陌生，但是经过长期揣摩，也就有了很多认识。他每年都要从美国带回来很多新材料，我们就组织人编译，然后润稿，替他写一些东西，表达他的思想。因此有关高等教育在国外的发展趋势、外国的城乡建设、未来的都市、科技和未来的人、未来的社会和交通等等,我也作了很多思考。对于这种趋势研究、未来性、现代工业社会之后我们人要向何处去的问题、科技的发展带动什么等等,有较深的认识。以至我在谈传统文化的问题时,也常有一些“解构”的趣味,拆解掉现有的一些理论框架和思维模式。我也会关注到社会未来的变动与趋势。

也就是说,我有古代文人所没有的现代意识以及对现代性采取批判的意识。这样一种意识就可以帮我重新观察传统文化的很多面向。这个部分是我比较隐藏的,不容易为人所知。我其实有很多谈管理学的文章、讨论现代社会的书,和我长期写的社论,都是不太为人所注意到的。这些社论是代表报社写的,通常都不署名,凡百万言,都是对于当代社会的讨论。这些讨论,一方面是基于我的传统文化的背景来针砭当代社会,一方面我也会观察或者考虑到未来发展的趋势,对其作出分析。这一点是跟传统文人很不相同的。

问:中国的文化有什么令您着迷的地方?与西方文明相比,您认为中国文化的主要特色是什么?中华文化的传承主要应该传承哪些东西?展望新世纪,您认为中华文化有复兴的可能性吗?

答:我对中国文化的喜爱,首先不是从理性上来的,就像对父母自然产生孺慕之情。我父母可能有很多缺点,但是我不可能不爱他们。我自己的小孩可能也长得很丑很笨,但是你也不可能不喜欢他,这是出于天性的一种自然而然的喜爱。可能最早只是亲近熟悉而已。从亲近感和熟悉感逐渐养成对他的关怀,通过这种关怀你当然希望他更好。对中国文化或中国社会,其实我们是这样的一种态度。西方的东西,对我来讲,也会去钻研它,但就不那么熟悉、不那么亲近。它只是我理性知道的部分,而这种知道,又因为我不活在那个社会里面,所以我其实没有那种感性的认识,我只有片段的认知。譬如我知道某本书,或某个人的什么理论,但我会觉得我无法对其形成一个比较全面的判断。就好像我们对人的认识,有时候不是从他的言论上来的。他的很多动作、他的某些表情,或者某些彼此相对应的气氛,让我们感动、让我们了解。这不是光从其言说上来的。我对西方的认识,最多只是从理论上浮光掠影地知道一点而已。所以我平常不太会专门去谈西方文化如何如何，我通常会去谈中国，想要解决中国文化的发展问题，这也是我们目前的当务之急。我在这一方面更愿意花费更多的心力来讨论，这是第一点。

第二，中西文化比较太难了。中国文化有哪些优点、西方文化又有哪些优点，我并不太这样说。我主要是要区别它们之间的不同。优劣很难说，看用什么标准。但看出若干不同是可能的。在我《传统文化十五讲》那本书里面，每一章都是从中西文化对比的角度，从中西文化不同的思考方向上来看。比如有一章说西方很早就谈到人体、人的形象。可是中国人基本不是从形体上说，而主要是谈精神、谈"气"，这是一个不同的思路，不同的思路就会各自开展出不同的风景。所以我想我们现在也许不急着去作判断，而是要作更多的了解，观察它们不同的思路，将来再作较细致的比较，或许会更好些。

问：您自己说过英文不太好，而您对克罗齐、德里达以及众多西方理论思潮和思想都有深刻而独到的把握，难道这都是从阅读译文学到的吗？还是另有什么诀窍？您觉得英文典籍的汉译是了解西方文学和文化的最好途径吗？

答：翻译是文化交流中不可或缺的，不论我们对于翻译有多少抱怨，翻译都是必要的。而且阅读翻译也不可免。即使是对于另外一种语言非常精通的人，参考不同的译本来阅读也非常有帮助。况且我们的语言能力，即使能够懂英文，也未必能懂拉丁文、法文、德文、俄文、梵文，所以我们在语言上到底能够掌握多少语言，其实不很重要。因为现在法国、德国的很多思想，通常也是通过英语版本来了解的，只不过我们比较信赖英文或者日文的翻译而已。我们比较不信赖汉译，因为汉字的翻译毕竟不像英文或者日文那样做得那么多，或者那么严谨。我们现在应该鼓励的，是怎么样把汉译做好。像日本的翻译就很让人佩服，因为他们又多又快又全。明治维新时期在很短的时间内就消化了西方的文化，比我们速度要快、要全面；而通过消化西方，他们也发展出了自己新的学问。所以我会觉得我们应该鼓励翻译。假如说有更多的人来关注汉译，那么汉译也就会慢慢完善起来。这是从大环境来说的。

我自己确实是靠阅读翻译的。阅读翻译大家都说很危险。但其实并非如此,道理很简单,翻译未必就不能让我们把握原著的思想。最简单的例子就是佛教,我们现在对佛教的了解大体上就是靠翻译。佛经几乎全部都翻译成汉文大藏经,我们从而得以了解它。当然很多人说中国佛教不是印度佛教,它有很多中国化的东西,有很多改变。诚然!但是早期的很多大师也不懂梵文,可是却能掌握佛教的精髓。所以只需对思想路数摸清楚了,在不同的译文中比对,还是可以看出它很多的思想底蕴的。

问:您祖籍江西吉安,生在台湾,海峡两边都是自己的家。您对大陆可以说是非常了解了,甚至比我们生在大陆、身在大陆的人更加了解,这一方面是由于您关于中国文化(历史、地理、哲学思想等)丰富的知识,您对中国文化的热爱,也是由于您在大陆的游历远远多于我们,您的足迹几乎遍及大陆的每一个角落;并且每到一处,您都要探寻文化历史名胜古迹。您对大陆当下文化、政治、经济等各方面的发展也了如指掌,这当然与您广博的学识和深邃的见解有关。那么在您看来,台湾与大陆的关系将会朝什么方向发展?在文化和学术交流方面的前景如何?

答:台湾的历史很复杂,过去荷兰人、西班牙人都曾染指过这个地方,也还有一些文化遗存,包括荷兰人的后裔。日本人在台湾经营就更不用说了,它五十年的经营非同小可。但不论如何,台湾的整个文化的底层基本还是汉文化。这个文化基层并不因受日本的统治而消失。日本人派到台湾的总督,几乎每个都会作汉诗,在台湾也跟台湾人一起吟诗作赋。除了在第二次世界大战最后几年日本人禁止汉文的教学之外,台湾的汉文传统是一直没有断的。也就是说,台湾基本上是一个汉人的移民社会。从政治上讲,它也长期成为一个以发扬中国文化为基础、为其存在理由的地区。所以在文化上,台湾要跟大陆割断不是那么容易的。即使现在政治上有人希望"去中国化",但确实非常困难。因为这就是台湾社会的性格。你不可能扭转它的性格。政治上的操作只是一时的。从文化上说,台湾跟大陆共同拥有一个历史,也共同拥有一套文化体系。所以在这方面的交流是不可能断的。而且随着经济的互动,两岸的一体化的结构其实已经慢慢形成了。另外就是学术的、文化的一体化。早期只是人员来往,还是两边各搞各的,只是有一点交际性的交流而已,但现在不一样了。现在的一体化是结构式的扣合,在文化上已经非常非常明显了。在大众文化领域不用说了,台湾的歌曲、电影和大陆是完全同步的,所以现在大陆的年轻人的社会意识和言谈举止,跟台湾的年轻人基本上没有太大差别。虽还有一些区域性的生活上的小差别,但都享受了同一种文化的进程。历史文化这一部分也是一样。台湾非常关心大陆的文化建设,对于历史古迹的破坏或者文化产业发展过程中出现的种种不好的现象,可能甚至比大陆本地人在追求经济利益过程中所放弃的这些东西,会更为感到痛惜,因为那是属于我们共同的文化,而不是只有大陆人拥有的。每个地方的古迹都不是你本地人的。我们拥有共同的祖先,我们拥有共同的文化,是我们生命的一部分。基于这一点,我们也非常希望能够协助或者共同关心大陆文化发展和文化建设。大陆现在的文化环境当然还有若干不理想的地方,比如说新闻、言论、出版都还有若干不自由的地方,但是我想,只要大家共同努力,未来的情况也许会有所改善。

问:您在台湾接受了全套的教育,对台湾的教育体制非常熟悉。同时,自从 1988 年以来,您又常年往来于两岸开会、讲学,开展各种学术交流活动。近年来,您又先后被北京大学、清华大学、南京师范大学、北京师范大学、中国人民大学等知名学府聘请为客座教授或者讲座教授,长期在大陆居住讲学,可以说,对大陆的高等教育体制十分熟悉。据我所知,您办过文化公司试图开展一些文化旅游和传播之类的活动。当然,您的经营和管理意识与才能更突出地表现在办学上:您在台湾创办过两所私立大学(一所是人文管理方面的南华大学,一所是人文社会方面的佛光大学),在大陆您也作过一些尝试。请问您办学的宗旨基本上是什么呢?与大陆上绝大多数以盈利为目的的公司性质的办学(我们通常称之为学店)有什么不同?下一步在大陆有什么计划或者设想呢?我们都知道真正办教育或者办真正的教育是出力不讨好的事情,您为什么还乐此不疲呢?

答:我原来在台湾办南华的时候,就创了一个制度,对学生一毛钱也不收。为什么呢?学校是一个非营利组织,不是以盈利为目的的。就像医院,是以治病救人为宗旨的,而不是以赚钱为宗旨的。可现在的医院是你没钱就别进来,没钱,就是要死了,我也不会救你。这就完全搞错了。学校、医院等等,都是为公共的福利而办的。我们一个社会为什么要办学?这就跟我们要种树一样,种树是为了子孙,为了后人。所以前人种树后人乘凉。我们办学也是为了社会未来持续性的发展,因此办学不应该是受教育人出钱的。就好像说你现在种树,要叫后来乘凉的人来出钱一样。照道理学校应该是要提供给每一个社会上要读书的人来读的。假如说政府做不到这一点,达不到这样的功能,那么就应该要求社会来共同提供这样的条件。当时我们从社会上集资,让学生免费入学,就是朝这个方向做的。强调学校应该是个非营利性事业,学校是对我们社会文化的一种投资,应该由社会共同来承担。像在有些欧洲国家如德国、法国等,读书本来就是不要钱的。它是一种社会的责任。我觉得这个观念在大陆一样也应该提倡。一个国家,其他的如军舰、飞机可以少造一点、少买一些,但学校应该多办,以便为老百姓提供更高的文化素养,这其实是社会的一个共同的责任,无论政府还是其他的社会单位。这是第一点。

第二,我们中国人办教育特别是高等教育,近一百年来,基本上是学西方的。从西方那边抄过来,要么从德国,要么从美国,要不就是从日本。那么我们中国人搞高等教育,到底要走什么样的路子、创造一个什么样的新模式?这也是我所关心的问题。所以我当时尝试着想要把现代的大学体制跟中国传统的书院结合起来,看看可不可以摸索出新的办学方向来。我当然未必成功,可是我想对于大陆来讲也应该是一个可探索的路子吧。我们应该想一下该有个什么样的大学。

第三,就是我们大学里面的学科建制,仍然是一种西方式的学科建制呢,还是说我们可发展一些学科或一些教育结构?比如说我当时推动入学不分科,今年我看到北大的"元培班"也是用这种方法,只分文科、理科,考生进来不分科。而1996年我在南华就推动不分科了。学生进来以后,最主要的课程则是经典教育,中国选出二十本书,西方选出二十本书,其中包括古希腊的悲剧、莎士比亚戏剧、马克思的《资本论》,或是霍布斯或者马基雅维利等等,选西方文化和文明之中我们觉得最具代表性的二十部经典。中国也是一样,如《六祖坛经》、李白诗、杜甫诗、《红楼梦》、《诗经》等等。学生在四年当中,每个学期至少要精读一本经典,总共必须要读中、西方各四本经典,任何科系的学术都是这样。以经典教育作为整个大学教育最核心的部分,然后再搭配一些其他的课程,比如我们的学生学古琴、学打鼓、学雅乐,这些都是把一些传统的文化元素重新组织到现代大学的课程设计里面去,来发展一些新的东西出来。

所以,第一,我反对我们现在大学以赚钱为目的,把教育当产业。第二,现代的大学,都没有考虑中国在接受西方大学模式以后,怎么样跟中国的教育传统重新结合的问题,并发展出一个新的东西来。第三,大学内部,在教学方法、学科建制跟课程设计上,有没有什么新的东西。它不应是这种功利性导向、技术化导向、实用性导向的,而是真正要希望把人教养成一个有文化教养理想的人,也就是刚刚你提到的中国古代的士或者君子。这个恐怕是我们的现代教育中应该要注意的问题。

假如我还有机会在大陆办学校的话,我也希望还能朝这个方向做,但这需要很多条件。如果没有条件,我们就只能自己来办一些小的文化活动,或讲讲学。譬如今年我刚刚带了五十个学生和教师,作了一次文化旅游。我先到南昌去看西山的道教,到青云谱去看八大山人纪念馆,看滕王阁,大家体会当年王勃写《滕王阁序》的感触,之后再住到白鹿洞书院去,体会当年朱熹、王阳明、陆象山等在那边讲学的状况,加深对中国儒学传统的认识;之后再上庐山,里面有佛教的东林寺,有李白、白居易、苏东坡等的诗歌和各种遗迹,对中国的文人和文学传统有所认识,在庐山还有佛教的传统;从那里再到景德镇,看一下瓷窑,看陶瓷文化,完了之后再到鹅湖书院,也就是当年朱熹、陆象山辩论的地方,这样绕一圈回来。办这种文化体验来让他们重新对中国文化有更深层的认识。当然这个规模比较小,人数也不可能多,跟办一个学校是不一样的。但是假如我们可以先从社会上小规模、不同地方上推展一些文化观念着手,那它在各地方就会生根,就会逐渐产生一些作用。

问:您比较推崇像办学这样的大规模的活动,以施展自己的教育理念,您刚才所说的条件照我理解,是不是主要就是资金的问题和政策的问题。

答:资金当然是问题。但更重要的问题不在于资金,而是资金所产生的一些作用。我们设想孔子若活在今日,他要办学,他怎么办?他不会有钱啊!那他或许只能找子贡出钱。可是我们现在资本主义社会的逻辑是:谁出钱,谁就是老板,学校就属于他,他就拥有产权。可是你来想想,假如孔子办学而子贡出钱,难道孔子还要听子贡的吗?这不是非常荒谬吗?所以我们现在首先就要知道,在办学这件事里,资本主义社会的逻辑本身就是一个大问号。如果是这样的话,学校根本就不用办了。因为到最后是有钱的大老板说了算,那学校还有什么可办的呢?无论有什么理想也无从谈起了。

第二个就是社会体制的问题,它能否让我们根据我们的理想办成学校?不要讲大陆,就连台湾也很困难。我办南华的时候,为什么要办管理学院呢?因为政府根本不开放你办人文社会方面的学院。当时台湾跟大陆不一样的地方就是台湾有很多私立学校,从大陆上迁过来,如东吴大学、辅仁大学等很多,所以台湾一向都有私立学校。但是,有很长一段时间,政府不准增设私立学校,因为要尽量教育国家化。我们海峡两岸从清末以来,都在共同走一个错误的路子,就是教育国家化。台湾要等到“解严”以后,环境改变了,社会开放了,才开放私人办学。然而还是觉得人文社会学科都是不听话的,所以只开放办工学院。后来才允许办商管学院,人文社会学院是最后才准的。台湾尚且如此。所以最早的时候我那个学校叫做“南华工学院”,后来政策开放可以办管理学院,我们赶紧去要求改成管理学院;后来到办佛光大学的时候,刚开始也只开放可以办人文社会学院。就是说这种办学的社会条件其实是很难跟我们的理想配合的。而且你要设什么学科,也不是自己说了算的,而要由政府规定。不止大陆,台湾当时也是这样的。要设什么科系,得写计划去上报,教育部来审查。譬如我想办出版学研究所、办艺术管理研究所。台湾有那么多的画廊、博物馆,可是我们所有的管理学院,却就没有艺术管理,也没有艺术行政。这不是很荒唐吗?政府里面管艺术的科员一点也不懂艺术,不懂文化。那些推展文化工作的人员则既不懂管理,又不懂行政。所以社会上的文化艺术发展搞得像一团乱麻。可是你要增设这个学科,计划报到教育部,它却说:没有这个学科啊!当然没有这个学科啦,正是因为没有,我们才申请要办呀!跟教育部不断打笔仗,又鼓动社会,开会呼吁等,后来才终于办成了。出版学也是这样的,所有的新闻学院、大众传播学院里面都没有出版,因为所有的大众传播的学术体系都是从新闻发展出来的。可是出版并不是新闻!它不要追求新的知识,而是知识不断酝酿,不断要出柏拉图全集,不断要研究亚里士多德,怎么可能完全从新闻角度考虑出版问题呢？但是这个计划送到教育部专家那里一审，他们就说：出版也能当一个学科吗？我也是花了很大的力气才争取到了这门学科的设立。所以办学要仰赖很多这种社会条件的。

第三，是刚才没有谈到的，就是它有很多社会期待，包括学生的社会期待。假如学生都是利禄之徒，那就没法办。他读书做学问的目的不是为了成为一个好人，不是为了成为一个有知识的人、一个有教养的人，成为一个能够思考文化问题、为大家服务的人，而只是为了将来找一份好工作，提高他的社会经济地位。如果社会上的学生和家长都抱着这个心理，你的学校还怎么办得下去呢？你提供的这种教育会受到学生的质疑。问：这样对我毕业后找工作有什么帮助呢？学生考进来的时候，想的都是饭碗，而不是学问本身。所以这是我们现在教育中的一个大问题。教育国家化是一回事，所有的这些整个社会期待是把教育当成改变其社会经济地位的一个途径和手段，当成是一个敲门砖而已，没有人把学问当一回事儿。个人是这样，国家不也是这样吗？国家办教育的目的是为了富国强兵，所以跟个人是一样，都是把教育当工具。在这种社会心理、这种社会期待下，学校当然就很难办了。过去欧洲的大学常常说，我贡献给全宇宙的精神，我的知识要奉献给全人类，我培养出来的人是要跟柏拉图对话，跟亚里士多德做朋友，我关怀的是人类的大的文化问题。这些是欧洲大学的一个重要传统。而这个传统在我们这个社会中都谈不上了。这个传统跟中国人讲的“为天地立心，为生民立命”其实是一样的道理。就是我们希望所培养出的人是一个有文化担当的人、有文化素养的人，而不是只是培养出将来只是有很好的职业的人。可是现在都不是这样。我们的大学则拿着自己的学位来卖钱。它有一大堆的 MBA、EMBA、MPA、ME，这个总裁班那个经理班的，无非是拿着文凭去做买卖而已，甚至于我们学校还办着很多产业，或者学校本身就是一个产业。这样的话，学校当然就跟工厂没有什么太大差别了。

问：您刚才谈到受教育者的社会担当和文化担当问题，您以前也针对学者对社会所负有的责任发表过许多看法，能否结合自己的经历谈谈您是如何看待知识分子在社会中的角色的？我们知道，在这样一个物质主义、重商主义的世界上，知识分子面临着很多诱惑、危险甚至是威胁，知识分子如何坚持自己的操守并发挥自己的作用呢？您是如何看待葛兰西所说的公众知识分子的？葛兰西、德里达、萨义德和乔姆斯基等是不是您理想中的知识分子？

答：知识分子这个词原意就是一个公众意象，“身无半亩，心忧天下”。如果说一个人读了书，只会考虑个人自身的利害、个人成就的话，这种人怎么还算是知识分子呢？知识分子跟一般的读书人不一样。一般读书人可能就是只关心个人知识上的成长或者只关心个人的问题，这种人我们一般就不会把他称为知识分子。所以知识分子本来就是公众的。关心公共事务，他所谈的跟一般社会上各个阶层不一样的。各个阶层都是从自己的阶层出发，所谈的问题是与自己的身份、阶层有关的。而知识分子呢，正好是这个社会上能够跨越它的阶层、种族、立场、身份，从一个总体的社会和总体的人的角度上来思考问题的。这种人我们才觉得他比较可贵，这也是我们所期待的一种理想。你刚才讲的这些人，我觉得他们都具有类似的性格。

中国近代也有很多知识分子。现在，特别在这个时代，恐怕除了一些专业的专家这种知识人之外，更应该提倡的就是知识分子的精神。当然，知识分子看起来就是有点儿悲壮。不过也不见得就一定那么忧苦。因为假如他并不觉得这是一个多么特别的使命，他觉得这是理所当然的，是自己应该做的，也不会因为这样就好像背着十字架去冲锋一样。他们常常是异议者，但也不是专门为了要去发表不同的意见，而是不得不言。对事情本来就不顺眼，那你就说出来就是了，也不需要有什么特别的负担。就我的经验来说，我也不觉得这里面需要太多的道德勇气，本来也不会考虑讲了以后会出现什么后果，该说的就说了。至于听众或者社会上能不能接受，那不是你能考虑的了，其后果也不是你能预估的。顾虑东顾虑西的，最后得到的结果反而不是你原来所忧虑的东西，所以其实也不用考虑太多。

问：近年来，由于经济利益等原因，我国高校研究生招生数量过多（据统计，2004年全国招收硕、博士研究生近33万人，而且近几年，我国研究生招生规模在以每年约26.5%的速度递增），这样质量就难以保证；而且学习期限又有缩短的趋势，如从三年减到两年半甚至两年。有人说：这样不断激增的招生规模必然会导致研究生质量的下降，最终会导致我国科学研究水平的下降。您是如何看待这个问题的，有没有好的解决办法？与台湾或者其他地方的研究生教育相比,大陆的研究生教育主要需要在哪些方面作出努力?

答:大陆跟台湾在这一点倒是难兄难弟。在这个十年间,高等教育都在无节制地扩张。台湾的扩张表现在大学不断地增设,增加了许多大学。现在有160多所大学,以今年来说,500分满分,考生只要能考到12分,就可以考上大学。这等于完全没有筛选的标准,任何人都能够读大学。一科只要考两分多就可以上大学,这种学生你说怎么教呢?怎么能读大学呢?他上课能够听得懂吗?而学校也不敢让这些低素质的学生退学,因为淘汰掉以后更没有学生了,本来招生就很困难。再过两年,我们考生的人数就更会少于大学要招生的人数了。大学要招的学生根本招不满。在这种情况下,再烂的学生也不敢淘汰掉。这样怎么能够保证教学质量呢?大陆的情况是:大学整体数量增加有限,但是每个大学都无限膨胀,都在拼命扩招,一个大学搞到十几万人,通过合并等途径搞得很大。这都是海峡两岸好大喜功、追求速成造成的一个不好的结果。

当时我办南华和佛光,就主张办成一个精致的、书院式的学校,要小一点,不要招很多的学生。但招进来的学生,每一个人都能被教好。那就是要走一个不一样的路子。看起来这个路子并没有跟这个时代吻合起来,似乎大家都不是这样想的。大家基本上都是搞庞然大物,都是航空母舰或联合舰队式的。这样的方式对于高教的发展造成了很多问题。我们可能会模仿一些公司的合并,搞成一些大公司、大集团军作战的方式,我觉得这并不是高校之福。目前大陆上的高校扩张最明显的就是研究生部分。研究生的扩张比大学本科的扩张还要可怕,因为很多学校都盲目地要求自己变成研究型的大学。以为研究生数量多,就叫研究型大学,而不晓得研究型大学是在于整个学校所呈现的那种研究的精神和研究的气氛。学校要在研究上能够体现出其研究的导向,通过这一导向,带动学生去思考、进行研究。这才是研究型大学。现在的研究生确实如你刚才讲的,不但人数越来越多,而且素质也越来越差,就学时间越来越短,都是"速成"。以博士生来说,大陆好像三年就可以得到学位,但我记得以前我们读博士都需要十年八年,再者过去的一篇学位论文动辄几十万字,现在都是几万字就过关了。当然这不是字数问题,但你对学生总该有个训练量吧。就跟我们打球一样,总要有一定量的训练。研究生教育能够更扎实一些,恐怕会更好。因为我们要跟全世界竞争的。如果自己自我陶醉,声称现在我们已有多少研究生,有什么意思呢?

问:您出访过世界各地很多国家和地区,也应邀去过很多著名大学如哈佛大学、耶鲁大学、波士顿大学等讲过学,对世界上各类大学和各种教育体制都有了解。加上您自己更是办过大学的,您认为我们的学术环境是否适合学术的健康发展?从我们的学术体制上看,有没有可以改进或者继续努力的地方?与国际上更为完善的教育体制相比,我们还存在哪些差距?请您分别从制度层面和个人层面加以分析。

答:我们该改善的地方太多了。现在有几个问题。你看外国的大学,特别是有名的大学,每个学校都有不同的风格。我们的大学,有多少是成就了自己风格的呢?其实没有的,包括北大、清华。那是外界给它们的一些印象,而它们自己形成的一些学术风格、格调,跟外国高校比的话,都不是那么显著。我们在提供学生多样性的学习方面,其实都是有问题的。比如剑桥、牛津,这些学校里都有非常多的社团,有很多的艺术活动,还有很多的体育赛事如划艇赛等等这些传统竞赛,也有很多的规矩。比如很多学院里面对怎样酿酒啊,怎样用餐啊,有很多的规矩和仪式。学校里面也可能有很多特别的景观,比如说德国柏林大学一进门,那个地方就好像是清华的主楼那里一样,可是那儿就长年有几百个书摊。学校最好的地方,全部都是卖书的摊贩,就跟礼拜六礼拜天北大的小书摊一样,可是如果平时我们北大清华这样摆的话,老早就被赶走了。在柏林大学,你到食堂去,路上是书摊;到办公室、要回家,路上也都是书摊。这些学校里面,都形成了自己很特别的风格和特点。这样的学校在中国其实都是太少见了。我们整个教育的规格化、体制化都非常的明显,都非常单调。我们的学校只是研究成果多一点少一点而已,感觉在学科分布上也没什么太大的区别,基本上都是教育部的一套框架。所以假如我们中国的大学,可以给它一点空间,或者是办学的人能够有点儿自由发挥的想法,能够发展出自己一些独特的风格和品味的话,那恐怕是整个大学教育进步的第一步。

问:近来高校学术圈发生了几件事,先是人大国际关系学院教授张鸣因为在自己的博客上抨击“学术行政化”而被院长办公会议撤去政治学系主任职务，甚至据说还面临被解聘的威胁；另一个是北大光华管理学院邹恒甫教授突然被院长解聘事件。这些事引起了网友的热烈讨论和学界的广泛关注，高校“行政化”一时成为学人们谈论最多的话题。请您谈一下这种所谓冠冕堂皇的高校“行政化”对高等教育发展的危害和改进的措施。

答：这种现象必须要改进，这是毋庸置疑的。人们常常开玩笑说，大陆的教育领域是大陆国有体制的最后堡垒了。教育的国家化当然是长期的状况，但是目前在教育领域里面这种行政控制着整个教育发展。行政规划部门规划了哪些学科要发展，不让你发展你就不能发展，招生数量等都要受其节制。所以说假如这个格局没有打破，它就不是只是某个科系受到行政上不公正待遇的问题，而是整个教育发展会出现很大的困境。因为学科的建制、招生的数量、学校各种等级的评定完全控制在行政官僚手上，这样的话，学术怎么可能发展呢？小而言之，大学内部也是一样的。行政单位的权力越来越大，学校里面最宏伟的建筑往往都是行政大楼，学校里面最大的都不是教授，而是那些行政主管。在有些学校里面，普通的行政人员比教授要凶得多，任意指挥教授。这当然不是什么好现象。在学校里就应该以教学为主，既然是以教学为主，就应当以教授为主，教授们根据自己的专业发展出不同的教学模式，像以前清华等大学的教授治校。台湾当然也提倡教授治校，但其结果则是所有的教授统统都去搞行政了，完全是一种扭曲的形式。早期大学本来的含义，其实就是一种行会，一种教书人的同业公会。现在则是一群专业的教育行政官僚来管住这些教书人和学生，然后你们这些教书人的职称等级、待遇等都要根据他们制定的标准来评定。这样当然不能把大学办好啦！如何打破这样一个官僚体制呢？目前恐怕还是很困难的。因为学校本身这些掌权人就不愿意这样做。台湾的教授治校，就是要跟原来有行政权力的人作斗争，所以教授们都跑来瓜分这些权力，于是所有的教授都变成行政人员了。这当然不是一个好办法。我们现在只能够呼吁大学回归它的学术教育的本质，让大学还是从学术知识教育上去想问题，而不是把它官僚化。但是扩大来看，回到我们前面谈过的现代性批判。你也知道，我们对现代社会有一种批判的观点，即现代社会的特征，就是科层化体制（亦即官僚体制）无所不在。官僚化体制本来是政府所有，后来弥漫到所有的军队、企业、医院、学校统统都官僚化了。所以你看我们所有这些现代化的单位,几乎都是一个小的官僚体制,都是对原有的官僚体制的模仿,人在无所不在的官僚体制里面就受到极大的限制。那么我们怎么样来重新反省这个社会？或者,学校假如有哪个科系能够作一些小规模的尝试,发展成某种科系自治,回到原来那种同业公会式的自治的那种形态去,也许可以从一个小的系做起。

但是,在一个系里,假如说某些人拥有行政的权力欲望,那么还是很难办的。因为很多不学无术的人,在学术上没有办法表现,教学又成绩不好,却发现在这个官僚化的体制里面搞行政是一个进阶的机会,于是就去抓行政权力。抓到行政权力,就可以管住你们这些教授,并拥有某种高高在上的特权,所有的人都要听命于他。这就搞乱了学术团体内部的伦理。学术团体本来应该形成一种内部的伦理关系,这种伦理关系以及人们之间的关系和位阶并不是以行政上的权力来界定的,而是以你的研究在学术上、教学上的成绩和表现为评判的标准的。如果说是一个教授的团体,那么这里面谁贡献大,大家就要听他的。若是这样,这些行政人员怎么活呢？这些人做不出学术研究,教学上又不受欢迎,所以就专门搞行政。学校里很多人都是这样的,从这里去获取权力。所以假如说学术社群本身没有办法发展出共识,这种局面还是不容易改善的。只有大家共同呼吁,加强学术团体、学校内部以及学校之间,或者说学术社群之间的共识,首先从理论上提倡一种新的校园内部的伦理结构。这种呼吁的力量增强了,才有可能逐渐改善,否则就永远是这个样子。

孙康宜教授访谈录[①]

编者按：笔者利用在哈佛大学访学的机会，于2007年深秋对当代著名华裔汉学家、耶鲁大学孙康宜教授作了访谈。孙康宜祖籍天津，1944年生于北京，台湾东海大学外文系毕业，后进入台湾大学攻读美国文学。1968年到美国留学，先后获图书馆学、英国文学、东亚研究等硕士学位，1978年获普林斯顿大学文学博士学位。曾任普林斯顿大学葛斯德东方图书馆馆长，现任耶鲁大学东亚语言文学系教授和东亚研究所主任。孙康宜的研究领域跨越中国古典文学、传统女性文学、比较诗学、文学批评、性别研究、释经学、文化美学等多个领域，有中英文学术专著多种，其中包括英文著作 *Women Writers of Traditional China: An Anthology of Poetry and Criticism* (Co-editor, with Haun Saussy), *The Late-Ming Poet Ch'en Tzu-lung: Crises of Love and Loyalism*, *Six Dynasties Poetry*, *The Evolution of Chinese Tz'u Poetry: From Late T'ang to Northern Sung* 等八种，中文著作有《陈子龙柳如是诗词情缘》、《耶鲁潜学集》、《古典与现代的女性阐释》、《文学经典的挑战》、《我看美国精神》、《把苦难收入行囊》等十二种。先后获得怀特人文学科最高荣誉奖金、美国高等教育基金会奖金、美国国家人文学科基金会奖金等。

孙康宜教授谈到了自己不平凡的成长、求学及事业发展历程，对中国古代文学的深刻体悟，对美国社会、美国精神的观察和认识、自己的宗教信仰及其在生命中的位置，对古今女性问题的看法，对美国教育体制的切身体会，以及自己未来的学术计划和中美文化交流等问题。

---

① 本访谈由生安锋和西安工业大学白军芳教授共同完成。本文发表于《书屋》2008年第2期。

问:孙康宜教授,不知您还记得否,我们第一次见面是2001年8月在北京,当时您参加了由王宁教授主持的清华—耶鲁合办的“第三届中美比较文学双边讨论会”,在会上,我们一起和J.希利斯·米勒、迈克尔·霍奎斯特在西郊宾馆合影留念,我至今还珍存着那张照片。第二次见面是在2005年您应王宁教授之邀到清华大学作了题为“新的文学史可能吗?”(“Is A New Literary History Possible?”)的演讲。这一晃就是好多年了,您还是那么身体健康、神采奕奕。您的研究领域跨越中国古典文学、传统女性文学、比较诗学、文学批评、性别研究、阐释学、文化美学等多个领域,并在各个领域都取得了很大成就;我也注意到,您在美国求学期间,不光研修中国古典文学,而且还兼修比较文学、英国文学甚至图书馆学。请问您是如何贯通这些不同领域的?为什么要涉猎这么多的领域?是因为它们之间有着某种内在的联系呢,还是您的兴趣使然?

答:我觉得一个人接受的教育还是和他的环境有关的,我是1968年来到美国的,我从前一直都是在念英文系,攻读美国文学和英国文学,尤其喜欢19世纪文学。我刚到美国那年,普林斯顿大学还没有正式招收女生,只有少数研究科学的女研究生,那时我们住在普林斯顿城里,我于是就想:自己为什么不去附近的拉特各斯大学选一个图书馆专业呢?我当时并不想当图书管理员,只想了解他们的工具书是按怎样的原理编排的,因为我知道自己没有在美国上中小学,在这一方面是有缺陷的。所以决定修图书馆专业。没想到,现在我会在这一方面比一般的美国人知道得多一些。总之,这一学习阶段对我以后的学习很有帮助,不管我后来学什么专业,我都能比较顺利地找到自己需要的书籍。

之后,我继续我的英国文学专业,因为我一直喜欢研究比较文学。但在念书的过程中,我突然有种寻根的欲望,这种欲望如此强烈以至于自己想把中西文学两个专业都专攻一下(这样的感受在《文学经典的挑战》的序里也谈到了)。我当时选修了62个学分(一般学生只需选修32学分),所以我的专业有英文系和东亚文学专业。然而,当时还是以东亚专业为主,因为我以为若不把东亚的东西先弄懂,以后再做比较文学就比较难了。后来,我很想在母校普林斯顿大学的东方图书馆里当馆长。当我和老师牟复礼教授(Frederick W. Mote)谈到这事时,他很遗憾地说:“你是普林斯顿的校友,我们当然很欢迎你来做馆长,但是可惜你没有图书馆的学位呀?—— 因为按照规定图书馆馆长要有图书馆专业的学位。”我说:“我有啊,怎么没有?”于是,我才告诉牟教授有关我曾经攻读图书馆学位的经验。后来,我就继承了原来胡适做过的那份工作。但是,刚刚做了一个月,我就知道自己选择错误了,因为我原来以为馆长的工作整天都是读书,其实不是的。胡适的那个时代已经过去了,他当馆长的那个年头等于好好读了两年书,但现在情况不同了,馆长整天都要处理行政事务。书,近在眼前,远在天边,几乎没有读书的机会,所以最后我决定只做一年图书馆馆长的工作。之后,我就到耶鲁来了,一口气干了二十五年,从来没有离开过。

就这样一个过程,其实也没有选择。可能因为小时候的遭遇,我已经学会了把“坏的遭遇变好”的习惯。于是就不停调整,不停地学习,很自然就拿了很多的学位。

问:中国古代文学中多是描写阳春白雪的主题,而现当代文学中则多是死亡、暴力、血腥的描写,您对这一问题是怎么看的?

答:当然,在中国古代文学里似乎没有这么多的血腥暴力,在我那门课“人与自然”(Man and Nature)里,我的美国学生们就经常说,传统中国人的自然观和西方是不一样的,因为中国文学里充满了和谐和天人合一的观念。但后来我让他们读了许多历史故事,他们才知道其实在中国历史上,暴力还是很多的,只是古代的写法和当代不一样罢了。我认为:古代文学和现代文学不是现象的不同,而是阐述的不同而已,是不同的作家对相同的现象采用不同的表现方法罢了。明清时期的文学“暴力”也就更多了。

哈佛大学的王德威教授曾提出中国现代文学的历史应该从1841年龚自珍死的那一年开始算起,而不应该从20世纪的五四运动算起。因为龚自珍的死刚好在中国传统文学向中国现代文学迈进的这个阶段,在他的诗歌里已经有很多现代性的东西了。

另外,中国人都喜欢陶潜的诗歌,觉得他的作品十分抒情,但我的一些美国学生却更喜欢谢灵运,因为翻译成英文后,谢灵运的诗歌更显得有现实性。因为谢灵运的诗歌充满了冲突,颇有真实感。谢灵运虽然有时很强调“天人合一”,但诗里却充满了压抑和痛苦,他最后被杀头了。在文化上,美国学生和谢灵运很投缘,他们很同情谢灵运的悲剧性命运。有些学生以为谢灵运简直就是中国存在主义的倡导者,他们在谢灵运的诗里看到有关存在的问题,他们看到在中国诗里一般中国人看不到的东西,真的很新鲜。所以中国文学的古典和现代的区别其实并不是那么明显而绝对的。如果从这个角度看龚自珍的诗,比如他的《己亥杂诗》315 首,你就能看到他内心的冲突、压抑等情感。我自己也开始比较注意现代文学了,比如在短篇小说《色,戒》中,张爱玲把性看成猎人和猎物的关系,是很正视人生的。她看到人生的阴暗面,我认为表现人生的阴暗面也是很重要的。

问:您说过西方的观众不太喜欢李安的电影《色,戒》,您认为这是为什么?

答:首先,他们看不懂一些剧情,尤其遇到有关政治背景的情节,似乎不知道是怎么回事。其次,电影的节奏太慢。中国人不觉得动作慢,因为他们很重视情节以外的东西,比如眼神,中国人一看眼神就懂了,但西方人不太了解,所以有些美国人忍受不了这种节奏。一般美国观众除了对《色,戒》的床上戏感点兴趣外,就不知所云了。

问:您生于北京,在台湾长大成人,又在台湾读完大学;后来您定居美国多年,毕业于著名的普林斯顿大学;自从 1982 年以来,又在世界著名的耶鲁大学担任教职,多年来您还担任着东亚语言文学系主任和东亚研究所主任,据说您是自耶鲁建校三百年以来首位担任系主任的华裔女性,可谓事业辉煌。但您有没有思乡的时候?对于身份问题,您是怎么看的?对于后殖民理论的文化认同这一议题,您有没有什么切身的体会?我这样问是因为,您不仅是一位亚裔而且还是女性,您所受到的压力和可能受到的歧视是双重的。

答:我说一句真心话,我从不认为我是被歧视的人。大概是我小时候受难很多,来美国之后,我从来没感觉到自己被压迫过,从来不觉得自己是亚裔而被压迫,或是作为女性被压迫。我甚至觉得自己经常得到好处。当然,美国人有些偏见也是真的,但是,如果把什么问题都推向偏见,那么,对个人的发展是一个局限。比如说,有很多女的,她拿不到学位,就说那是因为性别偏见,就告学校;或者有一些亚裔在和别人的竞争中争不过人家,就说是种族偏见。我认为一般说来，美国人还是比较公平的，到现在为止，我仍然坚持这样的看法。这让我想起了基辛格说过："世界上有哪个国家会像美国这样聘一个德国移民、一个英语都讲不好的人来做国务卿？"他自己对这种事情都非常感动，我个人也这样看。我们的同胞千万不要以为我崇洋，我的确是将心比心。美国啊，本来建设得很好了，但后来却来了这么多的移民，把工作机会都抢走了。但是，美国人还给我们保护自己的权利，我非常佩服。比如，我当初来耶鲁找工作，当时竞争的有一百多人，大部分都是美国人，但我并没有觉得自己受歧视，后来在学校里工作也从不觉得。当然，如果有人来找我说她受到歧视的遭遇，我也会去帮她，不过我自己并没有这种被歧视的感觉。

重要的是，我们自己要努力，不要总是埋怨。比如在竞争中，你比较内向，而人家需要一个外向的、比较容易相处的人，你自然被淘汰，别人不会因为你是亚裔就特别照顾你。如果你是女人，只要你和别人一样努力工作，我想他们大概也不会歧视你的。

问：我们知道，信仰对于您的生活和事业来说都是十分重要的，能否请您谈谈信仰在你生命中的位置？您来美已经四十年了，根据您的观察和体会，在这些年里，美国人的信仰有没有什么显著的变化？

答：哈，你对信仰也感兴趣吗？我的信仰真的是我人生中很重要的一部分。我真的相信：人是有永生的。在这一方面，我很受我父亲的影响。我父亲于半年多以前去世了。当他在世时，父亲总是很严格地要求自己，有如一个真正的清教徒。他每日读圣经，努力做到言行合一。我并没有像我父亲那种读经的功夫，主要是因为我是读文学的，而且和他的遭遇也不一样。但在我的日常生活中，我常常会和上帝沟通。比如有的时候一个人在路上走，我会和上帝进行思想上的交流，也会暗自祷告。上帝对我而言，是非常真实的。当然这种感觉，不是一开始就有的，而是不断发展的。我喜欢看文学书，也喜欢研究信仰方面的问题，我仿佛看见自己不停地走在人生的旅途上，在走的过程中，我总希望把每一种角色尽力做好，但也经常感到软弱，只希望从上帝那里得到力量。

你对这个问题有兴趣，我感觉很奇怪，很多中国人对这个是没有兴趣的。其实很多美国人也开始对基督教缺乏兴趣。

你问美国和以前有什么不同。我认为:四十年前我刚来到美国时,美国人一般都非常有宗教信仰,很多知识分子都上教会。现在呢,耶鲁教堂里大约只有两三位教授,其他的人一般很少上教堂了。我认为不仅仅是人的原因,教会也有责任,目前教会太注重事务性的东西了,没有提供给人精神上的解答。我们本来到教会去,就是为了灵性上求长进,我们到那里不是为了听有关战争、政治或者其他题材的演讲。但是,许多美国教会已经不能给人精神上的回应。所以,人们自然就疏远了。就我而言,我一直认为上帝是超现实却无处不在的。信仰的东西总是很难解释,你相信了就是信仰,你不相信就不是信仰。

问:您从十二岁有了信仰到今天,您一直都这么虔诚呢还是有一些变化?是有哪些变故让您发生了变化吗?

答:对,我每天都在变,所以我不太喜欢人家有一个说法,说某人重生了。有些人总要问你:你重生了没有?是的,有人的确有那样的经验,我知道的。我最近在一篇文章里就谈到一个美国人重生的故事,因为他整个人完全变了,但这样的人一定要经过大灾难的。然而,对我个人来说,信仰好像是渐进的,要在日常生活中体验。我一向对于个人的灵魂很有兴趣,我认为每个人都有灵魂,都有其特殊的使命。比如,夫妻、朋友、兄弟姐妹看起来很亲密,但是走到人生尽头的时候,我们还是要单独一个人走过去的。不管多么亲爱的人也没有办法和我们一起走去。我很喜欢存在主义的东西,我觉得存在主义很发人深省,我读了克尔凯戈尔(Kierkegaard)的很多书。

其实我是一个内心充满冲突的人,但我内心又充满感激,这样,我和上帝交心就容易使自己平和。我阅读圣经方面的书,就是这个基本的观念。

问:我认为当代女性可以这样分一下,一种就是勤奋的女性,靠非凡的智慧、勤奋的努力,取得社会对女人的尊重,另外一种叫美貌消费型女性,就是说靠自己的美色来生活的女性。男人们呢?因为你对自己的要求是消费美丽,所以,有一些男人对女人是缺乏尊重的。您对这样的问题有什么看法?

答:这个问题使我变成一个清教徒的样子了。美貌的问题真的是一个很有意思的问题。比如电影《色，戒》中女主角是一个很美貌的女子，她才能去扮演那个角色。是的，美貌会给女人带来一些问题的。我的观点和我的信仰很有联系，我认为人生总要过去的，再美的东西最后都会变丑的。就像一朵花，很美，但是最后仍要凋谢。所以我更喜欢昙花。不久前我在大弟那里看到了奇妙的昙花一现，一共有四朵昙花在我面前开了，几个小时后又先后谢了，但其实不是真的“凋谢”，它们只是把花瓣慢慢合起来。我觉得女人要像昙花，不要让自己谢掉。我不喜欢一些女人总是靠美貌取胜，我更欣赏一个人的气质和修养。比如，我们这里有一个书法家张充和（我曾写过一篇有关她的文章），她今年已经九十四岁了，但她看上去就很美。很多女人只在年轻的时候很美，但是一旦老了，就被这个社会变成弃妇了。成为弃妇的女人是很可怜的，实际上，她们是被自己抛弃了。我们应当把握每个年龄来努力学习，充实自我。把美丽和商品联系起来，不是一件好事。

问：那么现代女性如何走出把自己商品化的阴影呢？

答：如果我们把自己当成商品，别人自然会把我们当成商品，女人要自己尊重自己，才不会变成玩物。我喜欢古代的才女，她们不断求进步，虽然她们的活动范围受到约束，但她们总是不断求进步，例如汉朝的班婕妤等，虽然不幸遇到逆境，却培养了高尚的情操，所以很美。

问：在您的近著《我看美国精神》（中国人民大学出版社，2007）中，您对美国精神作出了很多十分感性的分析和例证，读来趣味盎然。您定居美国近四十年了，肯定对美国精神有着精准的把握，能否请您简要地总结一下所谓“美国精神”的主旨是什么？美国精神在近三十多年来经历了许多国际国内政治、经济动荡之后，有没有什么变化？您认为美国精神的哪些方面是值得我们学习和钦佩的，哪些方面是我们需要摒弃和批评的呢？

答：我觉得四十年来美国精神变得很多，但并不是所有的变化都是坏的。那么，什么是美国精神呢？第一就是独立精神。中国人常常依赖家庭，找工作时，会想到要找哪个亲戚帮忙。在中国，如果是一个校长的儿子，那就真的了不得，校长会出面为自己的儿子做很多事情；但是，在美国，他会有意避嫌。比如，我有一个耶鲁学生叫 Ben Beinecke。我一直猜想他大概就是有钱人家 Beinecke（就是捐赠 Beinecke 善本书图书馆的那家人）的后代。

后来,我们关系很熟了,有一天我们在一起吃饭,我忍不住就问:你是不是和Beinecke那家人有关系?他很害羞地说:“是呀,他是我的祖父。”我当时正在写一篇有关Beinecke图书馆的文章,就请他给我一些资料,这时他才提供给我几本他祖父的书籍以及有关他父亲的资料,但一直十分低调,也从来不会夸口说,我是Beinecke的孙子。后来他去中国大陆参观,我问他有什么体会?他告诉我,他到中国旅游,故意带很少的钱,为了学习在艰难中刻苦自立。他首先去了上海,又想去西安,就一路与朋友从上海骑自行车往西安去。有一次在路上车坏掉了,身上也没有多少钱,他只好把自行车卖给当地的中国人,又添些钱再买一辆,又继续骑车,折腾了一个月才到西安。他很高兴地跟我说:“我收获很大呀。”这就是美国精神,也就是努力往前走的精神。我从前在台湾,受到很多的束缚,到了这里我才开始感觉到自己奋斗的精神,只要努力,朝自己的理想走去,一定会有回报的。一直到现在,这种美国精神还存在。

其次,美国人很尊重个人,我觉得很好,他们很少故意说一些让人家过不去的话,也很少在人背后说长短。还有一点,美国人通常不念旧恶。比如,我得罪他了,但是,事情过去就过去了,不会再去想:啊呀,三年前他得罪过我,怎么怎么。这一点我很欣赏。只要一直往前走,不要管其他。我看基督教的清教徒的精神,也指的是这种简单而实在的生活态度。如果你到美国人家里参观,你会发现他们的生活很简朴。

但这四十年来,我觉得美国是有些变化的。首先,人越来越杂,我四十年前看起来很干净的地方,现在看起来很脏。美国的年轻一代也很有问题,中学教育也问题重重。但是,有一些好的东西还是继承下来了,比如为公众服务,美国的大学生们经常做义工,帮穷人。他们也尊重别人的隐私,这点很好。但现代的生活方式使美国人更加孤独了,他们越来越隔离,神经病的人特别多。据心理学家荣格的解释,社会的经济是和心理联系起来的,个人经济越发达,心里的毛病会越来越多。还有,美国的枪支问题,最好进行枪支管理。布什总统在这方面做得很不好,但是,美国人也只有维持美国人的精神:既然他是总统,你就要尊重他的权力。但是,布什的政策是缺乏美国精神的,比如随便去打别的国家,我觉得这是偏离美国精神的,一切都为了钱、为了石油。尤其是枪支,有必要管理。想想看:每天都可能有人到学校去杀人,那多可怕?杀人的人都是有精神病的,一个人有了神经病就什么事都做得出来。

问:另外,学界都说您有“耶鲁情结”。请问耶鲁大学有什么令您着迷的方面?根据您在美国高校从事教育三十年的经验,您认为美国的高等教育有哪些主要特点?有哪些是特别值得我们国家的高校吸取和借鉴的?

答:说我有耶鲁情结?我还不知道。因为我大半生时间都在耶鲁度过,我只能说耶鲁。耶鲁有一个非常吸引我的地方——那就是我喜欢它的教学制度。我生来喜欢教书,尤其喜欢和年轻的大学生交流。而耶鲁给所有教授们一个很严格的规定:不管你的职位多高,你都必须给本科生上课。因此我每年至少有两门课是专给本科生开的。但我不喜欢教大班课,因此我的课一般要求学生不超过 20 人。我还喜欢讨论课,我把材料提供给学生,让他们阅读后讨论。而且,耶鲁严格实施通才教育,比如你学理工,也必须学文学。很多好学生喜欢来耶鲁读文科,因为它的校园里最有文科气息,最专注人文和艺术。耶鲁有戏剧学院、音乐系,这些跟文学都有密切的联系。从前在普林斯顿的时候,我觉得学校比较小,走到哪里人家都知道你。在这里,校园比较大,走到什么地方也没人知道你是谁,很好。

问:我注意到您经常写一些关于美国文化观察、中西文化比较的散文、评论、诗歌等,文笔细腻生动、淡雅清新、真挚优美,看了很让人有所感触。请问您所创作的这些散论与您的学术研究是一种什么关系?

答:我觉得两种写作对我都一样,因为我在搞学术的时候,也在进行创造性的阅读。美国有这样的分野,学者就是学者,作家就是作家。但我在 1993 年开始搞创作。当时我发现自己都快不会写中文了,于是下定决心,增强中文写作能力,开始学散文创作。有趣的是,我的学术论文大多是英文,而我的中文呢,主要用来搞创作。

问:您和哈佛大学汉学家宇文所安教授共同主编的两卷本《剑桥中国文学史》与以往的文学史相比有哪些特别之处?什么时候面世?

答:我们的文学史,基本上是有关文学的文化史(a history of literary culture)。另外,我们希望用讲故事的方法来讲文学史。主要针对英文的通俗读者。他们一般对于中国文学、中国文化懂得不多,但又想了解一些,所以我们的文学史主要是给这样的读者和学生看的。用的是一个讲故事的综合论述的方法,不是什么明清小说史,明清戏剧史,明清诗歌史等。它基本上按照年代编排,因为我们相信这样才是真正的文学史到目前为止,属于这一系列的《剑桥俄国文学史》、《剑桥德国文学史》、《剑桥意大利文学史》都已经出来了,而中国的还没有,我们就在做这样的工作。同时,我们也希望不要总是把政治和文学混而一谈。比如,一般的中国文学史,大多把政治的潮流和文学的发展等同,而我们认为,文学有自身的发展历程,这种发展有时和政治无关,和朝代也无关——因为你换朝代了,文学不一定跟着改变,文学改变了,也不一定要换朝代,这就是我们的文学视角。比如说 1404 年,这一年的文学发生了什么变化?这是永乐初年,是文人开始大写台阁体诗文的时候,而文学上又有《永乐大典》的盛事,但它并不是明朝的开始。当然,我们也不能说文学完全和朝代的变换无关。我们还是很重视朝代的,但只能说文学和政治有关,却并非等同。我们的重点是文学的发展,以文化文学史的角度来写的。至于什么时候出版?只能说愈快愈好。明年就要送稿了。

问:您一直注重美国与中国大陆和台湾的学术交流和往来,自己也身体力行地组织参加多种学术活动,开展多层次的文化交往和中华文化的传播工作。您曾证实耶鲁大学是中美文化教育交流的发源地,想必这些年您也以耶鲁为根据地,为中美文化交流、教育交流作出了不少贡献。1990 年,您和苏源熙(Haun Saussy)联合主持由 60 多位美国学者参加的一项美国汉学界前所未有的翻译工程:《中国历代女作家选集:诗歌与评论》。这项工程的意义是极为重大的,它使很多中国女性的作品得以进入世界文学经典的行列。请问您在传播中国文化方面主要的主张有哪些?都取得了哪些主要成果?

答:性别研究和交流。这和我个人受教育的背景有关系。我经常给中国人介绍西方的东西,给西方人介绍中国的东西,就是这样进行交流的。看起来我好像是一个文化交流的使者。我特别喜欢这个工作,能够对不同的人用简单明了的方法告诉他们一些东西。我喜欢用简单的方法,我相信如果你真的掌握了这个东西和观念后，你一定能用合适的语言把它表达出来，虽然道可道非常道，语言有时很难表达一些东西，但我仍然相信你还是可以找到一个清晰、简单的方法把它表达出来，这是我喜欢做文化大使的原因。除去中国大陆和台湾以外，我一向和瑞典的斯德哥尔摩大学很有交流，也经常和日本学者们有来往。最近，我跟韩国学界的交流也开始密切起来。值得一提的是，有一位叫申正秀的韩国学生（目前在西雅图的华盛顿大学读博士），他几年前把我的英文著作《六朝诗》（*Six Dynasties Poetry*）译成韩文，这也促进了我在韩国做文化交流的兴趣。

人文关切与生态批评的“第二波”浪潮

——劳伦斯·布依尔教授访谈录

编者按:笔者利用在哈佛大学访学的机会,于2007年10月对当代著名生态批评理论家、哈佛大学劳伦斯·布依尔教授作了访谈。布依尔教授是哈佛大学英美文学语言系包维尔·M.凯博特讲座教授,精研美国战前文学,是文学生态批评的先驱,2008年当选为美国艺术与科学院院士。其学术著作曾获得多种奖项如“沃伦书奖”和“凯渥尔蒂奖”等。布依尔教授先后求学于普林斯顿大学和康奈尔大学,1990年开始供职于哈佛大学至今,曾担任哈佛大学本科教学部主任(Harvard College Dean of Undergraduate Education)和英文系主任等职。主要著作包括:《文学超验主义》(1973)、《新英格兰文学》(1968)、《环境想象》(1995)、《为濒危的世界书写》(2001)、《艾默生》(2003)、《环境批评的未来》(2005)、《美国超验主义》(2006,主编)、《星球的多种色度》(2007,合编)等。

在这篇细致的访谈中,布依尔教授回顾了过去八年来的主要学术成就,评价了生态批评当前在西方尤其是美国的发展状况和未来的发展趋势;他肯定了人文学者的社会责任以及文学批评、教学与社会批判之间的互动,指出我们必须要观照环境史来推动文学史的重新语境化;他也指出了自己从19世纪美国文学研究朝向生态批评的转折点,明确指出《为濒危的世界书写》是其三部生态批评著作中最具代表性的一部,最完善地诠释了其批评立场。他认为,我们应该将文学史和话语,甚至所有的文本和人工制品都当做生态文本来阅读。他在近著中极力主张并致力于追究和批判各种不平等现象,因为这些现象严重危害了穷人、少数族以及其他被边缘化群体的健康和利益,为“第二波”生态批评提供了新的研究模式。

问：回顾过去，是什么引导您走上生态批评之路的？在您学术生涯一开始的时候，您是一个美国超验主义文学和“美国文艺复兴”方面的专家，在这方面出版了两种著作《新英格兰文学文化：从革命到文学的复兴》(*New England Literary Culture*: *From Revolution through Renaissance*, 1986)和《文学的超验主义：美国文艺复兴种的风格和视界》(*Literary Transcendentalism*: *Style and Vision in the American Renaissance*, 1973)。那么您为什么后来又转向生态批评了呢？

答：有这么几种因素影响了我。首先是机制性因素：1970年代晚期，在我的母校奥柏林学院(Oberlin College)启动了一个跨学科的环境研究计划。该计划的创始人都是研究科学和公众政策的。启动一个新的环境研究计划往往都是这样的。他们让我考虑开设一门人文方面的课程，作为这一计划的补充。结果就有了这样一门本科生课程：“美国文学和美国环境”(American Literature and the American Environment)。直到现在我还在教这门课，不过作了些许变动。

我发现自己非常喜欢这项新实验。学生们求知欲很强，热情活泼，来自不同的科系和专业，给这样一群学生教授这样一门很合时宜的课程真是一件令人激动的事情，而这又促使我考虑在这一领域继续做更加深入的研究并最终写出了后来的那些著作。因此，用另一种方式来描述这一早期的经验，学生的热情这一来自基层的影响、我的同事们作为一个集体对我的影响以及公众对环境日益关注这样的历史时刻等，对于我走上生态批评的道路都是至关重要的。而且在那时，第一个“地球日”和尼克松任内关于环境的那个里程碑式的国会立法也刚完成不久。

我的环境科学和政策领域的同事让我参与他们的计划而我也欣然同意的第二个原因是与我作为一名“超验主义”方面的学者这一背景有关的，超验主义运动当然就包括梭罗(Henry David Thoreau)，他现在被认为是预期并预告了现代美国环境主义的兴起。

第三个原因与我个人和家庭有关。我生长在美国东部的一个城市，我小时候那个地区大部分都是农村，但随着我逐渐长大，那里也发生了极大的变化：变得越来越都市化，越来越成为大费城都市区的一部分，从而也成为从波士顿一直延伸到华盛顿特区的人口密集的“东北走廊”的一部分了。

我父亲是当地规划委员会委员。他不得不处理土地使用规划问题，就是让卡森(Rachel Carson)十分担忧的那些问题，这些问题都与水质量以及环境退化的威胁有关。家庭影响和我自己对周围环境迅速改变的见证，无疑与我后来在母校对环境研究积极响应并积极参与是大有干系的。

问：似乎您更喜欢使用“环境文学研究”(environmental literature studies)或者“环境批评”(environmental criticism)而不是人们常说的“生态批评”，这是为什么呢？

答：因为我认为在实践中将人类区域和非人类区域截然分开是不可能的。尤其是今天，它们全都掺杂在一起，数个世纪以来，实际上几千年来，就一直存在着这种掺杂的状况。我并不是说对生态学所强调的大自然或者非人类世界漠不关心。实际上，在我的环境伦理中，我主张人类应该改变自身，增强生物中心意识，加大人类对世界上非人类物种的健康及其可能命运所负有的责任。“第二自然”(second nature)这一术语首次出现于两千年前的罗马，该词后来在19世纪以及后来的马克思主义思想中变得极为重要。因此，至少是在两千年前，西方世界的知识分子就已经开始自觉地意识到：随着人类改变其环境的能力的不断增强，人类世界和非人类世界已经变得交融掺杂在一起了。当然，所有生物都在试图改变它们自己的环境，但是，人类却有着最为强大的工具，而且我们也已经看到了结果。因此这就是我为什么更喜欢用“环境批评”而不是“生态批评”的原因了。

此外，对于构成这一跨学科环境研究领域的不同学科而言，“环境”这个形容词是更受欢迎的，至少对美国学者来说是这样。但我也知道，有的英语国家的同行们，譬如在澳大利亚，学者们就更喜欢“生态人文学科”(ecological humanities)这个词，以对应于“环境人文学科”(environmental humanities)。因此我不想将其一律教条化。此外，我也意识到需要对自己所使用的术语考虑得实际一些。“生态批评”很显然已经成为整个英语世界中指代我所做的研究的最为通用的简化式标签了。因此“生态批评”一词显然不会消失；实际上它很可能注定要成为总是适用于我——作为一个文学界的从事这方面研究的学者——的一个标签。但我想，对于那些文学界之外的同事以及那些倾向于使用诸如环境人文学者(environmental humanities)

等名称来描述我们的人来说，“环境批评”听起来更加合适一些。它听起来不像是我在假装是一个生态学家或者假装是一个生态科学家。但我这些解释或许是没有必要地过于详细了。它触及了一个一般性问题：跨越边界翻译术语的问题，不仅是学科的边界，而且也跨越语言的边界。几乎每一种开始走向全球化的新兴话语都会遇到这样的问题。随着新术语的周转流通，我们不可避免地也会遇到这种翻译上的问题。

问：感谢您作出这么清晰的回答。在当代，生态批评在中国也迅猛发展，尤其是21世纪开始的这七八年间。很多的文学文本和作家都被重新从生态批评的视角加以关注。而有些作家也对这一潮流作出积极的反应，在文学作品中植入并体现了很多生态因素或者环境意识。在理论界，很多批评家则从中国古代哲学或者宗教思想如老庄等的道家思想等中汲取生态文化资源，生态批评似乎会继续兴盛不衰并且在将来也将保持充足的动力。那么，请问目前在西方尤其是在美国，生态批评的发展趋势是怎样的呢？

答：我对这一研究领域的总结性分析就是：生态批评是一个迅猛增长但仍旧方兴未艾的研究领域，与五年之后相比，现在还是十分边缘化的。作为一个自觉的运动，生态批评也就只有十年多一点。学会（1992年在美国内华达成立 the Association for the Study of Literature and Environment，简称ASLE）及其第一次会议的召开都是1990年代中期。

问：您指的是1995年在科罗拉多大学举办的第一届ASLE大会吧？

答：正是。因此生态批评是仍然很年轻的。碰巧的是，今年在文学领域里所招聘的职位，将环境兴趣或者生态批评作为优先考虑对象的数目有显著增长。

问：这真不错！无论是对本领域的研究者还是对本学科的建构来说都是件好事。

答：是的，有越来越多的工作职位尤其瞄准了生态批评家，这确实是一个很好的兆头。但与广告的很多其他职位如“种族研究”、“性别和性学研究”等方面的职位数相比，2007到2008年间生态批评领域的职位数量还是相对较少的。不过，这种描述在某种意义上是具有欺骗性的。根据我的经验,无论一个工作职位是怎么描述的,具有生态批评方面的专长绝对是有优势的。在所有时期的英美文学史中,英文系都确实对在环境方面的某种专长很感兴趣,这种专长被当做是一种教学方面的优势,和/或作为一种研究上的优势。生态批评如果不是他们所聘任之人的首要研究领域,那也作为其次要的研究领域。我之所以这样说,是因为我在毕业生职位聘任中见到很多这样的例子:我跟他们一起工作,虽然他们主要不是生态批评家,但在这一领域内都有一些教学和研究上的经验。我想,这是本学科内这种方兴未艾的话语势力日增的另一个重要兆头。

问:根据您的观察,生态批评都有那些新的动向或者新的方向?它有没有什么问题呢?

答:宽泛地说,生态批评领域内最新的一种主要方向是对环境正义(environmental justice)问题的兴趣,尤其是对这样一种现象的兴趣:根据种族、族裔来区分的不同群体不同程度地受制于环境上的有利因素或者不利因素。这种歧视在美国被称作"环境种族主义",但它并不是环境正义中唯一的问题。更为宽泛地说,这种新的生态批评方向集中研究环境不公正问题,这与无论哪种社会不公正以及它们在文化史和社会史中的刻写方式,以及这些在文学话语和其他形式的文化话语中是如何被自觉对待的——正如在关于不论是都市还是非都市的地域的写作中——等都是息息相关的。这种环境正义的修正主义的一个例子就是一本叫做《环境正义读本》(*Environmental Justice Reader*)的批判性文集,它出版于数年之前,与早期的生态批评有两点至关重要的不同之处。首先一点也是最重要的一点就是,它的关注点往往是都市和工业化而非荒野和乡村地区。第二点也与此相关,目的是关注人类的健康和福祉,而非大自然世界自身的利益(只要谈论自主存在于我们之外的一个大自然世界是合法的——当然,说大自然自主存在于我们之外这一声明本身也是颇有争议的)。这里很可能在生态批评运动内部产生各种不同思想之间的对立:在以保护自然为优先考虑的环境保护主义取向和以人类利益为旨归的取向之间的对立和冲突。这种宗派之间的分裂被刻写在环境历史本身之中,这一点我们从美国在过去一百五十年间对环境关注的历史中都可以看出。最初保护大自然的动议首度定义了被看做是构筑起环境历史叙事之核心的东西。但我们也能够看到，与工业化时代同时来临的是一种以公众健康为导向的环境主义，这一运动关注的是清洁的空气、用水和充足的食物供应。环境史学家们现在开始将这两股力量看做是缠结在一起的，而第二股力量在本质上是与第一股力量同等重要的。

问：相对于第一股以自然为中心的环境主义力量，我们能否将第二股力量称为“人文主义”？

答：可以。第一股力量在其伦理上倾向于更加以生态为中心，而第二股力量则更加以人类为中心，在这一意义上是可以这么说的。我个人认为，为了人类的健康以及我们身居其中的世界的健康，展望未来，我们必须走两者并重的路子。也就是说，我们必须对这些领域加以协调，要认识到这二者的历史是不可分割地交缠在一起的。就像关注公众健康的环境主义一样，第一种环境主义——对大自然的经营和保护——直到工业革命开始才真正开始成为一种主要力量。

问：因为只有在那时他们才开始觉察到工业化给环境带来的巨大伤害。

答：正是如此。而我也怀疑如果你看看中国的历史，你也可以看到十分类似的现象。

问：是的，确实十分类似。在我们国家经济发展初期，我们并没有清楚地意识到这一点。但随着经济的进一步发展，我们开始看到了灾难：南方的洪水、北方的沙尘暴等等。于是我们才开始意识到环境保护的重要性了。

答：你刚才的总结也在很大程度上符合欧美历史上的环境意识的觉醒。

问：这确实是全世界都面临的一个问题。关于环境正义这个问题，在中国也得到热烈讨论。当我们思索环境问题的时候，我们就不得不考虑到社会正义、财富分配的不公正和贫富之间——我指的是不仅仅是穷人和富人之间，也指所有层面上的贫富，包括贫困阶层和富有阶层、穷国和富国之间——的两极分化等等问题。您是否认为这些是生态问题的根源呢？有些环境保护措施看上去极为可行和有效，但实际上却常常无法在发展中国家真正实施，这往往是因为对发展中国家中的人们来说，最首要的是如何生存下去。

答：正是这样。我认为发展中国家在这一方面面临着一个特殊的挑战，因为每个国家（这里不仅仅指中国，也指任何处于同样情形下的所有国家）都想为自己的百姓提供合情合理的健康标准和舒适。而这就需要有某种经济增长的动力，这种经济增长动力又总是有跑得太快的巨大危险，因为它认为环境是无限度地安全的。任何跑得过快的东西总是会产生某种出人意料的后果的。当然，任何人类行为都会产生意想不到的后果；但是，速度越快，就越有可能受到意想不到的后果的惊吓，甚至被其吞没。组织社会学家佩如特（Churls Perrot）引入了"正常事故"（the normal accident）这一概念。他举的例子是高科技，尤其是核技术。但这一观念是可以被普遍化的：机器越是精巧、复杂、高速运转，我们就越能够准确地预测它必将会发生事故。我将这一概念普遍化于任何发展迅速的经济案例中去。快速发展的欲望是可以理解的。这里面有令人激动的因素，甚至有十分高贵的因素，但是，这里面也有极其危险的因素。

问：是的。但这只是问题的一方面。问题的另一方面是：富国应该如何帮助解决这些环境问题并促进全球生态的健康发展。

答：我对这一点是有所保留的。但当我这样说的时候，你必须要理解，我并不是作为一个专家来发言的。我是作为一个意欲成为一名世界公民的人（根据我对此的最好的理解）来说话的。我想，我们所需要的东西是十分清楚的。不清楚的是如何去完成它。我们需要的就是：在全球范围内基于所有层面的资源的人均消费和社会消费的一个更加平等的分配体制。这是其一。另外我们也需要改善世界管理体系，这一新的世界体系尤其不再那么严重地受到美国的政治军事意志的宰制，也不再那么严重地像现在这样受到传统经济霸权的控制。那么我如何才能实现这一目标呢？我不会虚伪地说这是一件很容易的事情，因为富国不见得情愿放弃它们的既得利益和优势，而那些政治霸权们也是如此。如今的世界深受下面的局势所害，程度之深，令人咂舌：政治霸权和经济霸权通过国家自主、通过在全球范围内的经济力量施行的权力而得到了加强和建制化；这些全球规模的经济力量受控于数量有限的公司和跨国监管机构（transnational regulators），而这些机构本身就常常受到公司的控制。这些政治权力和经济权力的集中化（亦即那些大公司)需要受到更好的遏制,也需要比目前的样子负起更大的责任。如何确切地做到这一些是一件困难的事情。试图去解决或者遏制一个较为地区性的不安定局势,就已经足够困难了,譬如朝鲜问题。而当我们谈论在未来创建一个更美好的全球性环境时,那就真是一件十分艰巨的任务了,而我也不会假装自己能够提供什么灵丹妙药。我只会说,我们必须要这样做。

问:在目前,我认为学术界最迫切的任务就是要著书立说、教授相关课程以提高学生和公众的环境意识,公众将会逐渐认识到环保的重要性,而不是假装什么都没有发生。公众意识的觉醒是十分重要的。

答:完全正确。这就是人文学者所能做的最好的事情,也就是提高公众觉悟,通过教育、通过公开发言之类的努力,以使读者持续地关切环境,让这种关切时刻位于公众的议程上。人文学者尤其要能够就下列议题发言:关于生命的平等、关于价值和正义等问题、关于美以及内在的幸福(well-being),而非仅仅是物质性的幸福。当我说幸福这个词时,我指的不是经济上的富裕,我指的是一种对自己生活方式的内在的宁静感和正确性的感觉。我还想补充一点:如果理解正确的话,那么这种幸福观并不是简单地让一个人凡事都与世无争、离群索居,而是同时也要关心他人的幸福。

问:很好,我们这里正好接上下一个相关的问题。我们谈到了学术界知识分子的责任问题以及我们应该做些什么以保护环境。我们也不得不帮助改变人们的行为方式和经济发展模式。因此在某种意义上我们已经不仅仅是文学批评家了。那么,就生态批评而言,我们该如何去调和文学研究与教学和社会批评这两种颇有差异的任务呢?

答:因为时间关系,我只能给这个复杂的问题一个简略的回答。我的答案的第一个阶段似乎很清楚:我们必须要重新语境化(re-contextualize)。我们必须要参照环境的历史,推动整个文学史(从开端一直到现在)的重新语境化,要将每一个表达性行为(expressive act)看做是被置于(在一定意义上说)某种物质环境中并具有某种潜在的寓意——在其环境伦理中,甚至也在其可展示的、后来对环境的态度中。我们在研究整个文学艺术史的时候,必须要期待,甚至要确信:它预示着环境状况的某些后果,或者提供了一扇某种理解或者启蒙的窗户,有时候则成为某种促使有关环境的态度、政策等发生变化的能动体(agent)。在西方文学想象的历史中,我们可以追溯到现存最早的主要文本——苏美尔史诗《吉尔迦美什》(*Gilgmesh*),它已经存在了有三千年了。在生态批评对其进行重新检视之前,这部史诗以不太为人所知的方式集中叙述了农牧交错时期的一场革命,也就是从游牧生活方式到西南亚定居文化的转变以及此后由于该地区的森林被毁和沙漠化而造成的种种后果。因此,该文本就成为关于环境变化的某种寓言。而在盎格鲁-撒克逊人的史诗《贝奥武甫》(*Beowulf*)中,战士的大厅是安全的,而与此相对,荒漠沼泽——也就是传说中的沼泽居所——则是令人恐怖的。我们同样也可以从中得出类似的结论:该文化对"未被驯服的"荒野是十分厌恶和排斥的。这只是寥寥数例而已。但我认为我们有责任参照环境史和关于环境的话语来重新阅读文学史和文学话语:我们应该将文学史和文学话语当做生态话语来读(eco-discourse)。你自己也提到像老子、庄子等中国古代思想家们的潜在的重要性。我认为很多文化传统都可以为此作出贡献。而这对当代生态批评家来说也是一种挑战或者负担。从传统上看,文学学者都是从一两个国家档案中获得一些知识,用有限的语言学知识进行研究。在我们扩展档案这一工作的不断前进过程中,更多地掌握世界各国的语言和翻译工作都将是至关重要的。

问:从我们上次在北京见面到现在,您在您的研究工作中又取得了重大进展,出版了四部有关环境批评和美国超验主义的十分详实的著作:《爱默生》(*Emerson*,2003),在其出版当年为你赢得了著名的"沃伦—布鲁克斯杰出文学批评奖"(Warren-Brooks Award for outstanding literary criticism);《环境批评的未来》(*The Future of Environmental Criticism*,2005);《美国超验主义者:基本著作》(*The American Transcendentalists: Essential Writings*,主编,2006)和《星球的色调:作为世界文学的美国文学》(*Shades of the Planet: American Literature as World Literature*,与 Dimock 共同主编,2007)。另外你也撰写了很多论文。能否请您简略地总结一下您最近在这一领域内的理论成就或者理论发现?读者们很想对您多些了解,因为即使是在全球化和互联网的时代,您的新作在中国也很难看到,即使翻译也常常要滞后数年之久。我想很有必要请您直接对中国的读者谈谈你的新理论或者新发现。

答:我最近关于爱默生和超验主义的著作,更加普遍地反映了我对19世纪早期美国文学诞生时期的历久不衰的兴趣,尤其是对美国超验主义——爱默生、梭罗、福勒(Margaret Fuller),以及其他一些属于这个圈子或者与它有关的作家,其中最著名的包括惠特曼(Walt Whitman)、霍桑(Nathaniel Hawthorne)、梅尔维尔(Herman Melville)等。我的博士论文就是关于爱默生的,写于1960年代晚期;我的头两部书都是关于这些超验主义者以及他们的文学活动和更为普泛的历史活动的。但是,在我至今仍在继续研究的这一早期兴趣,和我晚近的生态批评著作之间,至少存在着两个密切的关联点。首先也是最宽泛的一点,我深受这些“经典的”美国作家的吸引,主要是因为他们作品中文学、哲学反思和社会预言的混杂并存。他们中没有一个是与世隔绝的单纯的唯美主义者。其次,也是更加具体的一点,他们中的有些作家——尤以梭罗和爱默生为最——对大自然状况和命运的兴趣,对人类与非人类世界之间关系的理解等,都让我十分着迷。这里我们看到我后来转向生态批评的智性开端,也可以看到我决定将我三部生态批评著作中的第一部《环境的想象》的中心定位于梭罗这一形象和自然写作(或者我所谓的“环境写作”,我更喜欢用一个更具扩展性的词语)之上的深层逻辑。

至于我作为一个生态批评家的研究工作的发展,可以这样说,在我关于这一主题的三部书中,我试图暂时性地勾勒出一个路线。说到这里,请让我即刻指出一点:我把自己看做是一个个体的声音,是很多声音中的一个;而且,随着生态批评已经从一个只有数十人组成的细胞核迅猛发展为一个世界性运动,其研究者人数有数万之多,因此,想让任何一个人对其性质作出综合性说明,就变得越发困难了,更不要说要指出其未来的发展方向了。在1980年代晚期和1990年代早期当我撰写《环境的想象》时,我一直想知道到底有多少同事和学者对我的研究真正感兴趣。到现在,我的问题却反过来了——我越来越感到无法跟上所有重要的新著作的步伐。虽然如此,我还是尽了最大努力,使我的每一本书都成为一个个体的干预,试图去探讨一系列我认为生态批评家们需要思考的至关重要的问题。

那么,我的研究思想和研究方向是如何变化的呢?首先,它背后的环境美学和伦理变得更加复杂了。《环境的想象》(1995)主要是一次思想实验,它检视了文学(以及在相对较小程度上的其他艺术)或许能够比人类规范(human norm)更"生态中心地"或者"生物中心地"进行思考的程度。我那时就相信,而且直到现在也相信,这样一种伦理上和美学上的价值重估对于我们星球的存活将是很有必要的。但对这一研究的追求,导致我对我所认为的"环境文本"采取了一种太过于局限的观点,因此在实践中,我将我的研究领域过多地局限于有关人类以外的世界(other-than-human)的写作,以及自然写作和自然诗歌等文体。我甚而至于质疑,是否长篇小说、是否一般的小说,都恰当地适用于在我所使用的严格意义上的环境表述。此外,《环境的想象》太过于狭隘:它固执地认为,带有应有的自我意识的表述性现实主义(representational realism),就是探讨环境问题的最好承载工具;而与之相对的则包括虚构性模式如所谓的魔幻现实主义、主观抒情小说或者推理小说等。我之所以采取了我现在的研究路子,是因为我相信而且也一直相信:一方面需要容许后结构主义理论对所谓"幼稚的"现实主义在认识论上表示的不信任这种怀疑主义,另一方面也需要对这样一种整体化立场加以驳斥。但是,我所描述的这两种简略方式的结果,都促使我去修改我在第二本书《为了濒危的世界而写作》中的批评框架,而我的第三本有关生态批评的书《环境批评的未来》则进一步廓清了这一框架。

我认为,《为了濒危的世界而写作》是唯一一部对我的批评立场所作的最好的、最完整的陈述。我希望在将来它的知名度超过《环境的想象》——较旧的因此也是最为人熟悉的文本;也超过《环境批评的未来》,因为我认为它更像是一部为生态批评的新手所写的实用手册,在写作这本书时,因为有强制性的字数限制因而我的论述必须要极其简略。《为了濒危的世界而写作》与以前的同类书籍的最大不同之处在于,它声称所有的文学以及其他的创造性人工制品(不论它们是什么文体风格),原则上都是环境文本(environmental texts);它同时也将过去两个世纪间的环境主义美学话语历史的特点,描述为保护大自然的环境主义(nature-protectionist environmentalism)和公众健康环境主义的共同演进。因此,对于作为生态批评家的我来说,有关城市和市郊化(suburbanization)的文学是与有关花园、乡村和荒野的文学同等重要的。就生态批评方面而言,这有助于形成一个比《环境的想象》更加丰富而开阔的文学史视野和一种更加复杂的环境伦理。有关后者，我在早期的题为“有毒的话语”(Toxic Discourse)的那一章中就讨论过，后来我又继续对其进行深入的研究，试图为我在《环境批评的未来》中所称的“第二波”生态批评提供一个模式，也就是致力于追溯臭名昭著的不平等之根源的一种生态批评模式，这种不平等不成比例地给穷人、少数族裔以及其他一些被边缘化的人群带来了健康方面的危险。我在这里有一个更为宽泛的论点(很多人认为这一点是很有争议的)：在我们这个日益全球化的世界上，由于全世界所有人都分享一个日益共同的环境，世界上所有人的状况和命运也就都互相交织在一起了，那么原则上讲，没有什么地方具有环境上的免疫力，可以免于种种悲惨状况，虽然社会上的失败者因此而遭受的痛苦最为厉害、也最令人震惊。

我可以就我的理论观点多谈一些，但我怕我的回答已经太长了！

问：好的，那我们继续谈下一个问题吧。从您提供的简历中，我知道您现在正在写两本书：一本是关于“伟大的美国小说”的文化和批评史(A Cultural and Critical History of “The Great American Novel”)，另一本是作为生命和生态存活之必需品的环境自传(Environmental Autobiography as a Necessity of Life-and Ecological Survival)。能不能请您就这些在进行的项目多谈一点？它们的主要思想是什么？什么时候能够完成？

答：让我集中回答一下第二个问题，因为那个关于美国小说的项目与我的生态批评没有什么直接的联系。最近几年里，有一个现象变得十分普及，这给我造成了很大的触动。这一现象就是：无论是当今这一历史时期还是在历史上，在关于自然环境方面的写作上以及在生态批评作品中的自传性转向(在英语世界里，后者被称作“叙述性学术”[narrative scholarship])。我尤其感兴趣于环境作家们是如何创造出叙述、记忆、私人见证以及有时候也有集体见证(譬如，以一个社群的声音说话)的力量的，是如何戏剧性地刻画地域维系(place-attachment)，如何戏剧性地刻画(随着时间推移而逐渐降临到某个社群的)对环境的盘剥或者环境退化的，如何戏剧性地刻画在与大自然建立起联系或者重建联系后恢复创伤或者疾病的力量的。我还无法预见这本书将如何组织——或许可以按照文类风格，但它靠的是我对自传体写作(包括对自传的虚构性模仿)的长久兴趣，以及我在课堂上对自传进行的实验：在我定期教授的一门课程中，我要求学生写一些有关地域的个人叙述。

问：这里有一个相关的问题，根据最近发表在《哈佛在线公报》(*Harvard University Gazette Online*)上的您的一篇访谈，您“目前在追溯‘伟大的美国小说’这一概念的历史，从19世纪中期直到当今”。就我个人的理解，追溯也就是重新发现，同时也是一种建构。请问您建构这样一种经典文学传统的目的和意义是什么呢？您是否有意要建立起某种美国的文学经典？您认为什么样的小说称得上是伟大的“美国小说”？伟大的标准都有哪些？这难道听起来不是带有一些民族主义色彩吗？该词自19世纪中期、美国内战以后就变得流行起来。在建构美国伟大小说的过程中，您是否也会考虑美国少数族裔如美国土著人或者亚裔美国人的写作呢？

答：这是好几个大问题，我将十分简略地进行回答。因为我的《伟大的美国小说》一书只是在很有限的程度上是一本有关生态批评的书——它只是将美国社会—空间地理(socio-spatial geography)的特性、区域化和气候等纳入考察范围内。在一个层面上，这本书确实是某种民族小说史，它将按照四五个不断重复出现的模板或者结构模式组织起来，这些模板似乎深受那些力争要成为“民族”小说家的作者们青睐。但是该书决不是要被设计成在其本性上首要地是民族主义式的，尽管它也会承认：大众梦想背后那种似乎永不消亡的热情(现在已经有近一百五十年之久了)——要看到“伟大的美国小说”被写出来——部分地因为民族主义而得到进一步的加强。但对这一问题采纳一些相反的观点将是更准确的。(1)伟大的美国小说的魅力，部分地来自一种关于民族文化上的自卑感(尤其是相对于英国和欧洲这个“旧世界”)。(2)最容易经常被当做“伟大的美国小说”的候选者的书，都是有关失败的，譬如麦尔维尔的《白鲸》和菲茨杰拉德的《伟大的盖茨比》——这些小说对美国生活的描写都是极其令人难堪而不是赞美的。(3)伟大的美国小说这一观念并不完全是专门探讨美国文学的。在其他地方也有其他版本的“伟大的民族小说”，譬如在某些拉丁美洲国家中。因此，我并不将我的项目严格地看做是一个关于美国的项目，而是也有着一种比较的维度在里面。

问：自从我来到美国，最让我吃惊的事情之一就是这里对资源的浪费：水、纸张、电、汽油、食品……虽然这里到处都贴着醒目的呼吁节约的标语像“要废物回收！”“节约能源！”“节省能源！”等。您认为这里的民众是否应该改变他们的生活习惯以节约能源呢？而公众又是否乐意放弃他们的舒适和方便去过一种更加节俭和可持续的生活呢？我认为，唤醒公众的环保意识在世界范围内仍旧是一个十分艰巨的任务。

答：有些美国人确实比另外一些更节俭一些，但一般而言，你的观察是很正确的。在口号和行为之间存在着天壤之别。我将这种现象称为“环境矛盾想法”（environmental doublethink）。我们只能通过立法，更加严厉地施行罚款，并针对使用资源的不同程度而实行不同的价格等措施，以促使人们遵行必要的节俭行为，除此之外我看不到别的办法。譬如，在我所居住的城市里，那些用水多的人，他们的水费就要高得多。这种政策需要更加严格地实施。但宣传口号仍然是有用的，不应该被撕掉。没有这些口号，局势有可能变得更糟糕。我这里的基本观点是，在“自由市场”运作的语境中，光有道德劝说是远远不够的。

问：您已经提到您的父亲是一位城市土地规划者，而您的母亲玛奇（Marge）是一位著名的动漫画家，甚至现任哈佛校长福斯特女士都曾是她创造的露露形象的狂热“粉丝”，您的哥哥也在一所大学任教，是一个文学批评家。您能否说说你的家庭对您的文学研究的影响？

答：我在前面已经谈到了我父母对我早年生活和我性格的形成所产生的最重要的影响了。我哥哥弗雷德里克有关环境的价值观与我的十分近似，我十分珍视我们多年来的交流。他是一个文化全球主义领域的学者，我从他身上学到了很多东西，尤其从他的《从启示录到生活之路：美国世纪的环境危机》（*From Apocalypse to Way of Life*: *Environmental Crises in the American Century*, 2003）这部优秀著作中获益良多。

透视文化、重构历史

——新历史主义的缔造者斯蒂芬·格林布拉特教授访谈录

编者按:斯蒂芬·格林布兰特(Stephen Jay Greenblatt,1943—),当代著名的文学批评家、理论家,新历史主义批评流派的创始人(其所开创的批评性理论实践也称“文化诗学”),著名的文艺复兴时期研究专家和莎学家,自1980年代初期其理论开始在全球文学和文化理论界产生巨大影响,专著、编著十余种。1964年获耶鲁大学学士学位,1966年获剑桥大学硕士学位,1969年获耶鲁大学博士学位,现为哈佛大学约翰·科根讲座教授、美国艺术与科学学院成员。主要著作包括《炼狱中的哈姆雷特》(2001)、《诺顿英语文学文集》(2000,总主编之一)、《实践新历史主义》(2000,与Ballagher合著)、《诺顿莎士比亚文集》(1997,总主编)、《接触新世界》(1993)、《莎士比亚式的商讨》(1988)、《文艺复兴自我型塑》(1980)等。2004年出版的《俗世威尔——莎士比亚新传》是他将理论性学术研究和文学创作相结合的典范,连续九周位列《纽约时报》畅销书排行榜,引起学界极大反响。国内有中译本出版。

2008年春,笔者在哈佛大学对格林布拉特教授作了深入的访谈。他回顾了学术生涯中所受的形式主义、传统马克思主义和后结构主义的影响,以及自己是如何逐渐介入莎士比亚研究并异军突起的;作为著名的《诺顿文选》第二任总编辑,他清晰地指出了诺顿文选和英语文学经典的建构和重构之间的关系,以及文选使用者在经典建构中的作用、经典的筛选机制和其中的商业因素等;他也谈到自己对缔造文化理论体系和重新阐释莎士比亚、文学批评与政治活动主义的关系的新认识以及对“历史的文本性”的阐释和澄清等。最后,他对中国学界对新历史主义的批评和质疑作出了认真的回应。

问:格林布拉特教授,首先请您谈一下您在学术追求过程中所受到的影响,譬如说,您从维姆塞特(William Wimsatt)、吉尔茨(Clifford Geertz)、威廉姆斯(Raymond Williams)、福柯或者其他的理论家或作家那里所受的影响。

答:我最初所受的影响,是 20 世纪中期兴起的美国形式主义。紧接着 I. E. 瑞恰兹之后,1930 年代和 1940 年代的一群批评家,包括维姆塞特、布鲁克斯(Cleanth Brooks)等,建构了对文学文本进行形式主义研究的一套方法。这种方法与俄国形式主义,也就是什克洛夫斯基(Shklovsky)、特鲁别茨柯依(Trubetzkoy)和雅各布逊(Jacobson)等,也有很多关联。在美国,这一路数不是呈现为理论上的缜密严格,而是批评上的缜密严格,也就是说,你尽量多地限制参照周围世界,只去思考艺术品的内在结构,只去思考文本自身。你也尽可能通过纯粹观察其内部结构,去理解撰写于某个特定历史时期的作品,是如何能够继续吸引不同时期和不同文化中的读者的。我于 1960 年代在耶鲁大学在这方面接受过十分严格的训练。

而后,在 1960 年代中期,当我第一次去剑桥时,我就遇到了似乎与这一路数极为不同的批评方法,这一另类方法尤其体现在马克思主义文学批评家威廉姆斯的讲座中。尤其让我难忘的是他所作的有关 17 世纪文学和清教主义的那些讲座。他在演讲中,深入探讨经济学和阶级斗争等问题,以加深我们对弥尔顿等作家的理解。在此之前,我从未听说过这种文学批评方法。在此基础上,我读了阿尔图赛和本雅明的作品,也读了很多其他西方马克思主义者的理论。

之后在 1970 年代,当我在伯克利开始教学时,我和所有人一起经历了后结构主义的引入,起初是通过哈特曼和保罗·德曼以及不同分支上的米歇尔·福柯,那时的福柯已经开始造访伯克利了。另外还有米歇尔·德塞都(Michel de Certeau)——他是一个杰出的人物,对我影响极大——和另一位出色的法国批评家路易·马汉(Louis Marin)。

问:那么,您是如何对莎士比亚感兴趣的呢?众所周知,已经有不计其数的学者在研究他和他的作品了,不但是在英语国家,而且在世界上很多别的地方譬如中国。通常情况下,一个学者会选择一个被关注相对较少一些的作家作为学术上的突破口。但您却将目标瞄准了早已著述繁多而且人才济济的莎士比亚研究领域,而那时您的研究方法也并非多么新颖,原因为何?

答:我一开始时也没有研究莎士比亚。我在读大学时研究的是现代英国讽刺文,我那时出版了一本关于三个20世纪英国讽刺文作家的著作(《三个现代讽刺文作家:沃、奥威尔和赫胥黎》[*Three Modern Satirists: Waugh, Orwell, and Huxley*, 1965])。在我读研究生时,我又撰写了一些关于莎士比亚的同代人沃尔特·雷利爵士(Sir Walter Ralegh)的文章。之后在1980年,我写了一本题为《文艺复兴自我型塑》(*Renaissance Self-fashioning: From More to Shakespeare*)的书,那是我第一次撰写关于莎士比亚的文章,但只占该书六章中的一章。

为什么一开始我要回避莎士比亚呢?你说得对,部分原因是因为莎士比亚研究领域的成果已经汗牛充栋了,很难说出什么新鲜东西;也是因为很多研究都是按照莎士比亚的同代人本·约翰逊的模式来进行的,这一模式就体现于出现在第一个对开本的著名诗句上:莎士比亚"不是属于一个时代,而是属于所有时代的"。这一研究模式完全排除或者预先就排除了任何此类的企图:要理解在某个特定的时间和地域属于某个时代到底意味着什么。因此,莎士比亚研究似乎距离我在1960年代晚期和1970年代越来越感兴趣的事物十分遥远,我那时的兴趣在于:如何不但要参照其外部环境而且也要联系其历史时期去理解一个作家。因此,直到1980年我才出版了一本含有一章关于莎士比亚的书;之后我又写了一部关于发现新世界的书,也不是专门讨论莎士比亚的。我当然也对莎士比亚的作品有所关注了,但直到我职业生涯较晚些时候,我才决定直接研究莎士比亚。有这么几件事情使得这一转向成为可能。

一是我越来越清楚了我自己想要做的事情;其次,我最终认识到:即便莎士比亚是这些作家里面被研究得最多的,这一领域也是我所谓的"社会能量"所积聚的地方。我的意思是说,对莎士比亚有着巨大的精神投资和想象力投资,因此,如果你不能就莎士比亚发表一些强有力的见解,那么,似乎这整个事业都或许不值得进行下去了。

我不应暗示说莎士比亚是他那个时期唯一著名的作家。在《文艺复兴自我型塑》中,最长的一章是关于托马斯·莫尔(Thomas More)的。当我在

1980年去中国的时候，让我感到大吃一惊的是这样一个事实：几乎我遇到的每一个人，都至少知道莫尔的《乌托邦》(*Utopia*)中的一个句子："羊吃人"。他的著作肯定是学校课程设置的一部分吧。

问：是的，我们确实都在学校里学过莫尔的乌托邦思想。现在，您已经接替著名文学理论家艾布拉姆斯(M. H. Abrams)，成为有着四十三年历史的《诺顿文选》的第二任总编辑了。这无疑是一项极为重要的工作，也意味着您要承担巨大的责任。当然，您作为总编辑会有很多自己的设想和考虑，我这里只想问一个问题，也就是经典的构成和重构(reformation)的问题。你是如何重新型塑或者重构经典的呢？在经典重构的过程中您都采取了哪些措施呢？

答：在回答你的问题前，我先给你讲一个故事。多年之前，一个规格很高的中国学术界代表团去了加州大学伯克利校区。他们观摩了我和另一位教授一同讲授的课程——"西方文学经典"。几位中国学者问道："谁来规定经典呢？谁来决定西方文学课程的经典是哪些呢？"

他们说，在中国有一个中央机构来决定哪些应该是经典。他们想知道的是："在美国，是每个大学都有独立的类似机构呢还是政府或者其他什么部门有这样一个类似的集中性机构来规定经典呢？"我那位同事是这样回答这些中国学者的："在美国，没有任何人规定经典：它就存在于书店里。"那时，这个回答对我来说似乎是荒谬的，因为它并不是仅仅存在于书店里；但从另一方面来说，我也不完全理解经典是如何形成的。它当然绝对不是由某个中央政府部门或者一帮决定文化政策的官僚来规定的，也不是由某个个人或者任何大学甚至任何院系的某个委员会来规定的。但现在，由于我亲身参与了《诺顿文选》(*Norton Anthology*)的工作，作为业内人士，我也就清楚了经典是如何产生的。可以这样说，在某种程度上英语文学的经典是由诺顿来型塑的：《诺顿文选》虽然不是唯一的型塑力量，但或许是经典形成的最具影响力的决定因素。

因此，首先，我那位同事所谓"书店形成经典"的回答听起来尽管幼稚，但实际上从某种特定的视角来看反而是正确的。也即是说，经典被持续不断地修改，这一事实关乎书的销量，因此也就关乎那些订购书籍的教授和使用书籍的学生实际上想要的。对于出版商美国诺顿图书出版公司(W. W. Norton)而言,该文集是其主要业务的一部分。如果该经典——我们必须要清楚,这里的经典不仅仅包括特定文本的选择,而且也包括围绕这些文本的"配套设施"——不合使用者的口味,那么,这本书就没人买。因为还有各种其他的文集或者文选在与之竞争。

在我做《诺顿文集》总主编之前很多年,诺顿就知道,要想保持成功,不能只是连续不断地印刷一成不变的书籍,而是要积极地作出改变。一个健康的文学经典总是一个流动变化的进程,当然,不能是彻底的变化,因为如果人们每年都捧着一本完全不同的经典的话,他们甚至都没法教授他们的课程了。因此问题就是如何去修改。早些年间,诺顿的总主编艾布拉姆斯就明白:修订不能主要通过总主编及其身边的编辑们来完成。修订是不能简单地通过上级命令来完成的。归根结蒂,真正重要的是千千万万的读者和教师们。因此诺顿早些时候的做法就是向用户定期发出十分详细的问卷。这无论从时间还是资金来说都是十分巨大的投入,而且他们是持续不断地做这项工作。对文集中的每一件作品,问卷都不但向老师们提出"你想要这首诗出现在文集中吗"这样的问题,而且还要进一步问:"你是否使用它?你是否定期地讲授它?你是否偶尔讲授它?你的学生对它有何反应?你是否不教它但喜欢它也被包括进书中?你是否愿意用其他作品替代它?"等等问题。在文集中有成百上千的选文,再加上所有那些可能的替换性作品,所有这些作品都要被十分认真地加以重新考量:该作品被教授的频率是多少?被谁教授?其结果如何?这些问卷调查,汇总了数量巨大的信息,这些数据先是被对照比较,之后送给我和负责该书不同时代的各个编辑们。我们将这些数据加以分析,以便决定哪些管用,哪些不管用。如果我觉得某件特定的作品(比如说马维尔[Andrew Marvell]那首很长的17世纪诗歌《阿普尔顿庄园》[Upon Appleton House])十分出色,但是却没人教授它,那么就没有理由坚持将其留在文集里;如果你不使用它,那么无论如何都不会有人去读它。但即使它被从文集中删掉了,也并不意味着它就完全消失了。我可以将它放到网上,以便那些仍旧喜欢教它的人(就像我)可以继续使用,即使它不会被包括进印刷版的文集里。

还不止如此,我如果有自己的想法,我就可以将这些想法付诸于对文集中作品的选择。譬如说,如果我想在文集中选入莎士比亚的《李尔王》而不是《亨利四世》第一部分,那么我就选《李尔王》好了。但是,我总是不得不牢记:只有当成千上万的教师能和我一样布置阅读这些文本并教授它们时,这样的选择才有意义。所以,有时候当我们尝试某些事物而它们没有奏效时,我们就必须要改变思路,要将那些文集的使用者的强烈愿望纳入考虑的范围之内,采取进一步的行动。无论如何,这就是我们选择作品的大致过程。

要说这一过程是民主的那是不公平的,因为我们没有搞什么投票,我们没有让学生们投票表决哪些作品应该"胜出",哪些作品应该被淘汰。我们致力于选出一系列的文学作品,从最早的文本直到当代作品。但我们能够做到的,就是及时细致地记下各种压力和不同兴趣——尤其是新出现的兴趣——这方面有很多了:譬如说女性文学,或者英语后殖民写作等等。现在书中有很多作家都来自于加勒比海地区、非洲和印度等地,因为就像汉语以及其他为数不多的几种语言那样,英语实际上已经成为一种世界性语言了。人们虽然没有居住于英国或者美国的地理空间内,却依然用英语写出重要作品来。这些来自尼日利亚、牙买加、印度、南非以及其他很多地方的优秀作家,在《诺顿文集》的 20 世纪和 21 世纪部分中所占的比重也就日益增多了。

如果我们只在学生中作调查,那么或许他们想要的几乎全是现代文学,如果按照他们的思路来做的话,就跟目前的文集完全不是一回事儿了。毋庸置疑,我们一直致力于尽力保持整套经典的活力,但这只有在教师和学生都愿意沿着这条路走下去的情况下,我们的努力才能奏效。我们想方设法去达成一种平衡,我们也必须对使用者的需求具有高度的敏感性。另外这里还有一个问题:人们想要包括进经典中的作品,与他们在课堂上实际讲授的未必一致。譬如,要求将早期的妇女作家包括进文集的呼声十分高涨,但麻烦的就是,这些 17 世纪、16 世纪甚至更早一些的妇女作家的作品都十分难读。因此,如果你把 17 世纪早期女作家伊丽莎白·凯瑞(Elizabeth Cary)的一个戏剧《玛丽叶目的悲剧》(The Tragedy of Mariam)收入文集,你会发现人们很高兴我们作出这种选择,但是他们却不教它。因此你不得不琢磨一下该怎么办。我们的一个竞争对手《朗曼文集》将凯瑞的这部十分难读的戏剧整篇收入文集，但他们也很清楚地发现没人读它，因为到下一版的时候他们就将其抽掉了。

在目前的安排中，《诺顿文集》就像经典自身一样，受制于有限的容量：你的课程设置有多少时间？一本书在形体上可以有多大？当然，如果这个世界最终完全走上网络出版之路的话，境况就将截然不同了，但目前我们的情形实际上是分类筛选的。如果我们加进了一些新东西，就必须拿掉一些东西。拿掉的东西却也不必就此消失，它可以上网；但很难使其出现在印刷本中，而印刷本仍旧是帮助人们教授相关课程的最基本的指导。

问：十分感谢您这么具体细致的回答，这是个很重要的问题，我也就此访问过好几位著名的文学理论家。说到您最引人注目的学术成就，我想你至少在两个领域内作出了杰出的贡献：新历史主义的缔造与对莎士比亚及其作品和时代的另类阐释。但您似乎更满意于做一个批评家和理论的践行者而非一个理论创始人，这是为什么？在你自己看来，你对文学研究和文化研究的最大贡献是什么？

答：说实话，去建构一套与某个具体历史境况、文化境况或者人类学境况的材料根本无关的完全抽象的理论，我自己对此是不大感兴趣的。我更感兴趣于应用理论，或者说实践。由于我本来就是一个比较务实的人，我想只有当一个人的理论性思想被应用到实践中去的时候，它们才是有趣的。

至于我自己对文学领域的贡献，我不习惯声称自己做出过那些成绩。但我希望我已经帮助形成了一种思考方式，也就是对于似乎是某种悖论的东西的思考方式：莎士比亚以及任何一位我们所知的作家，都存在于一个特定的文化、时代和地域中，都存在于一个十分具体的环境中，但是他们却仍旧吸引着我们，尽管我们的历史境况已经大相径庭。我不会声称是自己创造了对莎士比亚的一种历史性研究方法——对莎士比亚的历史性研究方法一直就有，就像对其他作家也有这种研究路数一样。我前面说过，我所受到的形式主义训练敦促我去忘掉作者生活于其中的历史环境，唯独去专注于作品的形式结构和安排。但另一方面，历史性批评家——不论是马克思主义者抑或是经验主义历史性批评家——这些旧历史主义的实践者们说：不对，我们必须要重构并重新定位作家自己的时代和地域，而我们现在的美学效果却是无足轻重的。新历史主义试图要做的,也是我想要做的,就是要在过去的历史情形和我们现在的情形之间,商讨出一个更为复杂的辨证关系。从根本上来说,这就是我一直以来所追求的事业:事物是如何从一处地域和一个时间,运动到另外的地域和时间的。

我越来越努力地将这一运动理论化,但不是简单地将其置于对某个作家的实际论述的直接关系中。我越来越努力地将文化流动性(cultural mobility)这一现象实际上是什么东西理论化,某个事物怎么可能从一个地域和时间移动到另一地域和时间而能够保持某些文化身份,或者仍旧能与其始源力量保持着某种关联。我认为,如果联系到某种中国经验,那么这种流动性现象尤为令人感兴趣,这种经验就是:对中心——无论它是被如何看待的——和时空的巨大延展之间关系的商讨。不论是什么作品,也不论是什么文化时刻,你必须要琢磨出如何去保留你的身份认同,同时又对其进行转化。

问:您好几次都提到您深受令尊的故事叙述能力的影响,而您最近也出版了一部创造性作品《俗世威尔——莎士比亚新传》(*Will in the World*: *How Shakespeare Became Shakespeare*),而且还登上了畅销书排行榜的榜首。那么,我们是否可以说,一个批评家同时也有可能成为一个创造性作家?您认为一个创造性作家和一个学者批评家之间有什么关联吗?您的文学想象力和文思冲动是会对学术客观性构成某种干扰呢还是会提高它?为什么?

答:这个么,在我看来,如果一个人终其一生都激情澎湃地研究富有想象力的文学却将想象力本身置之度外,这似乎是一个错误,甚至是一个极为偏执的错误。当你在研究想象性文学的时候,为什么要将你的想象力封闭起来呢?如果你不是充满激情地关注这些材料,那么你为什么要去研究它们呢?如果你不对人类的想象力投入巨大的精力和时间,那你为什么还要去搞莎士比亚,或者付出你的一生去研究他的戏剧呢?我觉得,文学学者即使不愿公开展示,他们也应该在他们的研究工作中充分发挥他们的想象力。但这并不是说,发挥想象力就意味着随意杜撰、虚构、造假等等。作为一名学者,你必须要遵守并尊重学术规则,你必须要从档案中收集事实并审视事实,你必须要准确地引用文本。

但另一方面,你也可以同时去努力探讨你所仰慕的作家的叙述力量,以及他们的激情或者感情力量。在当前的文化场景中有一件令我十分沮丧的事情,就是大多数著作都是那么的单调乏味,在读者心里激不起一点阅读的欲望。我这样说,甚至不是出于自己对这类作品的厌恶,而是出于这个行业的复杂性。如果你看看我这个领域内有关文学的大多数著作的出版记录,你就会发现,如果幸运的话,它们或许能够售出一千册。美国有三亿人,而这些著作——这些成功的书籍——却只能售出一千册。这种局面是很成问题的。研究出学术成果之后这些著作就被尘封到档案里,这也许没什么错。但是,这些人类的学术贡献必须要被人阅读,否则它们就直接消失无踪了,就好像它们从来就没有存在过一样。

尽管我不认为所有人都必须这样做,但是我一直在努力做的就是:写出的作品,其读者能够不再局限于屈指可数的几个人,当然也不见得拥有几百万读者,但至少应该超过平均数吧。我们可以从最简单的地方着手,我们可以思索成功的作家、小说家们是如何成功地将大量读者吸引到他们的想象性世界中来的,然后努力地去发现对于学者而言有哪些类似的策略。有些优秀的学者已经这样做了,这根本不是我的发明创造。譬如从1930年代开始就享有盛名的出色的形式主义批评家燕卜荪,他同时还是一位著名的诗人,T. S. 艾略特也是一样,他们都将自己作为诗人的才能运用到学术创作中。在我的研究中,我喜欢使用某种叙事形式,很多其他人也是这样。

问:能否说一下您的《俗世威尔》到目前为止已经售出多少册了吗?

答:噢,我知道的不太确切,但是已经售出很多了。

问:是否可以将您称为一个学术左派?显而易见,您十分关注政治,有时候您也就美国政府的政策和做法提出十分强烈的意见。您有没有实际参与什么政治活动?在您的教书生涯中,您是会刻意地提高学生的政治意识还是督促他们只关注学术问题?您对政治活动主义有什么看法?学者和大学生是否应该参与这类活动?

答:你一下子问了好几个相关的问题。我不认为我的政治那么令人感兴趣。在大多数重要的国外和国内政策等大问题上,我倾向于站在民主党一边而非共和党那边,但我总还是一个英文教授而不是一个政客。我不认为我的选票如何特别有意义。我不认为课堂是进行政治灌输或者推广某个政治纲领的最佳平台。所以我的意见——譬如关于伊拉克战争的声明——在我的课堂上并不占据主要位置。即使当我二十多岁在伯克利教书时，即使那时我的政治观点比现在更加左倾时，也都是这样的；即使在那时，我也不是把大多数课堂时间花费在谈论越南战争上。我认为把事情分开是合适的。

但话又说回来，如果认为这种分开是绝对的，那也是错误的。如果我在报纸上看到美国人在伊拉克或者关塔那摩折磨那里的人民，而我同时又在讲授《李尔王》——一出关于折磨的戏剧，那么要想把事情截然分开是不可能的。我没有必要利用《李尔王》作掩护来抨击美国政策；但另一方面，我也是个活生生的人。如果我作为一个公民，正在因美国政府所许可的拷打折磨的政策而感到耻辱，而正在与之抗争的话，那么我就不能完全将其与我正在阅读的《李尔王》分开，好像我是两个完全不同的人一样。毋庸置疑，我作为一个公民的参与和行为，作为一个在我的文化中思索着的人的参与和行为，是会对我的文学阅读产生某种影响的；而反过来，我的文学阅读也对我作为一个公民的参与和行为产生某种影响。不管怎么说，这也是我们教育的含义。我们希望将他们培育成为这个世界上具有批判性的思想者。

问：文学评论者孟畴斯（Louis A. Montrose）曾经将新历史主义总结为“文本的历史性和历史的文本性”（“the historicity of texts and the textuality of history”）。换句话说，历史的文本性也就意味着：只有借助或者通过文本性的种种形式，才能找到历史、理解历史。那么，您如何看待文化遗迹和历史遗迹呢？您是否认为这些东西也可以成为理解过去的途径呢？

答：是的，绝对正确。我自己就曾写过，我并不是很同意对历史的文本性所作的更为极端的解构主义阐释；这是因为，那样的话，你就不得不立即说：好了，桌子是文本，电话是文本，手表也是文本。这样的话，你先是声称某事物是一个文本又有何意义呢？如果你的意思是说宇宙内所有的物质证据都必须被阐释，那这样说当然就是正确的。没有什么东西是自然就有的，不需要作出任何分析的，或许只有死亡本身是个例外。相对于德里达将一种证据玄妙地混杂于其他证据的说法，我对金兹伯格（Carlo Ginzburg）关于证据以及需要理解证据运作的说法更加认同。

问：您的理论或者您探索文学的方法已经被中国学术界广为接受，学界一致认为您是新历史主义的缔造者和最权威的代表人物。但是也有一些批评之声。有些批评家指出，新历史主义已经丧失了对历史的整体性的和历时性的观点，而试图去恢复一种不连续的文化空间，而这种做法是太过于主观和零碎的。也有人认为，新历史主义有意地混淆了历史和文本之间的界限，以历史文本来替换历史，而这恰恰是后现代主义的一个症状；这种关于历史的共时性观点瓦解并颠覆了不同历史时期不同历史事实的真正意义，导致了一种主观决定论倾向；新历史主义以权力的宏大叙事代替了发展进步的宏大叙事等等。您愿意对这些批评作出回应吗？

答：首先，根本就没有一个单一的叫做新历史主义的学派，我更不会替它判定谁是异端或者谁是“正宗的”新历史主义者。事情根本就不是这样的。这不是教堂或者某个政党，也没有什么“党证”。我的钱夹里没有什么小卡片，注明我是一个新历史主义者。有些人有可能做过这些新历史主义的批判者们所指控的事情，这些事情使得新历史主义与解构主义或者后结构主义沦为一类。或许有些人确实是这样做新历史主义的，也有些人倾向于抵制长篇大论的宏大叙事——譬如老派的马克思主义者，或者老派的资本主义者，他们都惯于将历史诠释为朝着单一的方向运动。这种对宏大叙事的抵制确实使得世界更加零碎，并带来了不同的时间方案（time scheme）和不同的叙事。因此，在某种程度上，这些批评是很有道理的。

然而，这些批评中更高层面的指责似乎是说：新历史主义的问题是它不能区分历史和任何文本之间的区别。这直接就是对不但是我的著作而且几乎所有新历史主义著作的误读了。而且，新历史主义批评家们如何判定哪些是对历史进程的正确阐释？有没有一条单一的阐释方向？人们过去认为是有的；人们过去认为从远古的洞穴时代一直到现在只是一条单一、宏大的历史征途——有时候这条征途据说是通往资本主义的胜利，或者共产主义的胜利，或者基督教的胜利。但现在还有人相信这些吗？这些新历史主义的批评者们还相信这些吗？他们到底相信什么？假如你自己不必去承担起开创一条替换性途径的责任，那么，你是很容易提出类似的批评的。尤其是“主观”(subjective)一词，似乎是很傻的一条反对意见：整个新历史主义的主旨，就是质问主体(subject)并将其历史化。这种批评的言下之意就是：主体自身并不是历史的主体。可我著作的主旨就是要指出，情况不是这样的。

问：您能否谈谈您的宗教信仰及其对您的影响呢？您信奉犹太教吗？作为犹太人，您是否也遇到过身份认同的问题？

答：这是好几个问题。你是汉族人吗？

问：是啊。

答：你自己信奉做一个汉族人吗(就像信奉某种宗教那样)？犹太教当然是一种宗教，这没有错。做一个犹太人固然是一整套宗教信仰的一部分，但它也是一种身份的一部分，就像做一个汉族人一样。因此我不信奉做一个犹太人。我就只是一个犹太人，就像你是一个中国人那样。那是一个人身份的一部分，它不是受限于信仰的。但如果你问我，我是否有宗教信仰，或者是否信仰上帝，我很遗憾地告诉你，答案是否定的。我是个无神论者，或者最起码，我是个不可知论者，但很可能是个无神论者。

但另一方面，我又确实一直跟我的家人一起遵守并庆祝很多犹太节日。我尊奉这些犹太人的习俗，我想，这就像你作为一个汉族人也要尊奉作为一个中国人应该遵守的风俗习惯一样。关键是要明白：遵守习俗可以是一种文化行为而非是对某种教条化的信仰的表达。我确实认为宗教教义是十分有趣的。我对其也有很多研究，但我也觉得这些教义很容易让人联想起你前面引用的那个批判者的话。我不同意你先前所引的对新历史主义的批判者的那种观点，原因之一就是我认为那根本上是一个宗教问题。难道我真的认为有一种关于大写的历史(History)的单一的观点吗？对这种宗教信仰，我不敢苟同。

就我作为一个犹太人的经历而言，我很高兴地指出，因为美国是一个相当包容的国家，我很少体验到反犹情绪。这并不是说反犹情绪在美国历史上从未强烈过，它当然有着很长的排斥犹太人的历史，就像反华情绪一样。但经过了20世纪，它就逐渐地看不见了。它并没有完全消失，但我想整体而言，美国是一个极为包容、忍让的文明。你在这里（哈佛大学）对我进行访谈这一事实就说明我干得还不错，而我也不必去有意地掩饰什么，或者假装什么。

问：非常感谢接受我的访谈！

答：不用客气！

汉学研究与研究传统比较

——伊维德教授访谈录[1]

编者按：伊维德（Wilt Lukas Idema，1944— ），哈佛大学东亚语言与文学系教授，荷兰王家艺术和科学院院士。出生于荷兰的达伦，在莱顿大学学习中国语言与文学。1974 年在莱顿大学获得博士学位，1976 年被聘为中国语言与文学教授。在莱顿大学时，曾两度出任人文学院院长，还出任过非西方研究中心主任，并在夏威夷大学马诺阿分校、加州大学伯克莱分校、巴黎的法国高等研究实验学院和哈佛大学做过客座教授。专门研究领域是帝国时代的中国白话文学。除了以英文发表了大量论著外，还以中文和德文发表学术论著，并以母语荷兰文发表了三十多种著作。主要著作包括：*Chinese Vernacular Fiction：The Formative Period*（1974），*The Story of the Western Wing*（*ed. and trans.*，1991），*A Guide to Chinese Literature*（1997），*Meng Jiangnü Brings Down the Great Wall：Ten Versions of a Chinese Legend*（2008），*Personal Salvation and Filial Piety：Two Precious Scroll Narratives of Guanyin and Her Acolytes*（2008）等。2000 年受聘于哈佛大学，任东亚语言与文学系中国文学教授，2004 年任哈佛大学费正清东亚研究中心主任。

笔者在哈佛大学东亚系分两次（2007 年 12 月和 2008 年 3 月）对伊维德教授进行了访谈。他对中西方学者从事汉学研究的利弊、他本人走上中国文学研究的原因和机缘、目前主要从事的科研项目和所教授课程、对中国所谓孝道与对文学翻译之功能的认识、中美欧三种汉学研究传统的比较以及中国国内研究者的局限等问题作了深入浅出的评析，值得中国古代文学研究者借鉴。

---

① 本访谈由西安工业大学白军芳教授和生安锋共同完成。

问:伊维德教授,您好,感谢您接受我们的这次访谈。有些人认为西方学者在中国文学领域无论如何都没有什么优势,因为他们首先在语言上就处于不利的地位。但具有反讽意味的是,很多中国学者,甚至整个中国学界都在跟从西方学者的脚步。在这一意义上,西方汉学研究者反倒成了中国学者的导师了,至少也给他们提供了不少研究的灵感。这是不是还是崇洋媚外的思想在作怪?您对这个反讽是如何看的?

答:首先,在中国的学者,不论是在中国大陆或者台湾还是香港,都有某些天然优势,因为中文是他们的母语。但另一方面,文言文又不是他们的母语了,大家都需要学习这种古代语言。另外,传统上的中国古代社会也不再是他们生长于其中的社会;如果你说在整个中华帝国有一个连续不断的文化,那么这样的断言又是十分可疑的。这种文化由于帝国体制的崩溃而被打断,儒家思想也不再是国家意识形态的中心,佛教、道教等的地位也时起时落,因此又有一句名言说:过去的就是国外的(过去的时代是外国)。前现代中国对于中国学者而言已经成为过去了。从这一点来看,我认为中外学者在研究中国古代文学方面的差别是不大的。

另一个问题是,研究自己的语言、文学、历史和文化,与研究他国的语言、文学、历史和文化是很不相同的。因为就我所知,实际上所有国家的"国文"或者"国学"之类的科目都与所谓的"道德教育"(moral education)密切相关。就在中国教授中国文学的中国人而言,目的之一就是要使学生作为一个中国人,要以其悠久的历史传统、祖国的尊严为荣,要学习它,并试图保存一些意识形态中稳定的因素。也就是说,对民族语言、民族文学和民族历史的现代性研究,是与浪漫主义运动、民族主义的兴起密不可分的。又比如在欧洲,18 世纪末期,西方的大学如莱顿大学,不会有什么荷兰历史的教授讲席,也不会有荷兰文学的教授讲席。那时候有的是教授古典文学的讲席,如拉丁文、希腊文或许也有希伯来文(研究圣经的),他们研究的是法律、医学和神学。这是因为这些都是科学和哲学。我们必须要学习我们自己的民族语言和文学历史的整个概念,这是与民族运动联系在一起的。但是,相对于一个外国的研究者而言,他会跳出这种习惯。从这一方面看,外国的学者也是有研究的优势的。

问：在这一意义上，外国研究者倒是相对更加客观一些吧。

答：作为外来者，你只需要阅读某个作家如杜甫、李白诸如此类的作品就可以了，而对于一个中国学者来说，就很难不赞颂李白、杜甫是伟大的，因为他们是直到今日都为中华民族提供丰富灵感的中国诗人——而这也并不是什么错误。如果一个美国人在美国教授并研究美国文学，他也会做同样的事情。因为一直有很多讨论说：什么东西对于美国未来来说是好的、我们应该如何贯彻这样的教学、我们应该从什么样的人物形象身上学习、什么样的人物形象应该成为鼓舞我们的榜样等。因此，从这一方面来看呢，研究和教授自己的民族文学的学者并不总是有利的。这也并不只是一个中国特有的现象。

中国现在正在经历一个非常民族主义的阶段，但我们在每个国家都可以找到这样的阶段，我认为这是一个极为普遍的现象。而作为一个旁观者、一个外人，我就没必要去管这些，我们不会去告诉中国人他们应该如何去建构自己的生活、什么才是他们的理想。我的意思是，他们可以自己琢磨出来的。因此，我感觉自己是一个外人，我从外面观察中国文化并试图去通过研究和翻译——无论是当我在荷兰时翻译成荷兰语还是在这里翻译成英语——去向一个非中国的读者解释它。从这个领域来看，相对于一个中国学者而言，我或许具有一定的优势。主要是因为我没有被缠绕进中国文化和历史的主流叙事（master narrative）中或者缠绕的程度较轻，因为我没有一个老师以他自己的观点对我施加巨大的压力，这样我就处于一种更为自由的状态，可以探讨各种各样的话题和问题。我可以做我喜欢的任何事情。如果我不想教《红楼梦》，那我就不教好了。如果我对"宝卷"感兴趣，那我就研究"宝卷"。另一方面，我又可以研究一些在中国或许被认为是不重要的问题，如妇女文学。近年来中国有些学者也开始研究妇女文学了，但我想绝大多数人仍旧认为这不是个重要的问题。因此作为该传统的一个外人，没有教授那些伟大的中国作者的要求，我们就有能力观察到一些目前为止被中国学者所忽视的有趣的话题、主题和材料。他们也不是不想对这些话题和材料进行研究，只是这样做对他们的事业没有好处罢了。如果你想在事业上有所成就，那就去研究《红楼梦》好了。另外我个人也必须承认，我在研究时喜欢用原始材料。如果我要研究《红楼梦》，我就要用我所学到的方法去进行研究，也就是说，当我想研究《红楼梦》时，我不能只是把《红楼梦》拿来，读一读，然后就写自己的文章。我还必须要考虑中国在这方面的学术研究成果以及日本的、英国的、法国的、德国的……研究成果。我怎么才能办到这一点呢？我的意思是，在中国之外，没有人能够跟得上对像《红楼梦》这样一个题目的研究成果。当然了，很多中国人在撰写自己的文章时，也没有跟得上他们的同事们的研究成果，因为要真正读完关于《红楼梦》的所有文献几乎是不可能的。但有很多其他的题目，譬如在中国小说领域，就有很多18世纪和19世纪的伟大小说，而中国学者对它们却很少涉及。因此在这一领域还有很多事情可做。

再一点就是，我们必须要面对事实，在很长一段时间里，基本上是从1949年到1980年代早期，中国学者将自己局限于数目极少的题目上，坚持使用单一的方法去研究文学；从1966到1978年这十二年内，他们又被禁止做任何研究。这当然就造成了一种十分不利的局面：这些领域的发展受到严重阻碍。他们总是想用庸俗的马克思主义的观点去研究文学。我不知道这一体制是如何运作的，但是，当撰写文人历史等题目的时候，就有一个大纲，人人都必须要照纲行事。因此所有人都在研究一个题目，而又有很多题目被忽视。而这又给中国之外的人们创造了尝试其他途径、探讨中国人被禁止探讨的话题的可能性。从这方面来讲对中国文学而言很不幸的，但这是由中国自己造成的局面。没有人告诉中国去组织一场“文化大革命”。这种情形是从中国内部创造出来的。很长时期以来，被许可的研究方法都是极为有限的，所研究的题目也是很有限的，与外界和新研究方法的接触是十分有限的，这样看来，中国基本上正在追赶世界。我认为，就像美国文学的研究中心在美国一样，中国文学和文化研究的逻辑中心仍然将在中国本土，在中国文学研究领域内，我们只需看看这里，很明显，我们是十分看重中国研究成果的。但我们也享有我们的独立性和研究的自由，可以做我们自己想做的事情。你也要记住，这样的事情到处都会发生。美国搞美国研究的人不会告诉在中国的同事们，后者应该去研究美国社会的哪些方面，或者美国文化或文学的哪些方面，因为中国学者很可能坚持自己的选择。那些对于美国学者而言是有趣的、重要的题目，对于在中国的学者来说就未必是有趣的或者重要的。在文化交往和接触中，我们常常会发现，在本国被认为很大很重要的问题到了国外就未必如此了。一个国家或者一个文化是不可能决定它在其他文化中的形象的。无论发生了什么,中国都不能将自己的形象强加给外部世界。这里总会有一些不协调之处。在对于外人来说是有趣的、重要的和有意义的中国社会特点,和对于中国自身的那些主导性舆论制造者(无论是知识分子、是党还是文化部)认为有趣的中国特征之间,总会发生很多商讨。你当然可以将自己对自身形象的看法输送出去,但这并不意味着别人会买你的账。这就是为什么中国之外的人所喜欢的中国电影不见得受中国自身的欢迎。

问:您的出生地是荷兰,一个具有悠久历史文化传统的国家,但是您最终选择了中国文学,而且是中国古代文学。请问,当初促使您作出这样决定的因素有哪些?

答:我为什么最终选择了学习中国语言与文明呢? 当我还在读中学的时候,我开始对学习语言、文学和文化产生了浓厚的兴趣。我当时考虑了好几种可能性。我不想成为一个中学教师,因此我就没有选择学习荷兰语言和文学,或者英国文学、法国文学、德国文学。我也不想学习一种死了的语言,因此我没有选择学习希腊经典或者拉丁经典。我考虑过阿拉伯语和梵文,但最终选择了中文,这有几个原因。一是如果我想学习一种语言和文化,那么我就想选择一门距离我的母语最远、与欧洲语言具有最少共同因素的语言。这样看来,汉语或许就是最好的选择,或者我就要选择印第安土著的语言。梵文是一种印欧语言,而阿拉伯语在很大程度上则是地中海文化的一部分。中文则迥然不同,从语言学上来看,它与我在中学时期所接触的其他国家的语言都很不一样,它有着长达三千多年的悠久的文化发展历史。它既有非常古老的文化,又有着充满活力的现代文化和当代文化。它对其他很多文化都产生了极大的影响,这使得它本身极为有趣。其实我当时对中国差不多是一无所知,只读过一个荷兰汉学家高罗佩所写的狄公案的侦探故事。

当我开始学习中文时,我不得不花费数年时间来学习语言,然后才能着手进行阅读和研究;但好处是,我并没有像我的那些对中国诗歌或者哲学感兴趣的大多数同学那样感到失望,他们最后发现真正能够接触原始资料是需要很长时间的。这一点是很值得庆幸的。另一件事就是，在我成长并攻读大学的1963—1968年间是一个社会活动极为激烈的伟大时期。那时印度的发展变得极为困难，我们经常在报纸上读到有关印度饥荒的报道。与此同时，中国则坚持走自己的社会主义道路，尤其是在“文化革命”时期。所以一开始，我并没有打算研究中国文学。最初的时候我本来希望研究发展社会学的，研究如何去帮助发展并繁荣亚洲农村地区的。但当我于1968年毕业拿到硕士学位准备出国留学时，我就遇到了一个问题：我不能去中华人民共和国留学。我最终去了日本。实际上我先在北海道大学学习了一年的农村社会学，然后又转到京都大学。因为我想继续我的中文学习，所以我从社会学又转到了中国文学。那一年由于学生动乱，京都大学没开什么课程。

但当回到荷兰后，我的第一份工作又是关于当代中国社会发展这一领域的。一次我的一个年长的同事突然去世，我被要求接替他教授文言文。由于这次偶然事件，我才最终决定把文学当做我的终身事业。而且那时我的中国社会学研究也十分受挫，因为要研究某国的社会学却不能亲自造访而不得不依赖官方出版物，这确实是极为困难的，对于社会学项目来说是很不可能的。因此我进行中国研究是出于自己的选择，而研究中国文学研究则在某种程度上具有某种偶然性。但无论如何，从那时起我就开始研究中国文学了。

问：您研究的重点是什么？最近有什么新收获？

答：最开始的时候，我主要研究的是明清时期的白话小说（话本小说）。但原来在京都大学人文科学研究所的时候我跟从田中谦二（Tanaka Kenji）教授学习的是元杂剧。虽然那时大多数课程都被取消了，但他还是组织了一小群学生坚持上课。所以当我回到荷兰后，我继续在元杂剧方面的研究，并把一册元剧翻译成荷兰语出版。我开始对一系列问题产生了兴趣：这些戏剧当时的情况和表演状况，它们实际上演的情形和信息，它们是在什么地方上演的，是谁表演了这些戏剧，戏台是如何建造的，戏剧的服饰是怎样的等问题。因此我最终与当时在亚利桑那大学任教的奚如谷（Stephen West）合作出版了《中国戏剧资料1100—1450》（*Chinese Theater* 1100-1450. *A*

Source Book, 1982),后来我们又合作重新翻译了《西厢记》(*The Moon and the Zither*, *The Story of the Western Wing*, 1991)。

在我做这些关于中国戏剧的工作时,我越来越意识到晚明版本的元杂剧在有关早期表演的实际状况方面是多么的不可靠。因此我就撰写了一系列文章,来比较所谓"元杂剧"的各种不同版本(当然,前人也做过这方面的工作)。我们找到了元朝本身的一些版本——元刊本。有三十出戏剧我们是有元朝本身的版本的。有趣的是,我们拥有的这些版本的戏剧,大多数都是在大都(北京)创作,而在杭州印刷的,我们甚至可以看出,某些地方的语言是被改编的以反映这一事实:在大都,语言已经失去了入声,但在中国南部,直到今天仍旧保留着入声。在北方,入声已经丧失,但在南方,入声仍旧存在,因此,如果你要唱元剧,就需要用南方口音。我们不得不用其他词语来替换入声。因此,即使元代早期的版本也已经被作了修改了。

现在,很多学者认为这些早期的版本是不完整的,我则认为这种看法是一种误解。你必须意识到这些最初版本的目的何在。有些学者认为那些版本是印出来供人们在观赏戏剧时阅读参照用的,那么它们是来自何处呢?它们来自所谓的原角色文本(role rext),也就是说,来自某个具体演员的文本。如果你想要抄下一出戏,那么你何苦要抄下一整出戏剧呢?某个特定的演员不需要说出一整出戏,而只需要他或者她自己的那部分。而且在元杂剧中,只有一个演员需要唱。因此,如果你有了正末,也就是男角儿,或者正旦,也就是女角儿的文本,所有这些独唱歌词,你也就有了一个大概的框架了。我想你可以怀疑他们是否写得更多,那就是另一个问题了。但角色文本就作为某一个体演员的背诵文本而言,这些文本有时候是极为完整的,就在何种情况下如何表演有着十分详细的说明。当然,在有些情况下,则只是给出独唱的内容,但就我们所谈及的元杂剧(元刊本)来说,这些角色文本却提供了十分详尽的戏曲内容。

我们还有一些印刷于明朝初年的戏剧,尤其是朱有燉印的戏剧,他所印的戏剧更加完整,他甚至声称他可以提供全部的对话。但他常常会删去成规性的东西,因为他相信演员是能够进行即兴发挥的。因此,将整出戏剧的文本全部写出来的戏剧最早是由明朝宫廷刊发的。

但明朝皇帝并不是很友好的,实际上他们脾气都很坏。为了确保皇帝不至于发怒,整出戏剧的完整文本就在宫廷内书写出来,以便在正式演出之前加以审查。在此期间,很多事情就发生了。首先,很多戏剧没有被采纳演出,显然是因为它们被认为不合适,或者已经丢失了。我们现在能够见到的基本上都是明朝宫廷的选本。下一步就是对这些戏剧进行改编,因为你不可以在舞台上表演皇帝。这在元代则是不成问题的。在我们所谈的三十种元刊杂剧中,有十三出是以皇帝为主角的,甚至其中有些还大开皇帝的玩笑。因此你必须要重写很多戏剧。很明显,太过明显的社会批评必须要低调处理。在很多杂剧中我们注意到有些曲子被抽出来,尤其是那些公开批判社会的部分;另外,很多演员的对话也被搁置起来,因为演员太多了。人人都想成为明星,都想演一个好角色。到明末编辑起来的主要就是这类文本,在编辑的时候,很多地方都被抽掉了,尤其是出版于1616和1617年间由臧懋循所编的选集《元曲选》,就对很多戏剧的结尾做了修改,因为在那时,一种南方戏剧——传奇——已经成为戏剧的主流了。杂剧的结尾都是大团圆,所有的冲突也都得到解决,因此,臧懋循在重写和编辑这些戏剧时就对这些戏剧的结尾加以扩展并对整出戏剧加以修改,以适应江南文人的口味。这样我们从元代文本开始,之后又移到了明代皇宫,要再在皇帝演出之前修改出完整的剧本《元曲选》,当臧懋循编辑《元曲选》时,根据绝大多数版本对其进行广泛筛选,使它们合乎文人的阅读口味。在他修改的过程中,要确保所有的州郡地名都是正确的。另外,他重写了很多戏剧,使这些戏剧更加符合儒家思想。如果由此要依照这种文本来推断中国元朝时期的真实状况,那么这些版本的价值则是有限的。这就是长期以来我为什么在研究领域中很担心的原因之一。也就是说:当我们说我们在阅读某个文本时,我们要考虑你在读什么样的文本、是哪个版本的文本、是什么时候准备的、准备的时候头脑中装着什么样的读者群、有可能发生过哪些变化,这是研究早期通俗文学中一个很重要的问题。

这一点适用于戏剧,也适用于小说,当我们看《三国》、《水浒》、《金瓶梅》等小说时,所有这些小说都有多个版本。到了17世纪,就有某个版本成了主流版本。《三国》是毛宗岗版本,《水浒传》是金圣叹的版本,《金瓶梅》则是张竹坡的版本。这也适用于后来的《儒林外史》和《红楼梦》等著作。你仍旧需要问一下:"我读的是什么?"当有人说"《红楼梦》上说如何如何"

时,我们要问:哪个《红楼梦》? 什么《红楼梦》? 我个人认为我们能够说的就是:我们有一部主要小说,它历经多个版本;如果你读的是金圣叹版本,仍旧有很多现代版本。我们所读到的很多这样的作品,都统称之为流行文学。很多情况下我们所读到的都是这些小说的文人版本,正像我们读到的很多戏剧版本都是文人版本一样。因此我们必须要意识到,到了明清时期,尤其毫无疑问的是一进入万历年间,我们通常在中国文学中研究的通俗文学和通俗文学的各种文类,并不属于一个不同的社会阶层,这一社会阶层基本上是文人文化的一部分。这就是为什么在五四运动之后当鲁迅、胡适、王国维等人重新定义中国文学时,将那些作品看成是中国文学的主流部分,而那些"通俗文学"或曰"俗文学",则几乎不被看做是中国文学的一部分。但这些流行民间的作品就其性质而言是更为普及的,因此我个人更愿意作出区分。

问:这些年来,您一直坚持做比较元代戏剧不同版本的工作吧?

答:这是我研究工作的一部分。

问:您也从不同版本的各种变化中得到很多启示,肯定有很多新的发现了?

答:每天都会发生很多事情,以至于没人能够对所有事情加以追踪。要想跟上一切事情的发展状况,你要知道:作为一个身居中国之外的个人,我们必须要覆盖一个很大的领域,但我们却不可能具有同样程度的专门研究深度,而这在中国却是极为正常的。就以哈佛大学来说吧,我们是关于东亚研究的最大的系之一了,可是我们只有 6 个人教授中国文学:2 个人教现代文学,4 个人教传统文学。与北大、南大、复旦、清华以及很多大学相比,它们的中文系就大多了。它们的人数也大大超出外国的中文系。因此我们不可能有同样程度的专业划分。对于版本的研究,我认为应该更加强调文本,不仅仅是文本的编辑,而是寻找文本的每个版本、它从哪里来、它与作者的关系如何、我们能否假定它真正反映了原作者所说的意思。通常的情况是,即使是在文人那里,你所面对的文本也是后来的朋友、儿子为他们(原作者)编纂在一起的文本/版本,他们对哪些要包括进去、哪些要剔除出去,曾经作出极为仔细的选择,以便能够呈现作者的某种形象,而这些形象又未必是完全真实的。即便是作者自己选编的,他也照样是非常具有选择性的,以重新构筑自己的形象。因此这一点我们必须要牢牢记住。对于种种个体的文本,它是什么时候写的、是谁写的、其意图性读者是谁、它反对的是什么、当文本后来被重新编辑和研究时发生了什么、它是否被给予了不同的意义等。对于高雅文学而言,我们假定人们曾试图保持文本的原貌,虽然也有所怀疑。如果你去跟宇文教授或者田晓菲教授谈谈的话,他们将告诉你有关唐代的抄本(manuscript)文化等和文本是如何具有弹性,以及当涉及诗歌时,人们对某些字眼是否准确其实不是那么在意的,这是印刷文化所关注的问题。但对这其中的每一件事我们必须要看清楚。毫无疑问,在像戏剧这样的情况中人们都在出版时有意地加以重写,对于小说也不例外。我教的另一门课是关于《聊斋志异》的,叫做“《聊斋志异》的版本和改编”,因为我们有手抄本、后人抄本,这些资料可以使学生看到蒲松龄自己是如何作出改动的、如何删掉一些东西、如何重写的;然后我们也可以看到晚期的版本。有趣的是,如果你比较不同的稿子,你就会发现:相对于专业的书吏(copyist)来说,反而是那些所谓仔细认真的编者常常作出更多的改动。专业的书吏只是照本抄书,而专业的编者则相信自己对著作的意义有着更为深刻的认识,他们能够全面理解作者,因此他们有资格对文本作出校正。有时候改动很小,但有时候有些改动确实能够对某个故事产生重要的影响。当然,有趣的是,对《聊斋》的研究是基于很好的学者版本的,但当这些文本最初被印制出来的时候,就有不同的版本,而每一个编者都自己选择自己认为有趣的或者有价值的故事,因为对他们而言,蒲松龄不过是一个来自山东某地的无名作者,因此他们感觉充分享有自由选择的权利。当然他们也必须要加小心,他们毕竟生活在一个世纪之后,因此他们将改变某些东西,那些东西在 17 世纪说是无可厚非的,但在 18 世纪就不合时宜了。还有就是有些评论者试图向我们解释所有这些表面上似乎十分机警睿智、有时候甚至是色情的故事,——但蒲松龄当然不是给小孩子写童话故事了,他那些机智故事都是写给大人看的,所有这些故事都有着深刻的寓意和教诲。然后,看这些插图版本也是很有趣的,他们选择哪个场景作为每个故事的主要场景、他们是如何设想这一幕幕的场景的。有趣的是我们可以设想一下插图会在何种程度上影响读者的阅读。插图到什么时候又成为可能了呢?到清朝末年,当印刷技术成熟之时,就有了精美的插图,晚清及其之后的时期成为书籍插图的黄金时期。

在这种情况下你可以看出,不同的版本是如何塑造某个文本的阅读口味的。这里没有一个完整的方法(我这里有点儿不太系统了),但是有些专做书籍研究和印刷文化的学者,专门研究当印刷成规改变了的时候,一本书的不同版本之间的种种变化。如果我们读的书是从火车站旁边的小店里买的盗版的廉价的版本,里边有很多印刷错误,封面上印着漂亮的女郎,那和阅读一本有著名学者撰写序言、学术味道浓厚的珍藏版,感觉是完全不一样的。文本虽然是一样的,但阅读起来却有着天壤之别。这是两个极端的例子。很多人都在研究版本,但在中国,绝大多数的人们都在试图重新建构原来的文本或者尽量接近原初文本。我认为他们所做的事情是很重要的,但我更感兴趣的则是文本是如何变化的、它到底发生了什么变化、这些变化又是如何影响了对该文本的阅读、我们怎样去追踪这些变化和影响等。我更感兴趣于这些变化,而中国学术界的大多数,我认为仍旧专注于对原初文本的建构。

问:我刚才所指的也是这个意思:通过对文本变迁的研究就可以显明社会因素的痕迹和种种的文化痕迹。我想问的另一个问题是,您为什么对中国戏剧感兴趣,这门课的目的是什么呢?您也写了很多关于包公戏和狄公戏的论文,我想知道这门课的目的是什么?

答:这门课的基本目的是很简单的,就是为了让美国学生去学习读元剧,这是其基本目的。为了显得连贯些,我教课的时候总是选择那些在主题上有着连贯性的戏剧。因此今年(2007)我决定教几个包公戏。

问:我读过一些关于包公的作品,尤其在戏剧中有些具体的特殊物品像"金牌",很多中国学者也都注意到中国古代官吏会借助金牌来惩恶扬善。你认为这里面有什么寓意(象征意义)吗?

答:在很多情况下,你都需要有一些具体的东西来表示你有着超乎官僚通常权限的权力,因为法官没有权力宣判某人死刑。只有在极其特殊的情况下才可能发生这样的事情。因此你就要拿出某种具有象征意义的物品来让这种权力为人所见。

问：三十多年来，您一直在研究中国古代文学，可以说您对中国古代的文化相当熟悉。据悉，您最近一直比较关注中国古代文化中的“孝”，我们都想知道，一个外国学者是如何看待中国传统文化中的“孝”这一观念的。

答：我不敢说我认真研究过“孝”的观念。但“孝”直至今日无疑仍旧是中国文化中的一个重要方面。很多来哈佛就读的学生都受到来自他们父母的很大压力，尤其是那些来自亚裔美国人家庭的学生。他们的父母亲会告诉他们，要学习医学或者经济学或者其他能够赚很多钱的专业，认为这是作为孝顺孩子的责任。他们的父母也会认为孝是亘古以来中国独有、其他文化中都不具备的一种价值。我在课堂上就是将中国文学中的孝凸显出来，我们探讨孝道作为一个主题在中国文学中是如何被描写刻画的、孝道这一观念是如何随着时间推移而变化的、谁是其意向性读者等问题。当我们读到有关孝道的声明时，必须要仔细观察所读的作品。如果孔子对成年人说，如果你的父母做了什么愚蠢的事情，你可以加以反对，那么这与给小孩看的文本是十分不同的，后者主要是讲如何顺从父母的。观察孝道是如何从基本上属于上层社会家庭的一种价值，变成一种在整个中国社会广为宣传并接受的流行价值，也是很有趣的。当我们注意到这些变化，尤其是当佛教传到中国后是如何变化的，也是十分有趣的。当佛教最初传到中国的时候，它被批评缺少孝道，后来居然成为一个将孝道作为其教义之基石的组织了。当然，佛教的寺庙必须要依赖捐助，佛僧必须要出去化缘以图谋发展和自身建设，于是就将孝道变作一种真正流行的价值了，因为他们向所有可能给他们捐献的人进行宣传，这一点与那些十分富有、不需担心财政的儒家精英相比是很不一样的。在唐宋时期，这是一个很重要的发展阶段。唐朝以前，孝是一种精英价值；宋代之后，孝成为一种普遍的民间价值。这中间发生的事件就是佛教在中国的传播和发展。它专注于孝道，使其成为宣教的基石，它既强调子女对父母的恩情，又认为这种恩情极为深厚，以至于子女无论如何都不能完全偿付。它也将孝这一价值与一些关于孝子将母亲从地狱中拯救出来的传说结合起来，使其变得对广大民众极具感情上的感召力。通常，当人们谈论孝道的时候，佛教因素所产生的影响和后果都会被略去不谈。

另一件事情就是我们也注意到20世纪初期中国知识分子批判孝道，将其看做是前现代传统社会所有罪恶的基石。当然了，当现代的学生和当代学生面对“五四”知识分子所写的文本时，都感到十分惊愕。他们从来没有看到过对孝道如此猛烈的批判。

问：中国的孝道到现在为止仍旧十分重要，在中国社会中发挥着不可估量的作用。您会将孝道跟西方的个人主义价值对比起来看吗？

答：不会。我认为这是一种简单化的、愚蠢的、二元论的思路，我们应该抛弃这种想法。中国的很多事物，有赖于属于哪个时期、哪个方面的文化。我们在谈论什么？我们谈的是古典时期还是中世纪时期呢？我们是谈论这一文化中的某些理想呢还是在谈论现实？因此我认为，当中国人这样做的时候，经常拿一个理想化了的中国与西方的某些方面进行对比；而当西方人这样做时，他们又拿理想化的西方跟在我看来是问题的中国的某些方面进行比较。我想在我们要进行这种比较的时候，应该更加小心些才是。子女应该照顾父母的观念不是只有中国才有的，全世界都可以找到。照顾的方式可能不同，但需要强调这种需求的方式却是大相径庭的。如果社会保障制度十分健全的话，这就会解决很多问题，因此就不需要这样强调孝道了。因此在社会保障制度更为完善的西欧，孝道已经不那么强调了。但你如果去看看早期的文学，就会发现孝道也很重要。在中国也是如此。在人民公社时期（这里自然有很多问题，但是），它们却能够提供很多服务。而现在，很多农村地区都缺少社会保障措施，产生了很多问题，因此人们不得不依赖孝道作为对付多种社会问题的一种办法。我们可以看看香港和台湾，这其实是一个与经济状况联系十分密切的问题。因此我十分反对任何简单化的看法，如西方是个人主义的、中国是集体主义的，这总会使我很生气、很难过。如果这是真的，那么中国人为什么需要如此地强调孝道呢？这恰恰是因为很多中国人在其实际行为方式上和一般美国人一样个人主义。因此我们必须要对我们所谈的东西十分小心。我们是在谈论精英文化的某些方面吗？还是在谈论大多数人口的普遍行为呢？我们谈论的是什么时期呢？如果我们粗略地比较同一时期的社会，我们就会在欧洲其他地方看到完全不同的境况。如果你将现代欧洲和中国和南部欧洲相比较，这全取决于你比较的是什么、什么时候、哪些方面的比较等等。

问：据我所知，您除了对中国古代文学进行学术研究之外，还翻译了大量的中国古代作品,并在1992年获得了 Martinus Mijhoff Prijs 奖,这是荷兰在翻译领域所设置的最重要的奖项。请问您的翻译作品接受状况如何? 文学和文化交流中翻译的功用都有哪些?

答:没有翻译就没有交流,这是很简单的道理。如果中国文学或者中国作家、思想家想要被中国之外的地方所了解,他们的作品就必须被翻译出去。对我个人而言,我经常将翻译工作与我的研究结合起来,因为翻译迫使我阅读得更仔细。但对我来说,如果只是做研究,原则上讲就没有必要做翻译。但如果我要将我的研究成果传达给更多读者的话,我就不得不翻译了。我确实认为,中国学术成果,无论是在荷兰还是在美国,如果只是用中文做研究,那么其作用就会很小,读者也很有限。要想扩大读者群,一个带有很好的介绍的翻译本就比我的同行们喜欢的一篇十分深奥的研究论文要好得多。翻译成中文后就可以被在中国的同行们阅读,这是很令人骄傲的事情。但至于说将我们的研究成果介绍给更多的、非中文研究专业的读者去阅读,我想翻译是非常重要的。这是不同国家的人们彼此了解的主要方式。

问:从您的履历可以看出,您曾经在世界多个地方教学并从事学术研究。那么请问是什么因素使您最终选择了哈佛大学呢? 总体上说,哈佛大学与您曾经到过的其他大学相比有什么优势和劣势呢?

答:世界上有很多优秀的大学,这是毫无疑问的。当我在莱顿大学工作的时候,我非常喜欢那里,在那里度过了很长一段时间。从某种程度上说,哈佛与众不同的地方是这里的学生质量。教授这些十分聪明、富有动力又总是准备充分的学生,是一件令人愉快的事情。这里的同事也在学术上极具启发性。在很多其他地方,如果你是教授前现代中国文学的话,你基本上是自己一个人在埋头苦干,因此在这里,你和同事们可以在同一领域内一起研究教学,是非常好的。除此之外就是这里的设施了。就图书馆、互联网等资源来说,哈佛的设施当然是极其优越的。

这里有最好的图书馆,你可以出入任何图书馆,不受限制地借阅任何书籍,这是很方便的。再就是哈佛和中国有着十分密切的交流关系。今年就有很多像你们这样的访问学者,其实每年都会有一大批来自中国大陆或者台湾、香港的中青年学者,你们也都踊跃分享自己的研究成果,因此哈佛确实是一个十分吸引人的学术殿堂。我教学、工作,做我喜欢做的任何事情。这一点你在大多数大学都可以做到,并不只是在哈佛才有的。高质量的学生和教师队伍、完善的教学和研究设施、持续不断的访问学者和访问教授,这些都是十分宝贵的。在这里我们也有财力去组织各种规模和类型的研讨会、讲座等学术交流活动,而很多其他学校的中文系,这方面的能力是很有限的,现在到处都有交换学者关系,但规模都比较小,范围较窄。而哈佛在这方面的规模和范围都是屈指可数的。

问:我们下面的问题也是与不同地域、不同文化中的研究模式相关的。您曾经就读的莱顿大学是世界上最著名的大学之一,您博士毕业后有相当长的一段时间也在那里工作;另外,您在哈佛也工作了很多年了;而在研究中国文学的过程中,您从未间断过对中国大陆和台湾的学术关注。那么这三种不同的传统(我们是否可以笼统地称为欧洲的、美国的、中国的)在研究中国古代文学方面,有哪些方面是相同的、哪些方面是不同的?尤其在不同的文化背景下,研究中国古典文学的学者,他们在研究过程中,不同的文化背景在研究中都起到哪些作用?

答:因为每个地方都有自己的传统,欧洲有汉学传统,美国没有汉学传统。欧洲什么时候才开始研究中国,那就是在18世纪末19世纪初年,那个时候的大学比现在的大学要小得多,法学、心学、理学还是古典学,那就是希腊文拉丁文的文献学,因为通过用拉丁文写的文献研究心学、法学、理学,所以19世纪初,研究中国的矛盾,那就是古典学。如果像研究中国的文化,所以会看中国的研究生定的什么题目。可惜美国真正的研究中国要等到第二次世界大战以后才有比较广的中国研究,可惜那个时候的大学也就是第二次世界大战以后美国的大学不是19世纪初年欧洲的大学,20世纪初年的美国大学都设立了国学、社会学、经济学、生理学什么的。所以把中国的研究分为多个部分,历史研究归历史系研究,中国的经济,就是经济系研究,中国的政治,就是政治学系研究,哲学、语言与文学,要设立一个中国或者远东(Far East)的语言文学系。哈佛的远东语言文化系,在20世纪20年代请了巴黎大学的专家过来设立了像巴黎大学那样的汉学系,我们这个系一直到现在还包括中国的哲学、中国宗教和中国历史。如果是传统的话,那就是在另外的系。美国一般不设汉学系，也就是中国语言与文学系，所以他们的行业非常有限，没有欧洲的汉学传统那么深远。比如说现在荷兰的莱顿大学，历史系不管中国，政治学系不管中国，经济学系可能管一点点中国，他们都觉得中国研究就是汉学系管的，中东的阿拉伯也就是中东学系要管的。所以在这一方面，欧洲的汉学传统对美国的汉学传统很有影响。可是欧洲与美国都是研究外国的，不是研究中国的，在国内研究国学国文国语都与国民的关系很密切。比如说我们中国人有五千年的历史，恐怕只有三千年吧。还有我们中国人有伟大的诗人、伟大的小说家、伟大的作品，好像什么都是伟大的。这不一定是理智的，而是傲慢。这个当然与美国人研究莎士比亚一样，莎士比亚是一个伟大的作家，世界第一，英国是这样，美国人研究莎士比亚也这样，因为美国人把英文作为他们本国的语言。当然，19 世纪的美国小说家也很傲慢。可是，在欧洲，比方说在荷兰、法国、德国，谁都知道莎士比亚是一个比较重要的戏剧家，但不像英国、美国推崇的那样，因为在美国，莎士比亚是中学的一部分，每个中学生都要学习莎士比亚。在欧洲其他的国家，不像那两个国家，都有自己国家传统的本国文学的伟大作家。所以在中国国外研究中国的与在国内研究中国的成果中，比方“台独”，很多文章都没什么学术性，他们的民族主义精神非常强。对于国外研究中国文学的学术性没什么用处，我很怕这样的文章对真正的学者有负面影响，因为他们的评论都是一样的话。从学术性的立场来看，它们没有新发现，没有新资料，也没有什么新看法，每个人都是人云亦云。结果呢，一部分国内出版的东西对国外研究者作用不是很大。我也不是不看中国人的著作，当然要选择一部分非常有用的看。当然这些东西对于中国国内教育新一代的中国人、新一代的国民非常有用。对我，我不是中国人，我一辈子不会做新一代的中国人，所以在这方面，作用就不大了。从日本人研究中国也可以看出来，一方面日本人认为中国的文化，尤其是古代的文化还是自己传统的一部分；可是当代日本人，却认为中国还是国外，所以他们的研究态度已经与中国人不一样了。

另外，美国人再次发现中国的研究角度与欧洲是很不一样的，欧洲的文学传统特别注意到中文，美国的中国研究注意到方法论。只注意到语言而不注意方法论，是有缺点的，过分注意方法论而不太注意语言也有它的毛病。现在我觉得世界上其他地方都在了解研究中国,这一方面是了解中国文化、中国语言的需要,是一种很有水平、很神圣的研究,其中心还是文学的方法论或是历史的方法论或是经济学的政治学。可是在美国,经济学系毕业的人,如果专业是搞中国的,会觉得自己是个政治学家。而在欧洲,一个在汉学系毕业的学者,如果他是专门研究中国政治的,就会认为自己是汉学家。

还有,和中国学者的交流非常有意思。就是说他们喜欢告诉我他们怎么样做,都是说我们中国人怎么样怎么样。这是当然的。就像在美国搞美国文学的人,中国人写的东西他们不看,日本人写的、欧洲人写的东西他们都不看。因为他们觉得美国的文学是美国人的事情,只有美国人才有研究的资格。这个恐怕每个国家的人都这样。一般说来,搞中国文学的人很不一样,他们很喜欢交流,很喜欢听其他的人的意见。但也有一部分人喜欢告诉你怎么样做;还有一部分人不交流,他们什么都不管,为什么要交流呢?外国人都应该跟我们学。

我到中国去做客,听他们的话觉得很有意思。国内我想现在的情况有些改变,可是以前老师说的话学生是不可以改变的。在中国国内,很多时候,一个学说一旦得到了肯定就很难再改动。在国外,当然也有比较有影响的老师,可是如果学生们不愿说老师的话,要改动他们的看法,也没有人管,是比较自由的。如果一个年轻学者在国内要批评一个有权威的教授,比如复旦大学、北京大学、中科院的老教授,则是一件比较困难的事情,有比较大的压力。当然中国国内的情况也是越来越自由,但是这种文化的压力还是有的。

跨越政治与学术的疆界

——乔姆斯基教授访谈录①

编者按：诺姆·乔姆斯基(Avram Noam Chomsky)，1928年12月7日生于美国费城，是世界著名的语言学家、哲学家、政治活动家和政治批评家，现任麻省理工学院讲座教授和语言学荣休教授，美国国家人文科学院、国家科学院院士。在语言学领域，他创立了生成语法，被学术界誉为现代语言学之父；在心理学领域，他颠覆了行为主义心理学的研究范式，发起了认知科学革命；在哲学领域，他反驳经验主义哲学，捍卫唯理主义哲学；在计算机科学领域，乔姆斯基文法被视为该领域的奠基性理论之一。当然，他的影响还表现在人类学、社会学、政治学等诸多领域。从1960年代开始，乔姆斯基成为众所周知的政治异议者、无政府主义者和一个自由主义的社会主义知识分子。他思想活跃，著作等身，迄今为止已出版一百多部。根据A&HCI 1992年的统计，1980—1992年间，乔姆斯基的著作被引用的次数在全世界所有健在学者中高居首位，在人类历史上所有学者中也排到第8位。2005年英国*Prospect*杂志和美国《外交政策》期刊联合选出全球最有影响力的100名公共知识分子，乔姆斯基赫然名列榜首。已故著名的后殖民主义理论家、文化批评家萨义德先生称他是当今世界上"最令人尊敬的知识分子"。

笔者于2008年5、6月间在哈佛对乔姆斯基教授进行了访谈。他回答了笔者提出的语言学和哲学方面的多个重要问题，涉及生成语法与结构主义语言学的关系、理论描述充分性与解释充分性的关系、他与蒯因关于意义问题的争论、语言器官的理解等等。他还就当今举世瞩目的多个问题作了深刻的分析和解答，如环境保护问题、北京奥运会、极端民族主义、恐怖主义等。

① 本访谈由生安锋和清华大学外语系周允程副教授合作完成。

一、语言学和心智哲学

问：生成语法产生于20世纪50年代，脱胎于结构主义语言学传统，但是在根本意义上颠覆了这个传统。您认为一个从事生成语法研究的语言学家在生成语法创立之初从结构主义语言学那里接受了什么影响？在生成语法的发展过程中最重要的理论突破是什么？

答：很多结构主义语言学思想都在生成语法那里继承了下来，在新的理论框架下得到重构。例如，雅各布森区别性特征理论，还有吉理格·哈里斯的"词素到发声"过程，这些理论都部分地在X阶标理论中得到重构。但是，理论框架是完全不同的，甚至于从最具体的方面来理解也是这样的。结构主义研究方法通常是数据导向的：他们注重语料及其模式的研究（这是欧洲结构主义主要关注的问题），或者说他们注重数据分析过程（例如哈里斯的《结构语言学研究方法》，这是美国结构主义语言学的基本理论教材）。在哈里斯看来，数据分析过程用于构造语法，构造一种与语料库理论一一对应的语法理论。请注意，这里我主要强调核心问题和一般性概念。实际的研究所涉及的领域要宽泛得多。

与此形成鲜明对比，生成语法是关于说话者/听话者语言能力的理论，它是关于语言内部机制的，用来解释语言使用者何以能够说出和理解无数的语言表达方式。语料库只是提供数据，就像其他种类的数据一样——语言习得，生理意义上的习得，得自于其他语言、其他能力或者其他生理组织的研究，事实上，任何与正在研究的生物对象的本质相关的东西：语言器官及其个性表现，生理组织的子系统，就像视觉系统、运动组织系统、昆虫导航系统等等一样。粗略地讲，我们可以称这些系统为"身体器官"，就是一般意义上的"器官"。这样的研究——通常被称为"生物语言学"——是心理学的一部分，最终是生物学的一部分。从这个角度来讲，一旦把它纳入到自然科学中去，我们就很自然地让久已忘却的17—18世纪的"唯理的和普遍的语法"得以复兴，当时人们所关注的问题与我们所关注的类似，那个语法本身构成了某种"认知革命"的一部分，由此而来的对心智过程的理解在很多方面预示了20世纪50年代的"认知革命"，期间，生成语法具有不可替代的位置。

问:在生成语法的发展过程中,一直都存在描述的合适性和解释的合适性之间的紧张关系。事实上,这样的紧张关系是每一个语言学理论都要面对的问题。似乎生成语法更强调解释的合适性,而莱考夫所代表的认知语言学强调描述的合适性。这是否意味着生成语法与认知语言学具有某种互补关系?(或者说,看起来认知语言学可以构造出通过神经科学实验来验证的理论模型,可是,生成语法的理论模型是否具有神经科学解释基础现在还不清楚。)

答:描述合适性和解释合适性是语言学理论中的专业术语,这是在生成语法框架下产生的。他们分别对应于"什么"和"如何"两种不同类型的问题。生成语法满足描述合适性的条件,它能够准确地描述语言使用者已经习得了什么;也就是说,上述所描述的一个人的语言器官所达致的一种内部状态:这样的内部系统可以为无限多的语言表达方式赋予结构、声音和意义。一个语言学理论(不是一个语法)满足解释合适性条件,它能够精确地解释一个人是如何在一定的语言经验的基础之上获得某种内部心智状态;从另外一个角度来看,它描述了语言器官中的由遗传决定的初始部分,这一部分是一个抽象的"语言习得装置",它在经验和所获得的心智状态之间建立了映射。用现在的术语来讲,这样的理论称为普遍语法(UG),这里,我们借用了一个传统概念,把它用在了新的理论框架之内。我们当然也可以超越于解释合适性,理解为什么的问题:为什么是这种形式而不是其他形式?这样的研究被称为"最简方案"。

关于追问什么、如何和为什么的合法性是毋庸置疑的。具体地讲,这是不证自明的道理,不存在某个特定生成语法或者UG是否具有"神经科学基础"的问题,就像昆虫导航理论或者知觉基本原则不存在类似问题一样——比如,西蒙·乌尔曼的视觉不变原则。唯一的例外情况是神秘主义。在所有这些例子中,人们长期以来一直致力于把这些系统的研究与神经科学统一起来——一个非常困难的任务,甚至于对于昆虫的研究也是如此。

在生成语法的早期阶段,在描述合适性和解释合适性之间存在非常明显的紧张关系。为了达到描述合适性,要求语法必须具有足够丰富和复杂的规则系统,不同语法之间大相径庭。但是,为了达到解释合适性,UG不得不给出一定的理论方法来把孩子所接触到的语言数据转化为所习得的语法,这是不可能的,除非所习得的语法能够把大量的数据浇铸在同一个模子中去,只允许非常有限的变异情况。这种紧张关系最终随着1980年前后提出原则与参数(P&P)理论后而至少在观念上得到了解决。

我无法理解其他的评论。生成语法一直强调对尽可能多语言的描述合适性的特别关注。就拿麻省理工学院语言学系来说,凯奈斯·黑尔和理查德·凯因的工作在这些方面来说都是无与伦比的,而那只是冰山的一角。在P&P框架下的大量描述性的工作在非常广泛的语言中进行描述合适性的语言学研究在历史上是绝无仅有的。当然,这样的研究通常是为一种对解释合适性的关注所驱使的,也就是说,为了找到UG的本质。可是,那只是说它被视为科学的一部分了。此外,正是由于这个原因它才与神经科学之间有着最为紧密的联系,包括实验神经科学。

我也无法理解认知语言学与此有什么关系。如果它寻求达到解释合适性,那么,它(在定义上)就是一种形式的生成语法,像生成语法的其他研究方式那样加以评估。像其他研究方式那样,它也要对语言递归过程和其他决定语言结构、声音和意义的规则系统进行详细说明。语言研究者如果愿意,他们可以继续追问如何和为什么的问题。就像生成语法的其他研究方式一样,我们要问关于语言器官的理论是如何贯彻到个人和社会生活中去的,它是如何与神经科学发生联系的。这里可能会有一些问题,但是,它们却不是在一般层面上提出的问题。

问:众所周知,您和蒯因之间进行了长达数年的争论。大多数学者关注您跟蒯因之间的分歧,很少有人注意到在语言与意义的问题上您和蒯因之间具有共识。您和蒯因一致认为不存在脱离语言的意义,但是,您不接受蒯因的整体论。您和蒯因的语言观是不同的。就此,您能谈谈吗?

答:"意义"这个词是一个相当特殊的英语词,甚至很难翻译到临近的语言中去,非常晦涩。根据定义,不存在脱离语言的语言意义。就这个词的宽泛意义而言,意义并不局限于语言:例如,当人们追问生活的意义是什么的时候,或者说约翰行为这么粗鲁他有什么意图。

蒯因的整体论部分与科学有关系(迪昂论题),部分与语言意义相关。迪昂论题认为我们不能脱离科学假设所基于的理论对科学假设进行评估,在原则上,任何种类的证据都是相关的。这似乎是无可争议的。就语言意义来看蒯因的整体论概念,这很难评估,因为关于语言及其结构和其他性质他给出了非常不同的和自相矛盾的论述。在他早期对语言学的方法性的批评中,他把语言理解为一类彼此互为连结并与外在事件相联系的语言表达式。照字面意思来看,在这个意义上,语言就是一个有限的语料库,在事实世界中,只包含几个表达式的语料库。即使我们把这样的论述外推到无限的语料库中去,这也不能成为科学研究内容。如果语料库是无限的,它必须有一个具有递归特性的语法,这个事实蒯因当然不会否认,尽管他认为语法的选择是任意的。在外延方面相同的语法之间无法进行选择,因为这些语法都生成同一个句子集合。就像他所强调的那样,不可能存在有意义的生成语法理论,只是对数据的不同描述方式而已,任何一种语法理论与其他理论没有什么本质的不同。我们来看他所举的一个例子,在"John reads books"这个句子中短语边界是如何划分的,这在经验层面上是没有问题的,也不存在其他语言研究的问题。但是,在他 1969 年的论文中,他完全收回所有这些观点,在文中,他批评分析性,声称"生成语法是语言与次人类交流系统的主要区分",他的"分析性假设"是经验性预设。我不知道如何才能从中抽取出前后一贯的立场。

问:您曾经说语言学(即生物语言学)可能成为所有科学未来发展的典范。您能具体说一说这方面的情况吗?在方法论方面有哪些启示?

答:这一定是某种误解。我想我不可能提出过这样的观点。生物语言学就是对某种特别的"身体器官"的研究,就像其他子系统的研究一样,人们通常采用模块研究方式,这种研究方式是"神经科学的规范"(就像认知神经科学家 C. R. 盖里斯尔所观察到的那样),它同样也是一般心理学和生物学的常规研究方式。它没有特殊的方法论,只是常规的科学方法,运用在具体的研究对象上而已。

问:狭义的语言器官具有广域性,但是具有种群限制。这似乎没有什么奇怪的,因为某一特定性质,如离散无限性,是针对某一具体种群而言具有广域性,这也就意味着一个给定的性质具有种群限制。从另外一方面来讲,在经验层面上,具有种群限制的性质通常都具有广域性。您是如何认为的呢?

答:狭义语言器官(FLN)这个词是在豪吾泽—乔姆斯基—费驰文章中提出的,它是指心智—大脑中那些人类语言的相关要素。显然,这些要素是存在的,或者说,这或许是一个奇迹,我孙女自己意识到她所在的环境的一部分是与语言有关的,并且她自己获得了我们现在正在使用的那种语言能力,而她的宠物猫(黑猩猩、燕雀,等等)处于相同环境却不能,连最初的语言意识都没有,更不用说使用语言了。甚至在非常不可能的情况下,语言器官的每一个单独的组成部分在人类或者其他生物体的其他地方起作用,狭义语言器官也还会存在:它是由遗传"指令"构成的,这些指令把这些组成部分组合在一起生成无限多的带有声音和意义的结构表达式。这里唯一严肃的问题是:什么构成狭义语言器官?与此类似地,我们可以引入视觉语言器官(FLV)这个概念,用它来指心智—大脑中那些针对人类视觉的要素。根据定义,它们既具有辖域性又具有种群局限,与身体的其他系统进行各种方式的互动。至于说离散无限性——即递归过程——是否在人类认知的其他地方或者在其他人类功能方面或者在其他生物体上产生,这是一个悬而未决的问题。有证据表明在其他地方找到了离散性,例如,在其他动物的发音行为的控制方面。不过,离散无限性是不同的问题。

二、美国问题

问:您一定也非常关心这个国家中对资源的巨大浪费。我发现这里的人们实在很浪费。最明显的就是对纸张、水和食物的浪费,而美国人自己也知道,他们以占世界5%的人口消耗着占全世界26%的能源,这个在我们学校贴得到处都是;而我们无论走到哪里都可以看到宣传节约能源的标语和口号,这真是一个颇具讽刺意味的悖论啊。您可否从环境保护和生态保护的角度对此作一下评论呢?

答:1960年代激进的政治活动(activism)的一个结果,就是一种真正的环境保护运动的兴起，它关注的就是这样一些问题。与此同时，科学家们也逐渐开始了解了即将来临的环境灾难的严重危险。这些事实解释了为什么会到处张贴那么多的标语和口号。公众是绝对支持采取措施、保存能源、减少污染、资助替换性可持续资源的。这些都可以从定期举行的民意测验中看到。举一个例子，民众对《京都议定书》的支持极为强烈，以至于那些投票给布什的人都相信他肯定是支持《京都议定书》的，因为显而易见的是，他就是要采取这种立场。但其实，布什和他的僚属们其实是强烈反对《京都议定书》的，这反映了他们的主要选民（支持者）的利益，也就是那些支持他们的大公司（the corporate sector）的利益，公司对政治和社会生活有着巨大的影响力。商业世界基本上是受短期利益驱动的。因而，它寻求的是将即时性消费（immediate consumption）最大化，而根本不管这种行为的长期影响和后果。几乎一个世纪以来，一个巨大的产业——公共关系产业——已经致力于引导人们去关注“生活表层那些浅薄的东西，例如时髦的消费等”，这是商业报刊上的话。他们的目标一直是去“创造需求”，不择手段地驱使民众去满足那些“创造出来的需求”。大约有1/6的GDP被消耗在市场营销上，其很大一部分就是宣传鼓动人们去花费、借债、浪费——而且并非巧合地，去从中获利。

那么，这里就产生了一对矛盾：一方面是不遗余力地增加消费、浪费和短期盈利，另一方面则是明理之人为他们的后代子孙对保存一个可以生活的世界的关切。我们持续不断地看到这种张力。正如我曾经指出过的那样，国会一直在考虑通过立法对导致“温室效应”的气体排放作出某些限制。这一提案刚刚被代表大公司的共和党和一些对公司利益的关切超过对一个可生存世界的关切的民主党人毙掉了。他们反对这一立法的托辞就是：这样会给穷人增加负担。但这其实只不过是为了遮掩其背后的真正原因——利益——罢了。

问：令人称奇的是，您现在已经在音乐世界变得十分流行了，尤其是对摇滚乐队和朋克乐队来说。流行歌手们多次对您进行采访，将您的著作或者讲话改编成歌词谱上曲子，他们既歌唱您的名字也传扬您的思想，他们在唱片里录上您的声音，他们还将您的著作封面印在他们的CD封面上。总之，您从六十几岁起就已经变成了“摇滚大众崇拜……的一个大英雄了”

(Billingsley 语)。大众文化和学术界之间这种奇特的契合的基础是什么?您为什么允许乐队和音乐家们改编您的作品呢?

答:我对此所知甚少。我也不是生活在那个世界里的。但我没有理由不允许他们去改编我的作品。我很高兴我的思想能传达到年轻人那里。

三、媒体和 CNN 辱华事件

问:卡弗雷有关中国人民的评价激怒了全世界的华人。CNN 已经变成了诽谤和不负责任地辱骂的一种象征,甚至有些中国的酒店(如在徐州和杭州等地)已经关闭了 CNN 电视频道,并声明将不会播送 CNN 的任何电视节目,直到 CNN 向中国人民正式道歉为止。社会上则到处流行"做人不要太 CNN"的时髦调侃。您对卡弗雷的评论是怎么看的?媒体在这一事件中的责任的是什么?您如何评价像 CNN 以及英国、法国等媒体在报道奥运火炬传递中所扮演的角色?

答:我不看 CNN,也不知道卡弗雷何许人也,甚至也不知道你所说的评价事件。对火炬传递作出的反应可以是合情合理的,如果这些反应就像它们本来那样是从世界上抽取出来的;但如果将其重新植入这个世界上,那么这些反应就是彻头彻尾的虚伪。无论我们如何看待中国的压制,它与美国及其盟国所犯下的残暴恶行还是不可同日而语的,我们这里仅举最明显的一例足矣,那就是对伊拉克的入侵和毁灭。这些罪行不仅在规模上要大得多,而且根据最最基本的道德标准,它们对于西方来说更能说明问题:我们首先要对我们自己的行为以及这些行为的后果负责,这是一个很多人(或者国家)选择"不去理解"的一条不言而喻的道德公理。

一方面很多人对于中国的罪行感到义愤填膺,而另一方面却对我们自己的更为严重的犯罪缺少恰当的反应。事实上,凶手根本没受到什么原则性的批评。我们十分理解什么是原则性的批评;那是我们反射性地也是正确地对官方敌人(official enemies)的犯罪——就像苏联入侵捷克斯洛伐克、阿富汗或者车臣那样——作出反应的一种方式。我们不是基于代价、无能、失败等的基础上去批判这种犯罪,而是要基于我们所声明的原则之上。最初始的原则来自纽伦堡审判(Nuremberg judgment),其中,“侵略”被十分清楚地作出了定义并指出它是“顶级国际犯罪”,它与其他战争罪的差别在于它包括了其他一切战争罪的所有邪恶。侵略伊拉克就是一个极为典型的例子。纽伦堡的主要起诉人美国最高法院法官杰克逊(Robert Jackson)措辞庄严地告知法庭:我们在递给被告一个“有毒的圣杯”,如果当我们犯下类似的罪恶时我们拒绝啜饮此杯中物,那么这些诉讼程序就无异于一出滑稽的闹剧,不过是“胜者为王败者贼”而已。西方的知识分子从此致力于向人们展示,法庭就恰恰是一出滑稽的闹剧——他们旋即转身去谴责别人的罪行,一方面又带着虚伪的自我正义而故作姿态。

总的来看,对自己的原则性批评在实际上是不可思议也不可能的,在公众评论中很少可以见到这样的批评,除了在那些遥远的边缘地区。这一点已经为成千上万页认真仔细的文件记录和分析所证实,这里也就无需赘述了。

问:根据您的判断,CNN和其他西方媒体对奥运火炬传递的不实报道是否证实了您对西方媒体的理论分析,也就是说,它们总是试图歪曲发生在第三世界国家的事件,总是试图将正面新闻最小化?一个显而易见的例子就是这样一个事实:它们只是倾力关注来自分裂分子和反华分子的各种信息而有意忽视大多数中国人民关于西藏问题和奥运会的想法。

答:最重要的“误现”(misrepresentation)就是没能提出——甚至没能想象——我刚刚提到的问题,这就戏剧性地说明了帝国主义心态对主流知识分子和道德文化的有效控制。

四、立场

问:塞尔(John Searle)说您是不加分别地反对美国政府。而他认为自己基本上是支持政府的,他对政府的批评是有选择的。他甚至为让儿子加入美国特种兵部队而感到十分自豪。您认为他关于您的说法对吗?

答:在我们国家,支持政府据称是被批准的正当行为。在这里听到这样的例子,真是让人深受启发(enlightening)。这样的例子确实存在,但我对说清楚这一点抱谨慎的态度。我对这类事情不加详述——无论是对美国还是任何其他国家,这是千真万确的;我这样做是有着很好的理由的,那些不愿屈从于权力体制的人对这些理由完全能够理解。

我很难相信塞尔竟然说出这么荒诞的话来,因此我对其不加评论。然而,我们有时候确实会从那些献身于极权主义的极端民族主义者那里听到这种评论,因此或许值得讨论一下。

"极端民族主义"和"极权主义"这些词语是很准确的。很多人发现将他们自己的原则应用到他们自己身上是极其困难的,但对官方敌人这样做就很容易了。因此,让我们看看前苏联的例子吧。

苏联的异议者因为"毫无分别地反对政府"而受到政治委员(commissars,或译人民委员,寓指御用文人)的强烈谴责。例如沙卡洛夫(Sakharov),尽管他对俄罗斯文化和民众满怀赞美和热爱,却依旧被谴责为"反苏联",因为他不加区分地批评国家,而不是赞美它的业绩(业绩也确实存在,就像所有的权力体制都会创造出业绩那样,无论这种权利体制是多么的面目可憎)。政治委员的态度就是极权主义的本质核心。我们在整个人类历史中都可以见到这种态度,一直可以追溯到早期的记录。在旧约圣经中,国王亚哈(Ahab)就是邪恶的体现。他斥责先知以利亚是"憎恨以色列的人",因为以利亚谴责这个邪恶国王的罪行;而国王则像此后所有的极权主义者一样,将自己等同于整个国家、社会、文化和人民,于是,对其行径进行批评的人当然就成了"憎恨以色列的人"了。

西方也是如此,这一点奥威尔以及其他一些独立思想家都已经讨论过了。现代国际关系理论的创始人摩根索(Hans Morgenthau)曾经谴责"我们对那些当权者一味顺从、卑躬屈膝",这里指的是美国的知识分子阶层。而他所说的是完全正确的。譬如,这就是为什么我们很难看到对国家行为进行原则性批评的原因,除了那些被死心塌地的极权主义的极端民族主义者指责为"不加区别地反对政府"的异议分子以外。在入侵伊拉克的事件中,主流中最严厉的批评就是它是一个"战略性错误"(奥巴马)或者是一次"弄糟的战争"(Ian Buruma, *New York Review*)。对越南战争的反应也是如此,这一点已经被广泛记述了。

与此形成截然对比的是,我们在批评俄罗斯的侵略时,就不再仅仅轻描淡写地说它是“错误”或者“弄糟了”,而是谴责它是重大的战争罪行。根据前去访问的西方记者报道,车臣首府格罗兹尼(Grozny)现在的形式“蒸蒸日上”,电力供应正常,重建项目在展开,一个由车臣人组成的政府和安全力量也建立起来,很少有暴力事件发生,可是我们并不因此而赞美普京。如果彼得雷乌斯将军(General Petraeus)在巴格达能够获得一点点类似的成就,他可能早就被加冕为国王了。但我们还是一如既往地因为俄罗斯在车臣的犯罪而谴责普京,毫无反思性和正当性。

西方的极端民族主义者采取了他们敌人的极权主义原则,斥责异议者为“反美”分子,即使这些异议者在批评国家犯罪的同时也赞扬美国变成或许是世界上最自由的国度,而美国如果是世界上最自由的国家,那也主要是由于坚持不懈的民众斗争(就像我持续不断地所做的那样)。但是,对美国社会和文化的赞扬,并不能使异议者们免除极端民族主义的极权主义者所施加给他们的“不加区分地反政府”或者“反美”的罪名。

在俄罗斯的政治委员阶层中,有些无疑为他们的儿子服务于特种部队斯佩茨纳兹(Spetznaz)而深感自豪。另一些俄罗斯人则为他们的儿子是抵制者而感到骄傲。这种差异与爱国主义或者对祖国的热爱是毫无关系的,而是与他们想让他们的国家成为什么样子有关。

对这个国家的高尚总是有如潮的赞美之词:它不遗余力地促进种种“原则和价值”;它以一个“理想的新世界”那种纯粹的“利他主义”去“致力于结束非人性”的行为;它领导着那些“开明国家”一同作战,为世界上的受苦受难者带去正义、自由和民主——尽管有时候由于“错误”和“能力所限”而做不到这一点。我在偶然地引用主流范围(mainstream spectrum)的左翼自由主义者的话语,我们发现那里发声的力量是很微弱的。为国家崇拜的大山再加上一根牙签是十分可笑的,头脑清醒和体面的人认为这不啻为一种耻辱。因此,那些不愿做“当权者顺从的奴仆”的人就期望异议者将其注意力集中在那些不对的地方,而非去赞美它的成就。当我最近应邀到西点军校作一场关于正义战争理论的报告时,他们并不想让我或者指望我加入对国家权力的高唱赞歌的常规做法,而是要在原则性的基础之上去批评国家政策。同理,当我在堪培拉的皇家报业俱乐部(Royal Press Club in Canberra)演讲(在国家电视台上播放了数次)时,他们期望我对澳大利亚政府的罪行作出严厉的批评，而非对国家的善行再次进行褒扬，而他们也确实听到了我的批评之声。这就是全世界的异议者通常所采取的姿态，而这样做是正确的。在所有的社会中，当对自己的国家采取原则性的姿态时，极端民族主义者就会感到义愤填膺；但当同样姿态的批评矛头指向其某个官方敌人时，他们则会热情洋溢地加以赞美。

我并不是顺带将西方社会比作前苏联，或者将西方知识分子比作苏联的政治委员。他们之间存在很多差异。一个最明显的差异就是：苏联的政治委员至少可以辩解说自己这样做是出于恐惧，而非仅仅像西方知识分子那样甘愿做"当权者顺从的奴仆"。

问：在这些年里，您是否曾经在事业上由于您的政治活动主义而遭受过什么损失或者遇到过敌对势力、威胁和报复？您都为您的政治批评付出过哪些代价？您认为这样的付出值得吗？您所遭受的困难都告诉过您什么？

答：在我的事业上，我没有遭受什么非难，但我知道我会而且我也确实受到过无数谎言、诽谤、谩骂、歇斯底里的斥责等攻击。当我就某些富有争议的话题演讲时，我经常得有警察的保护。我也曾蹲过几次监狱，事实上，在 1968 年的"新年攻势"（Tet offensive in 1968）事件中，我还曾经面临着长期蹲监牢的危险，但后来政府审判被因故取消了。但那次不是政府镇压：它是为了回应一次直接的和非常公开的抵制，包括一些被国家权威视为非法的行为。

问：有些人可能会说：瞧！我们让乔姆斯基毫不留情地对发生在这个国家中的罪恶进行批判。他的有些评论确实令人恼火、尴尬，令人极不愉快。难道这不恰恰说明了他对"美国是一个虚伪的民主国家"这一指责是凭空捏造吗？

答：如果有人这样说的话，倒是很有趣的：这再次反映出他们深深陷入极端民族主义的极权主义的程度。这无异于是说：只有当批评者们被发配到集中营里或者是古拉格群岛（the Gulag），知识分子文化才能完全摆脱虚伪和民主之功能。乔治·奥威尔针对此种态度发表过尤为尖刻的讽刺，我偶尔也会对其加以引用。

五、知识分子的角色问题

问:您如何看待在美国和中国学术界都存在的普遍的保守主义?大学应该在社会建设中扮演何种角色?大学教师的角色呢?

答:为了人类的共同进步,你对中国知识分子有什么期待?在你看来,中国的知识分子身上缺少什么品质?

问:您是如何看待学生活动主义的?青年学生应如何在专业学习和社会活动之间进行平衡呢?在您与福柯的电视辩论中,您说过您在MIT的存在对于那里的学生政治活动是有助益的。您认为您在学生运动中都起到哪些作用?

答:我将跳过这些问题,对它们的答案都隐含在我前面的回答中。最后一个问题应该由别人来作出评价,而不是我。

六、恐怖主义与“9·11”袭击事件

问:现在出现了很多证据,表明“9·11”事件是美国政府一手策划的,其目的是为攻打伊拉克和控制中东地区的石油资源制造借口。有些证据表明,美国政府在事件发生之前就已经获得了有人要劫机的情报,但他们却不采取任何措施。此外,更多的证据显示:飞机对这些建筑物的撞击是不会造成这样的结果的,大楼倒塌更像是由于精确安排的爆炸造成的。而且五角大楼上的缺口也不符合据称是撞击它的飞机的尺寸。所有这些证据似乎都表明,这一事件是被预先策划好的,其目的无非是以无辜百姓的生命为代价去激起美国民众的义愤,并为攻击伊拉克制造借口(相关网页http://www.jonhs.net/911/confronting_evidence.htm)。您对此有何评论?

答:这些证据可以分为两类:(1)物质性的(physical)和(2)偶然的(circumstantial)。物质性的证据必须要由具有专业能力的人来加以分析。像我们这样缺少这种能力的人对于这些声明的处理办法,就像科学家对他们的专业能力之外的领域——据称能够支持智力结构的细菌的某些特征、对全

球变暖的怀疑、冷聚变等等——的对待方式是完全一样的。我们期待从权威性的出处读到正式发表的技术性资料，以及称职的分析家对此所作出的回应。当然这种途径有时候也是不公正的，但唯一的其他办法就是使自己具有相关的技术能力，而这也并非像有些人似乎相信的那样，可以在互联网上花费一两个小时就可以做到的。在这个事件中，我没听说在独立杂志上发表过引发了任何评论的任何相关文章，因此不可能以正常的方式去继续探究，而我也无意去为了获得在土木工程和建筑结构等领域所需的资格而把更要紧的事情推到一边。

第二类证据对我来说似乎没有什么意义。如果我们去仔细分析任何错综复杂的历史事件，我们都将发现存在各种无法解释的巧合、显而易见的矛盾和没有解答的问题等。这就是为什么科学家要做受控对照实验（controlled experiments），而不是忙着给这个世界录像。这就是为什么即使对一些仔细调查了多年并广泛使用内部记录和其他文件的事件，在历史学家中也存在着激烈的争吵。在这一事件中，偶然性证据对我来说不具有说服力。有很多类似的情形，例如，携带核武器的轰炸机飞越整个国家，侵犯了最为极端安全的控制台。这一事件极其严重，以至于空军部长和空军司令都被解聘了。

让我们假设有一天证实了世界贸易中心大楼就像所称那样是从内部引爆的。那么怪罪的矛头又能指向谁呢？奥萨马·本·拉登。这是显而易见的。杰哈德组织分子已经显示出他们的能力了：他们在 1993 年就差点儿炸飞了世贸中心大楼。没有别人可以从暗示沙特人——奥萨马的首要敌人——参与了这场恐怖主义袭击中获得任何好处。对于布什政府而言，这是彻头彻尾的不明智行为。这将会削弱他们所声言的目标——为攻击伊拉克作好准备（为了实现该目的，他们很显然应该暗示是伊拉克发起的恐怖袭击）。该事件严重地损害了他们与一个极为看重的盟国的关系。这一事件也强迫他们违反自己的空中管制条令让沙特商人飞离这个国家，从而使他们自己处于非常尴尬的境地。如果真是他们策划了这次袭击的话，那么所有这一切往少里说也都是十分奇怪的。

这只是开始。

这种说法的有趣之处是这样一件事实：很多人认为这些说法是可信的。

根据民意测验,或许有 1/3 的美国人要么相信这些理论或者至少认为它们是很有道理的。也就是说,有 1/3 的选民相信:这个国家或许是由一些想要屠杀美国人民的野兽所管理的——但他们感到对此完全无能为力,这一点通过他们对此毫无反应这一事实而被戏剧性地揭示出来。这对美国的民主状况是一个非常令人深思的评论——相似的评论对别处也是同样适用的。

文学经典的重构与比较文学的未来

——戴维·戴姆罗什教授访谈录

编者按：戴维·戴姆罗什(David Damrosch)是当代著名文学理论家，分别于1975年和1980年在耶鲁大学获得学士和博士学位。长期在哥伦比亚大学执教，曾任该校英文和比较文学系主任、美国比较文学学会会长，现任哈佛大学比较文学系主任。主要著作包括：*The Narrative Covenant: Transformations of Genre in the Growth of Biblical Literature*（1987；1991）；*We Scholars: Changing the Culture of the University*（1995）；*Meetings of the Mind*（2003）等。他主编了共计十二卷的《朗文世界文学选》和《朗文英国文学选》(2004)，在学界产生了极大影响。

2008年10月，戴姆罗什应邀到清华大学讲学，并接受了笔者的采访。戴姆罗什指出，在主编两部朗文文选时，他试图超越以前那种新批评式的文学观，重视不同国别文学间的社会关联，从而创造出有多种文学汇聚交流的文学空间；他力图拓宽欧美传统上的世界文学观念，使这部世界文学选真正具有更大的包容性和世界性。他认为，文学从本质上看就是跨国的，所有的文学传统都是在与多种其他文学的对话中创造出来的；世界文学确实有助于生成一种世界主义观点，促进世界上各民族之间更加深入的理解，使人们可以更加真切地透视社会的灵魂。他还指出，老一辈文学理论家所热衷的纯理论探讨过于抽象，而他对基于文学文本的理论探索和从中归纳出的思想更感兴趣。他强调，在当前的比较文学领域中，文学翻译的意义和作用显得尤为突出；比较文学也不能仍旧沉迷于以自我为中心的圈子，而是要面向本科生，让比较文学课堂成为不同传统和背景的人们交流与学习的场所；文化研究的兴起，不但不会削弱文学研究的力量，反而会对文学研究的发展有积极的促进作用。

问:您浸润于耶鲁传统中约有十年,您也写过一些有关伯克(Kenneth Burke)的东西,那么,J. 希利斯·米勒和德曼等耶鲁学派的解构思想对您的理论发展有没有影响呢?

答:我就学的这段时间,恰恰是保罗·德曼事业上如日中天的时候。我选了他一门课,对他所做的研究有着很深的印象。可以这样说,虽然他并不是我最密切的老师,但我通过阅读他的作品并听他讲课,也学到了很多东西;说他不是我最亲密的老师,这是因为我总是对他激进的怀疑主义有点儿排斥,我也对他坚持认为无就是一切而且与外部世界毫无关系(that nothing meant anything and there was no connection with the outside world)有点儿反感。我一直有一种感觉,就是文学应该含有某种社会元素和伦理元素。

问:您曾经主编了六卷本的《朗文世界文学选》(*Longman Anthology of World Literature*,2004)。

答:另外还有六卷《朗文英国文学选》,一共是十二卷。每部文选都有六千页之多。

问:十二卷?有这么多!我也看到过一些有关您在选择文学作品上与那些更知名的文选出版商如诺顿等的区别。请问,您在从历史上浩如烟海的文学宝库中挑选作品的时候,基本标准是什么呢?您又是如何从其他文化和其他国家中挑选最好、最具代表性的作品的呢?

答:这些问题提得很好!我密切参与的第一个文选是《英国文选》,这项工作相对而言容易一些,因为它只是一个国家的文选。我和本文选的其他几位编辑都对将文学与它的社会和时代联系起来很感兴趣。我们感觉《诺顿英国文学选》(*Norton Anthologies of English Literature*)是纯文学风格的,很大程度上是一部非常正式的文学经典。它实际上是某种新批评时代的产物,随着我们时代对文学的社会关联的兴趣的增长,它明显有些落伍了。作为一个比较文学家,我同时也感到,当我面对那部英国文学选时,我觉得它对英国文学的诠释是极其有限的。它没有包括任何爱尔兰、威尔士或者苏格兰的文学,而这些都是英国文学文化的一部分。因此我想要给文选添加一些爱尔兰的材料和威尔士的材料,即使是翻译的作品也行。我也想将英国文学看做是某种文学空间，在这里，多种文化汇聚一堂。因此，这已经是一部有些比较性质的英国文学选了。譬如，我们选入了一个伟大的中世纪作家，名叫“法兰西的玛丽”（Marie de France），她是用法语写作的，但她的整个作家生涯都是在伦敦度过的。我们之所以将她收入我们的文选中，是因为，就像T. S. 艾略特一样，她来到伦敦并在那里成就了一番事业，她也成为整个不列颠群岛的文学环境的一部分了。事实上，她的名字本身就说明她来自法国。她被人称作“法兰西的玛丽”是因为她已经不在法国而是住在伦敦了。因此，我们的那部文选确确实实是试图拓展英国文学文化（British literary culture）和不列颠群岛的多元文化的观念。

当我着手选编《朗文世界文学选》时，我这种想法就更强烈了，我们最大的挑战就是如何去为学生和老师们创造一种坚实的联系。在美国，以前那些被称为世界文学选集的各种文选，通常都是欧洲文学选或者西欧文学选，里面的文学作品都来自于为数不多的几个西部欧洲文化传统。所以当我着手编辑《朗文文选》并召集人马开展工作时，我开始认真思索如何建立起跨越不同文化的联系，以及如何让所选材料从教师方面而言具备可教性（teachable），教师们在这一领域通常没有多少专门训练。这确实是个问题，不是学生们能否理解它，而是如何让老师们能够得心应手地讲授它。我感觉，一部伟大的文学作品，如果翻译得好，是可以直接跟我们交流的，就像我们可以跟作家面对面说话一样，但教师们必须要愿意讲授它并知道如何讲授它。因此我们花费了大量精力去撰写引言，并挑选十分具备可教性的材料，然后再跨越不同文化进行关联。我们有一个叫做“交叉流”（cross-currents）的部分，就是一组相关的资料，以使读者了解一些关于所选作品所出自的文学文化。我一方面试图让学生和老师们更多地认识在最近几个世纪里不断推进的全球化进程，与此同时，也让他们对我们所涉及的所有主要文化的典型特点有更为深刻的认识。

问：通常情况下，文选一旦出版，就会被经典化，就被看做是经典的一部分了。那么，你们是如何使其避免僵化而始终保持新鲜活力的呢？

答：事实上，我们刚刚出版了《朗文世界文学选》的第二版。《英国文学选》出版大约五年后，我们也出了第三版。每过几年就肯定会对它们进行修订,原因之一就是随着新发现的出现,学科有了新的发展,而我们也要相应地作出改进。很多变化也与老师们所教授的内容有关。从某种程度上说,文选也是一种被创造出来的经典,但它主要是一种在课堂上使用的教学工具。对于我们所选的材料,如果人们乐意使用它,那么我们就保留;如果没人愿意使用它,那我们或许就把它剔除出去,腾出地方来选些别的材料。

问:你们也作问卷调查或者什么形式的数据调查吗?

答:是的,我们作的问卷调查覆盖面极广,调查对象既包括数十位使用我们文选的人,也包括那些使用我们对手的文选的人。我们问的问题包括:哪些是他们所使用而我们却没有的?我们如何改进我们的文选以使更多的人使用它?等等。

问:我的下一个问题是,世界文学在哪些方面能够促进更加世界主义的(cosmopolitan)文化和一个更加世界主义的世界呢?

答:如果世界文学讲授得好,那么它对世界主义的贡献将是十分积极的。但如果讲授得不好,它是不会有什么实质性贡献的。我这里有一个十分完整的例子。有一种文选叫做《贝德福世界文学选》(*Bedford Anthology of World Literature*),它完全是由某英文系的五个人编辑出来的,但他们其实不太了解世界上的各种文化和文学。他们的意图是好的,但所编文选却极为肤浅,根本不足以介绍所涉及的不同文化,而教师们也不怎么使用它。我认为,这反映出这样一个事实:它只是提供了一种美国人对世界上其他文化的看法。这就是一种不好的世界主义,它只不过是进一步确认了你自己国家的伟大以及你欣赏世界上其他文化的能力而已。因此,我认为,如果世界文学教授得好、学者们对它也充分理解的话,它就能够成为一种加深对世界的理解的极为重要的工具。当然了,文学并不直接地反映社会。但是,在其转变中,它能为我们提供一扇窗户,透过这扇窗户,我们可以更加真切地透视社会的灵魂。正像亚里士多德所说的,正因为此,它比历史更具哲学性;它是人们真正深刻而完整地接触另一种文化的绝妙途径。因此,世界文学确实能够有助于生成一种世界主义观点,促进世界上各民族之间更加深入的理解。这不是简单地将不同的文化融为一体,而是加深对不同文化的真正理解。此外,由于文学从其内在本质上看就是跨国的,所以,所有的文学传统都是在与几种或者多种其他文学的对话中创造出来的。明确这一点是至关重要的。

问:这样说来您肯定有很多熟悉不同文化和不同文学的专家来做这项工作了?

答:没错,另外我们需要做的一件事就是培训我们的人,去进行更多的合作。

问:你们也与当地的专家和学者合作吗?

答:是的。他们都是研究我们所涉及的不同国家的专家,熟知这些国家的文学和文化。就拿《世界文学选》来说吧,我们有 11 位编辑,都是在不同领域熟悉各种材料的专家。我自己可以用 12 种语言开展工作,但还有世界上很多地区的语言是我不熟悉的。对我而言,有一位真正的汉学专家是至关重要的,我们也有日本方面、南亚方面、阿拉伯文学方面、拉丁美洲方面的专家,以及欧洲各个地区的专家,这样我们才能真正在一起共同合作,用真正的知识开展工作。

问:您还记得你们都选入了哪些中国文学作品吗?能简单就此谈一谈吗?

答:好的。在西方,中国的古典文本比现代文本更加为人所熟知,这是十分有趣的。所以我们精选了很多优秀的唐代诗歌,包括杜甫、韩愈和王维的诗歌。我们也从《论语》和《诗经》中选了一些篇章。我们从《论语》、《诗经》和《庄子》中都选入了一些较早的材料,有一部分是关于道教的材料,还有晚些时候的作品诸如《西游记》等,我们从中选了有大约 75 页。我们不能再多选了,但我们觉得这些也足以让读者品尝一下它的味道了。对于 20 世纪文学,我们实际上应该多选一些的。我们选了张爱玲和其他一些中国作家,当然也包括鲁迅,我们还选了胡适的《文学改良刍议》。我们以一系列关于"文学应该是什么样子"的现代主义宣言作为 20 世纪卷的开端。而我们的关键性文本之一就是胡适的文章。胡适真是一个十分有趣的人,他自己就是一个文化翻译和文化转换的代表人物,因此我们将他的宣言置于其他一些欧洲和拉丁美洲的宣言之后。这种组合是十分有好处的。

我们也有很多日本的材料，包括《古今集》(*Kokinshu*)、《万叶集》(*Man'yoshu*)中的一些作品，我们也从《源氏物语》(*The Tale of Genji*)和《平家物语》(*The Tales of the Heike*)中精选了一些片段。除了紫式部(*Murasaki*)的伟大叙述，我们也从平安时代(*Heian*)女子宫廷文化中选取了一些其他文本，如清少纳言(*Sei Shonagon*)的《枕边禁书》(*Pillow Book*)；再就是晚些时期的作品，我们选入了伟大的戏剧家近松门左卫门(*Chikamatsu Monzaemon*)的《网岛心中》(*Love Suicides at Amijima*)；到了19世纪晚期和20世纪早期，我们选入了明治时代作家樋口一叶的作品，她是一位非常有趣的短篇小说作家；我们还包括了后来的三岛由纪夫(Mishima Yukio)以及其他几位现代日本作家的作品。

美国世界文学课的通病之一就是选材常常只局限于那些主要文化，而我还想做的另一件事就是试图超越这种局限。因此我们在文选中也包括了朝鲜文学和越南文学，我想这在美国现行的很多其他文学概览课程设置中是不多见的。

问：您被看做是当代西方学术界的一颗新星。在中国，您不像老一辈的理论家如J.希利斯·米勒或者詹姆逊那么有名。作为年轻一辈的文学理论家的代表性人物，您认为您的理论定向和他们的有什么不同呢？

答：我想，J.希利斯·米勒和詹姆逊甚至斯皮瓦克和一些其他人，都属于这样一个早一些的时代：对他们而言，比较文学主要是有关文学理论的阐述的。这是比较文学的一个首要任务，尤其是在美国。这些人都是在美国接受的教育。那个时候，该学科主要在将欧洲文学理论进口到美国，并试图发展出美国的回应。这与我所听说的关于目前中国的情形相差无几，不论有没有某种中国文学理论，它们也都是比较类似的过程。过去多年的研究经历，使我自己开始意识到，纯理论有可能变得极为抽象，因此我更感兴趣于那些密切植根于实际的文学文本的理论著作。我倾向于首先去努力思索文学，然后再思索源自文学的理论含义，最后再形成我自己的思想。

我也感到我对我学生时代——1970年代——的文学理论感到不太满

意,那时的文学理论经常建基于涉及面很窄的文学样品之上:所以保罗·德曼主要研究欧洲浪漫主义并从中得出他的理论;希利斯·米勒则致力于维多利亚时期小说的研究,他对法国理论很感兴趣,但他主要是将其应用于一个世纪里一个国家的小说研究了。因此,这是非常具体的。而我认为,今天的理论家们由于文学基础面较宽,确实获益匪浅。

问:多谢。您曾经写过一些有关爱德华·萨义德的文章,您也提到过您对他的理论并不尽同意。您能否谈谈您对后殖民主义的认识,尤其是对萨义德的认识?

答:我能够在保罗·德曼的时代进入耶鲁学习并碰巧于爱德华·萨义德出版其《东方主义》两年并引起巨大反响之后受雇于哥伦比亚大学,想起来真是够幸运的。从 1980 年我开始在哥伦比亚执教,经过了 80 年代和 90 年代一直到现在,萨义德从世界各地吸引了无数优秀的学生来与他一起从事研究工作。有很多年,他都是哥伦比亚大学比较文学的学科负责人,我那时则负责研究生工作,因此在那一阶段,我从他身上学到了不少东西。看到他开创性地打开从文学通往政治问题、社会问题和权力问题等的大门,着实令人十分高兴。至于说到我的异议,我的意思是说,他留给我们的是一份非常复杂的遗产。他那些最具创造性的学生最终都在做一些与他的研究截然不同的研究工作。而且我认为,从后殖民向全球化研究的转换,标志着从与特定政治情形的某种紧密直接的联系向更为宽泛的过程的一种转变。

此外,我认为当我讲求合作(collaboration)时,这一点是与萨义德很不一样的。萨义德以一种相当激进的、令人仰慕的方式创造了他自己的自我,但他是一个极为独立的人。他所描述的知识分子都是特立独行的人,他们原则上都不会与其他人在智性上有什么合作,而我则对合作十分感兴趣,并认真思考我们如何可以涵括比个人所能了解的更多的世界。

问:多谢回答。在您对文学理论和文学的研究中,您最关切的问题是什么呢?

答:目前我对翻译理论十分感兴趣,在我们看来,这是近来在比较文学领域显得十分突出的话题。

问:您是说文化翻译吗?

答:实际上我说的是语言翻译,是文学文本的翻译,不过现在它也不仅仅是语言学上的翻译,而且也是一种文化翻译了,可以说二者兼而有之。这是很有趣的,因为我们如果要放眼世界的话,当前确实不得不做很多翻译的工作,因为我们不可能直接懂足够多的语言。这就是我对翻译十分兴趣的原因。我认为文类理论很有意思,就像作为一种理论形式的比较诗学那样。譬如,在朗文文选中,我们在好几个地方都安排了"什么是文学"这样的部分。在唐代部分,我们选入了当时一些什么是文学的理论文本,在南亚部分我们又选入了一些关于梵文文学理论和美学的文本,每部作品中只选十到二十页,以使学生能够真正明白,文学在这些不同的社会(甚至也包括古希腊)中,是有着与在我们社会中不同含义的,并开始理解这一点。这是一个十分有趣的关于文学是如何被创造出来的理论问题,它一部分与接受理论有关,另一部分则与诗学有关。我想这些就是我最感兴趣的理论问题了。

问:自从20世纪最后十年以来,东西方的很多学者都表达了他们对文学研究的活力及其继续存在的权利的焦虑,我们也很容易看到很多文学研究机构已经改名为文化研究机构,而比较文学研究也改为比较文化研究了。请问您是怎么看待这种现象的?文化研究最终会取代文学研究吗?

答:这个问题提得很好。我认为文化研究不应取代文学研究,也没有必要。显而易见的是,远离纯粹的形式主义,并将文学和文化结合在一起研究,这使得在文学研究和文化研究之间建立起一种至关重要的肯定性联系成为可能,建立起这种联系对二者都是有益的。我认为文学研究应该始终在对于文化的研究中保持某种重要地位,因为文学文本是借以思索文化的最丰富、最复杂、最完整的途径。同时我也认为,将文学研究与其他文化表达方式联系起来是有益的,这样可以帮助我们更好地理解文学。而且从实用的角度讲,我认为这样可以有助于引导学生去阅读更多的文学作品,因为他们成长于一个视觉文化的时代,读的书不够多,因此,把文学与文化研究连接起来实际上可以将他们拉向文学的怀抱。因此,文化研究不但不会吃掉文学，反而有可能帮助文学避免变成一种十分狭小的古董式的行为，并使它与当前的文化生机勃勃地联系在一起。

问：这是十分深刻的见解。

答：你可以从我将要在清华作的关于“说唱”歌词(Hip-hop lyrics)的演讲中看到这一点。1970 年代当我还在耶鲁的时候，没人会将一首流行歌曲搬上保罗·德曼的课堂，那简直是无法想象的，你要谈论的唯有卢梭或者普鲁斯特。但我认为，一种活力四射的文学文化是会与它周围的所有东西联系起来的。

问：那么您是如何看待比较文学的未来的呢？

答：我对这个问题也很感兴趣。总体而言，我认为当前对于比较文学来说是一个充满希望的时代。三十年前，也就是 1970 年代，甚至到了 1980 年代，很多院系都十分关注文学理论，那时的研究是一种十分精英式的研究，也主要是一种自上而下的研究。看到这一点是十分有趣的。那时，它的定向是只瞄准那些著名高校的，而且面向的主要是研究生，只有很少的一部分是面向本科生的。我认为那时的比较文学学科所濒临的险境是：它要向内生长，并有可能脱离那些对文学感兴趣的大众基础，尤其是本科生。我认为，如果缺少广泛而坚实的本科生基础，该学科就不可能兴盛发展起来。在美国肯定是这样，而我怀疑在这里(中国)也是如此。我同时也认为，当前强调世界文学对于作为一个研究科目的比较文学来说是件好事，因为世界文学确实是来自底层而且力量十分强大。我至少可以从美国看到这一情形。在美国，世界文学正开始变得炙手可热，原因之一就是因为那里有很多学生都出生于国外或者他们的父母来自世界各地，而这部分强大的移民人口会将整个世界带进课堂里来。还有就是我们的小学和中学，已经不再像以前那样单单强调美国文学和英国文学了，而是与全世界增加了联系和接触。我们当中很多人都有一种紧迫感，尤其是美国人，那就是：我们无法承受将自己与世界上其他地方割裂开来，或者认为唯有我们才是最重要的。我们再也不能将自己臆想成我们自己的“中国”(“middle kingdom”)了，尽管历史上我们曾经短暂地那样想象过。我们亟须与其他社会联结在一起。因此，我认为比较文学在帮助学生透过世界文学认识世界方面能够发挥极其重要的作用。

或许我可以给你举个例子。在过去十年间,我们的美国比较文学协会(American Comparative Literature Association)成员数量增加了一倍。越来越多的人想要参加我们的年会。十年前我们每年约有250人参加会议,其中只有约半数的人提交论文,规模确实不大。而今年(2009)在哈佛大学,我们将宣读近2000篇论文。因此在过去十年间,变化是惊人的;而且很多参会者本身并不是来自比较文学系或者专业的比较文学学者。但是他们的研究使得他们进入了比较研究领域,然后他们又看到比较文学可以为他们提供一片超越民族文学疆界的空间,使他们可以与别人一起分享他们的研究成果。实际上,即使是在我正在给哈佛研究生新生所讲授的比较文学课堂上,有三分之二的学生都不是我们比较文学系的。他们来自六个不同的系所,他们来是要学习如何进行比较研究以满足他们各自不同的目的。因此我们有来自英语系、非洲裔美国研究系(African American Studies)、神学院、东亚系以及中东研究系(Middle East Studies)的学生。他们都选修了这门比较文学研究课。我认为这样做是很有助益的、很健康的,比较文学课堂就应该成为不同传统、不同背景的人们聚集在一起,相互交流、相互学习的地方。

问:是的,相对传统的课堂,这些跨学科的研讨班无疑会使学生们受益无穷的。我最后的问题是关于您所受到的家庭影响的。您哥哥里奥·戴姆罗什也是一位杰出的学者,精研英国文学和欧洲哲学,现任职哈佛大学英语系主任。我们不禁要问一下您的家庭情形是怎样的?您能简单说说您所受的家庭教育、您的家人是如何影响了您吗?

答:这个问题很有趣。我父亲是一位英国国教教士,他在菲律宾工作并在那里遇见我母亲。实际上,我和我的两个兄弟都出生在菲律宾。我哥哥里奥实际上曾经被日本士兵关押过,我的二哥出生于战后的菲律宾。我觉得,部分是由于这种背景,我是伴随着某种国家意识长大的,尽管我从未单独去过菲律宾,但我却能充分意识到世界的广阔。再往上追溯,我父亲祖上是欧洲的犹太裔音乐家,一百二十五年前移居到了美国。因此我总是感觉尤其与德国文化有某种关联,这是因为我祖上的那些音乐家们都很德国化;

他们与音乐圈子联系十分密切,他们与19世纪所有的主要作曲家都是朋友。我有四分之一的犹太血统,我的曾祖父母皈依了基督教,而我父亲实际上就是一个牧师。所以从血统上讲我部分是犹太人,部分是欧洲人,但我自己感觉从某种意义上说我更多的是德国人而非犹太人。但这两者都占不小的比重。因此,这种背景一方面给了我一种看待欧洲的国际性眼光,另一方面又通过我父母在菲律宾的经历给了我某种看待亚洲的国际性眼光。我父亲熟知伊格洛特语(Igorot),我甚至就是听着这种语言长大的。伊格洛特语是居住在菲律宾的吕宋岛的山民所讲的语言,我父亲曾经跟他们住在一起。我认为这对我产生了不小的影响。

我哥哥里奥对我的影响极大,因为他比我年长十一岁。当他读大学、读研究生的时候,我还是个小孩呢。我看见他学习英国文学,于是我也逐渐对学术生活产生了浓厚的兴趣。我读了很多书,意识到我自己也可以成为一名教授。同时,作为一个弟弟,我想要做点与兄长不同的事情,以显示我的个性。这就是我选择了不同的文学研究领域的原因,或许是无意识的吧。但我总是十分景仰他、敬佩他在某个领域深入研究的专注能力。我则恰好与他相反,我喜欢到处看看不同的事物。但他一直是我的榜样,他是个真正的知识分子,是一个真正喜欢思考文学的人。因此,我们家里有两个教授和一个教士。我的二哥像我父亲一样成了一名教士。我想,对于我和里奥而言,当教授也有点儿像是主持一个世俗的讲坛。

问:这么说,您也有一种神圣的使命感了?一种文学的使命感?

答:一点也不错。我确实对文学的重要性有一种传播福音般的感觉,我想要像使人皈依宗教那样使人们热爱文学、关心文学。

问:非常感谢您给我这次访谈的机会!

后殖民理论的反思与未来
——罗伯特·杨教授访谈录

编者按:罗伯特·杨(Robert J. C. Young)是当代英语文学及后殖民主义研究领域里的先驱和最有影响力的学者之一。他早年毕业于英国牛津大学,曾任牛津大学文学批评理论及英文教授,2005年受聘美国纽约大学任朱丽叶·希尔维(Julius Silver)英文和比较文学讲座教授。主要著述有:*White Mythologies: Writing History and the West*(1990);*Colonial Desire: Hybridity in Culture, Theory and Race*(1995);*Torn Halves: Political Conflict in Literature and Cultural Theory*(1996);*Postcolonialism: An Historical Introduction*(2001);*Postcolonialism: A Very Short Introduction*(2003);*The Idea of English Ethnicity*(2008)等。他的著作已被译成近二十种文字,其中中译本包括《后殖民主义:历史的导引》(2006)和《后殖民主义与世界格局》(原书名为《后殖民主义:一个简短的介绍》)(2008)。

2009年3月18日,笔者趁罗伯特·杨应邀来京进行学术活动之机,在西郊宾馆对罗伯特·杨教授进行了长篇访谈,详尽地探讨了后殖民主义的种种议题、后殖民主义的未来发展趋势以及后殖民主义在中国的变异和作者的期望等等问题。他高瞻远瞩地回顾了后殖民主义理论在世界各地的运用及其与当地状况结合后产生的种种变异,剖析了当代民族主义的兴起与蜕化,分析了比较文学所面临的问题与未来,也谈到东方文化尤其是中国文化和印度文化中的种种问题。杨自命为一个"马克思主义异议分子",他探讨了自己对马克思主义的批判性吸收和创新以及"第三世界"这一术语的问题。杨还谈到自己所建立的后殖民主义"宏大叙事"、后殖民主义在神学等领域的新思路、后殖民主义与生态批评关注点的契合、后殖民主义与现代性的关系等等议题。

问：杨教授，自从 1990 年代以来，您在中国变得越来越有影响力了，而您对后殖民理论“圣三一”——也就是爱德华·萨义德、佳亚特里·斯皮瓦克和霍米·巴巴——的定义，也在当代西方文学理论界变得家喻户晓，一时间似乎大家都在阅读、引用他们的作品，这些都要归功于您对他们的介绍和肯定。因此，在某种意义上说，您实际上是后殖民理论这一学科的缔造者，因为当一线的理论家们在他们各自所专长的领域内从事理论创造时，是您理清了后殖民研究这一领域，并在各位理论家之间找到了有趣的联系。同样重要的是，当人们对后殖民理论所知甚少之时（这主要是由于这些后殖民理论家们深奥晦涩的行文风格，譬如斯皮瓦克和巴巴的著述），是您用通俗易懂的语言和清晰的逻辑脉络将他们的思想呈现在更为广泛的普通读者，甚至是国外读者面前，加深了读者对这些理论家的概念的理解与把握，从而帮助推广了他们的极为艰涩的理论。因此，很多人其实是通过您的作品才认识巴巴等人的作品的。那么，我们是否可以这样说，在一定意义上，对于大多数读者而言，您要比那些后殖民理论家更加重要？另一个问题，您推广他们的后殖民理论是不是要将其作为对欧洲中心论的理论的一种制衡？

答：我不认为我比他们更重要，因为他们才是这一领域内的真正的先驱者。至于我，我当时正在寻找某种新的理论，用以替换我在我的著作《白色神话》（*White Mythologies*）的第一部分中所讨论的历史理论中的历史主义；多年之后，查克拉巴蒂（Dipesh Chakraborty）也在其《将欧洲乡村化》（*Provincializing Europe*）中以不同的方式重新追溯并发展了这一轨迹。我所发现的是一种欧洲中心主义，它十分顽梗不化。在某种意义上说，它确实给我造成了很大的困难；甚至萨特也遭遇到了这样的困难，而他还是最能意识到欧洲之外的世界的。他还是一个极为关注第三世界的哲学家，和法侬是好朋友，还为《地球上的受苦人》（*The Wretched of the Earth*）写了序言。在 1960 年代，他花费了大量的时间和精力以使人们与他一同关注第三世界的政治状况和政治问题。但即使是萨特，他在其《辩证理性批判》（*Critique of Dialectical Reason: Theory of Practical Ensembles*）这本关于历史的著作中，也将其他世界降格到边缘位置。因此，我觉得，人们要么专注于欧洲，要么只关心欧洲以外的世界，却从未将这二者结合起来，程度之深是极不寻常的。如此之多的历史作品和文化作品的角度都是欧洲中心论的，而人们似乎从未认为这里有什么问题。而这就是为什么我转而去阅读爱德华·萨义德、佳亚特里·斯皮瓦克和霍米·巴巴的作品，即使他们在某种层面上并没有真正回答我的问题——也就是如何书写历史，如何能够撰写一种突破了西方疆界之限囿的不同的历史。他们没有正式地探讨这一问题，但我通过阅读他们的相关作品，我可以看出他们是在致力于转变这种欧洲中心论的视角，我也可以看出：一整套的相关的问题得到了讨论和阐述——这也就是我们今天所谓的一种后殖民的视角。事实上，当我开始写作《白色神话》时，我策划该书时最初是想只用一章的篇幅来讨论他们的著作。我本来想把他们并在一处作为我所称的"第三世界之偶然性"（"third world contingent"），我当时的意图在某种程度上虽然不是要对整本书作出平衡（该书讨论了欧洲的马克思主义历史哲学家），至少也是要建议一些探索未来作品的途径。但当我开始论述他们并思索他们所提出的问题时，我发现需要探讨的东西大大增多了；我想这在学术写作中是司空见惯的。于是，我不是写了一章而是三章，他们每一位各占一章，这是因为我完全沉浸在他们所提出的问题中了。

你说的也没错，我在1990年确实是第一个对这三位理论家作出论述的人，我也是第一个将他们三人置于一起作为一个领域进行讨论的人。但是，我当时并没有使用"后殖民"（postcolonial）这一术语。我们那时还没开始用这个术语。"后殖民"这一术语实际上是由比尔·阿史克罗夫特（Bill Ashcroft）等在他们的著作《帝国回写》（*The Empire Writes Back*）中引进的，该书出版于1999年，比《白色神话》（*White Mythologies*）早一年问世。他们在一种特定的、非历史的（ahistorical）意义上使用后殖民一词。但它直到1990年代中期才真正成为指称这一领域内的术语。这就是为什么"后殖民"一语没有出现在第一版的《白色神话》中的原因；但无论如何，正如你所指出的，我们现在可以看到：我那时的工作在某种意义上说确实标志着这一领域的出现。那时，我试图将他们置于与西方马克思主义的历史哲学的关联之中，在某种意义上说，我在《白色神话》中提出的问题直到很晚才得到完整的解答：那就是《后殖民主义：历史性导论》（*Postcolonialism: An Historical Introduction*）。在该书中，我发展出了一种还带有理论性但却更具历史性的叙述，描绘了一种不同的历史的出现，这种历史通常是被阻挡住了，从未被联系于欧洲的马克思主义“本身”——但那是很晚以后的事情了。所以,从某种意义上说,《历史性导论》一书的写作是对我自己的一个回答,是对我从《白色神话》开始思索的那些原初问题的回答。

二十多年过去了,现在回想起来,我觉得历史已经显示,我那时从众多当代知识分子中选择这三位思想家是正确的,他们都做着卓尔不群的工作。我的意思是说,他们起到了一种转换的作用,开辟了一个全新的领域。我认为那个时候没有任何其他思想家的工作可与他们的相比。因此对我而言,他们曾经是、也仍然是三个举足轻重的人物:他们各自通过不同的途径(当然了,他们都彼此认识也阅读彼此的作品,从这种意义上说他们也不是完全分开的),开创了后来所谓的“后殖民研究”这个领域。我那时所做的就有些不同,我提出了一个不同的问题,那个问题现在变成了“底层研究”(the Subaltern Studies)历史学家们的研究兴趣了,因为我那时被历史问题深深地吸引了,试图从哲学上研究这个问题。斯皮瓦克和巴巴等研究的有趣之处在于:他们的写作主要不是历史性的,而萨义德的作品则无疑有着一种很强的历史性视角。但或许正因为此,我实际上对他的批评才越发不客气。但今天看来,我觉得我在该书中对萨义德批评得有些过火了,因为他的视角一般说来也就是我自己的视角,无论是他将文化历史化还是将文化与历史对立起来的种种思路,这些也都是我在做的工作。而理论是那种文化的一部分,正如文化关联于历史那样。这是萨义德所关注的,而这也是我的兴趣所在。

问:多谢。萨义德教授已经离我们而去了,我们先不谈;如果让您重新举出最重要的后殖民理论家的话,您还会包括斯皮瓦克和巴巴吗?另外还有谁是当今世界上最具影响力的后殖民理论家呢?

答:这个么,这是个有趣的问题,因为它引发了一个更大的问题:今天后殖民在哪里?无论它是什么,我都会包括巴巴和斯皮瓦克。我或许还会包括我自己。另外一些我认为做出极为重要的工作的人一般说来是那些印度政治科学家和历史学家。

问:您指的是“底层研究”群体吗?

答:是的,主要是指底层研究群体。我在《白色神话》中确实也提到过

“底层研究”的那些历史学家们，但我没能对他们作出充分的论述。现在我无疑要将历史学家拉纳吉特·古哈（Ranajit Guha）也包括进去，事实上是他启动了“底层研究”——一个反民族主义、反印度共产党（anti-CPI）的纳萨尔计划（Naxalite project）。他之后的主要人物就是柴特基（Partha Chatterjee）、查克拉巴蒂（Dipesh Chakrabarty）和普拉喀什（Gyan Prakash）了。在那个群体中还有其他一些重要人物，而我们也不应该忽视了拉丁美洲的底层研究历史学家们。他们作为一个团体也做了极其重要的工作。他们不但在普泛的历史书写上而且也在后殖民研究运作的方式上，都真正地留下了他们的印记；因为他们赋予了后殖民研究一种历史性维度，而我认为这一点既是激进的也是强有力的。因此，如果说今天要对这一领域进行描绘的话，他们就是立马跳到我脑海中的人物，因为他们都是定义这个领域的人物。还有很多其他一些人也可以加上，但现在很多领域内都采纳了后殖民的研究视角，因此很难维持人们主要在某个领域内从事研究的那种感觉了。

问：肖哈特是不是对巴巴和斯皮瓦克持有批判态度？

答：很多年前她确实持有很强的批判态度，但她自己本身就是一个后殖民批评家，她的研究范围极为不同，主要关注犹太人在中东地区的身份问题。曾经有一段时间，后殖民批评家们的特点之一就是批判其他的后殖民批评家，这或许是某个领域形成阶段的一种症候吧，是那些按照他们心目中的理想来定义该领域的参数的那些人的一种症候。伊格尔顿曾经在某个地方指出，变成一个后殖民批评家的方法，就是谴责爱德华·萨义德以及整个后殖民研究领域，而这就是变成一个后殖民批评家的入伙仪式。当然啦，他的口吻完全是讽刺挖苦了。然而，在1990年代的某段时期，尤其是在艾哈迈德（Aijaz Ahmad）出版了《在理论内部》（*In Theory*，1992）之后，大家都在相互指责，大家都自我声称自己比其他人更政治化，所以在我看来，它最终变得极为自恋，做的都是无用之功，而完全忘记了后殖民研究到底是干什么的。后殖民研究的目的难道不是要给世界带来改变吗？所以，当我在1990年代末创立《干预》（*Interventions*）这一刊物时，我们的规则之一，事实上也是唯一的规则就是：我们决不刊发那些针对其他批评家的深怀偏见（ad hominem or ad feminam attacks）的攻击性文章。我们绝不发表这一类的东西。

而且我觉得，从那以后，情况有了很大改观。人们找到了比一味地抨击别的批评家（这些批评家通常比他们自己更著名）更好的事情去做；在我看来，这种抨击越来越像是无谓地浪费时间——如果你不喜欢那些作品，为什么自己不去写点更好的东西出来呢？这并不是说我们不能对这一领域或者对该领域内的某些观点发出批评性话语，但问题是，这种领域似乎是在靠其自身的养料来生长了，如果你不反对我这样说的话——有些人实际上是通过抨击他人而开创了自己的事业，使自己功成名就。我不反对任何人对后殖民理论领域里的某些特定问题提出自己的看法。譬如说，我认为肖哈特有关后殖民思想的批评是中肯的。她同时也在做一些非常有趣的新研究，很多其他人也都是这样的。事实上，如果你看一下那些真正定义并转换了这一领域的人物时，他们绝对不是些只知道浪费时间发泄满腹牢骚、只知道反对这个批评家或者那个批评家的政治的人。

问：在中国，有很多对后殖民理论和后殖民概念的误读，比如挪用后殖民主义来推动民族主义和某种本质主义。您在其他国家也遇到过类似的情形吗？文化批评家们该如何去做呢？

答：我对中国的情形不是很熟悉，但我确实在其他地方发现了一些类似的踪迹，譬如说在东欧。1990年代，后殖民批评在东欧一度极为繁盛，很多人都表现出很浓的兴趣，有些人说：我们被俄罗斯人殖民了四十多年，现在好了，我们自由了。有时候它就像在其他一些后殖民国家那样，采取了强调民族主义和重新追溯民族认同的形式。一般而言，我想这是一种对后殖民主义的特定阅读形式，它能想方设法在后殖民主义中找到某种民族主义的资源。后殖民主义说的就是民族主义是非常重要的，从历史的角度看是非常重要的，因为它被用来抵制殖民主义——因此一般而言我们可以说：是反殖民主义引发了民族主义，而后殖民主义则对民族主义提出了批判。通常的情形常常是这样的，在获得独立的非洲国家，民族主义变得有害无益了，如果我们可以这样说的话；而且它还经常导致各种腐败现象。因此，很多后殖民作家如赛永革（Ngugi wa Thiong'o）和阿切比（Chinua Achebe）等都有着这样类似的事业轨迹：他们早期的小说都是十分民族主义的，后来就对国家、甚至对整个民族变得越来越失望直至幻灭，正像很多印度后殖民作家所走过的路那样。因此一般说来,对后殖民理论的民族主义思想毫无批判地加以利用,这是很不正常的,除非是在国家尚未形成的地方,那里的人民确实感到民族主义极有存在的必要性。这里恰好有一个与萨义德相关的例子,也就是中东地区的巴勒斯坦的情形。显而易见,如果人们还没有一个属于自己的国家,那么民族主义就具有了某种不同的意义,因为那正是人们要努力争取的。

问:也就是说,他们目前的民族主义仍然是建设性的。

答:是的,我的意思是说,在某种意义上,他们是最后的民族主义者了。但当然了,也有民族主义风起云涌的其他例子,尤其是在那些人们用后殖民理论作为一种发展区域认同的方法的地区,如在西班牙的巴斯克(Basque)或者是在印度尼西亚。还有就是,一般而言,东方主义这个问题,东方主义作为一整套语言,是东方国家和东方文化中的人民按照东西方之间的权力结构所感受到的。在穆斯林世界里,有着一种更强的感觉:他们是一种底层文化,一个世纪以来一直深受凌辱和傲慢统治,尤其是在第一次世界大战后奥托曼帝国土崩瓦解以及“二战”后以色列建国之后,这种种情形导致了目前中东地区无法调节的矛盾局面。又或许这是某一种民族主义,或者叫跨国的民族主义。就中国而言,你所知道的会比我更多,但它也属于某一种反东方主义,它所强调的是反对萨义德所描述的东方主义权力结构。而对于日本来说就更是这样了。我知道有些人借用萨义德来发展出某种逆反的东方主义,而这在萨义德看来没有抓住问题的实质,是不得要领的。

我想,另一些运用这类思想的地区是像土耳其这样的国家,那里的一些团体和政党对萨义德的理论十分推崇,因为他们正在抵制土耳其应该成为欧洲之一部分的思想,而萨义德的作品使他们能够抵制土耳其的欧洲化进程,并为土耳其以及整个穆斯林世界伸张一种非欧洲的身份认同。因此,自身内部就是千差万别的后殖民理论,在不同地区确实发挥着不同的作用。对于任何理论我其实都有这样的期待。萨义德自己在《旅行的理论》(“Traveling Theory”)中就指出:当理论旅行的时候,它从来就不是跟原来的完全一样,因为它已经根据当代条件作出了调整和改动,以便能够符合于当代的目的;然后经常的情况是,有人会说:这个么,并不是原来真正的理论,因为某个术语或者某种思想原来的意思是这样，而到了此地却成了那样，这是错的。但是，理论的意思之所以不同，是因为它已经旅行了的缘故。而这种改变本身也可能是一种新创造，因为在文化翻译中理论的发展就是这样的。如果理论无论走到哪里总是同一副面孔，那么它的运作方式与科学理论的运作方式又有什么区别呢？当我创立出一种正确的科学理论时，那么在世界上任何一个实验室里它都会产生同样的结果。可重复性表明了它的正确性。如果它在中国得出与在美国不同的结论，那么从科学上讲，它就不是一个真正的理论。它就不可能是科学的。这种理论就是错误的。但在人文科学领域，哲学和理论就是另一回事儿了。概念和思想首先是被翻译到其他文化中，当它们被翻译的时候，就已经变形了。它们为了适应当代的目的而作出了改变和调整。而这种变化是应该的、正常的，因为新思想就是这样被创造出来的。

问：是的，在这种意义上说，误读是非常可以理解的。但从后殖民理论的角度看来，民族主义是很不可取的，它在民族独立之前曾经是具有建设性的，但后来却变得退步了、保守了，您是怎么看待这种民族主义的？

答：如果这就是后殖民主义被使用的方式，那么这是很令人不安的，因为这就等于说，它被挪用来反对自己了。你可以说，后殖民主义的“后”的全部要点就是要使人们集中关注民族主义所带来的种种问题，尤其是它倾向于将同一性强加于民族文化之上（这是一种本质主义），以及否认文化少数族及其语言、宗教之存在的方式。当然，再一点就是，民族主义极其容易滑落为侵略他国的形式：有那么多的国家开始时的民族主义都是建设性的，其目的在于获得它们的自主权；但最终都为了保持自己的动力而去攻击它们的邻居。这是一把双刃剑。如果后殖民理论能够鼓励人们多去批判地反思民族主义，那它才能真正发挥自己的作用。如果人们一点都不批判性反思地使用这种理论，并最终使其沦落为民族主义的纯粹工具，那么它也就不再是后殖民理论，而是变成了其他东西了。它已经退化为简单的民族主义了。后殖民主义试图要达到的，是一种调整世界秩序及其公民社会的方式，而后者是不能建基于民族或者民族主义之上的。

问：您于2005年就被聘为纽约大学的朱列斯·西尔沃英文及比较文学

讲座教授,作为知名的比较文学专家,您能否谈谈比较文学的未来以及当前比较文学界所面临的主要问题呢?

答:我们首先要问的一个问题是:比较文学有未来吗?这个领域本身基本上就是第二次世界大战之后发明出来的,那时人们感到,通过比较不同国家之间的文学,会产生某种国际性理解,防止战争的发生。这无疑是十分乐观的。这就是为什么比较文学具有某种欧洲基础的原因。结果就常常是,它的建构方式十分怪异,甚至现在也是如此:比如保罗·德曼会写出一篇简单地题为《济慈和霍尔德林》的论文。德曼的论文采取的形式是对这位英国诗人和德国诗人进行比较,他们都生活在大致同一个时期,都属于浪漫派诗人。但实际上,他们之间没有任何直接的关联。我认为这种比较文学已经走到了穷途末路,而很多人也认可这一点。实际发生的情况是,部分地因为对民族主义的批评,人们已经开始质疑按照民族身份和民族疆界来研究文学的这一整套方式。在20世纪,这一点从经验上已经变得很成问题了,这经常是因为作家们本身就是到处迁移流动的。我们就以拉什迪(Salmon Rushdie)为例好了。他生于英属印度,然后又去了英国,后来又搬到美国。他的国籍是什么?我们该把他置于哪种民族传统中呢?他的写作从多种传统中汲取了营养,反映着多种文化。因此将他置于任何某种单一的民族文学传统中都根本是没有任何意义的。或许他就是一个好例子,说明文学本身就已经变成跨国的了。比较文学的位置最适合于使人们熟悉这一点,也使人们明白,从20世纪开始,准确地说,从现代主义(modernism)开始,文学已经不再仅仅是一种民族性的活动了(即使它曾经是)。实际上,从那个时候,文学就变成一种国际性的活动了。文学或许是用不同的语言写成的,但这并不意味着即使是在同一种语言内部只有纯粹单一的语言传统,因为,即使是民族文学这一思想的悖论之一就是,它假定作家就仅仅是阅读那些用同一种语言写作的作家作品,这样它就创造出了自己的狭隘的传统。但实际上,所有的作家都试图进行国际性的阅读:我的意思是说,在文艺复兴时期,他们都阅读古典文学和经典作家的作品,文艺复兴时期很多英国作家不但用英语写作,也使用拉丁语和意大利语写作。在18世纪,他们阅读的是古典作品和法国作品;英国的浪漫主义作家也阅读德国作家的作品。所以,和我们一样,他们并不是将自己限制在阅读某一种语言上。今天,如果我们拿起一本小说，其作者可以是任何国家的人，他或许是印度人，或许是南美人，也可以是德国人。对于我们这些读者来说，这并不是什么重要的事了，而作家们也是如此。因此我们必须要找到一种不同的讨论文学的新方法。

另一方面，我们又不得不注意一个文本用以书写的语言，因为文学最终还是由文字构成的，是用某一种特定的语言来书写的。因此我们需要承认它到底是用汉语写的还是用英语写的。与此同时，当我们思考文学的时候，不必在作家之间划上一道国家疆界或者民族疆界；我们也需要不根据这种疆界来思考分析文学和将文学历史化的方法。而这，对我而言，似乎是作为一门学科的比较文学最应当做的。因为比较文学根本上应该是多语言的，而实际上文学本身就是多语言的，而且很多作家都是操多种语言的。尤其是很多20世纪的作家，他们都是用多种语言写作的，而不仅仅是一种语言。我一度曾认为，如果我们只是将其局限在国家文学之内或者仅仅局限于对不同的文学进行某种僵化的比较，那么文学很快就将消亡了。但现在我实际上觉得，文学研究的未来就是所有的文学都应该被置于一个包括所有其他文学的框架中进行研究。如果不去思考世界各地的其他文学，那么你是无法研究英语文学的。所有的文学都是一个巨大的内在相连的全球性网络的一部分，而正是在这样的环境里比较文学才真正开始惹人注目了。这是唯一一个容许跨越不同语言写作并在那个框架中进行研究的正式学科，而我认为这正是思考文学的方式。如果你愿意的话，你可以称之为世界文学，但问题是：世界文学到头来往往指称的是以英语写作的文学加上翻译的文本。

世界文学被教授的方式，仍旧是在一种语言之内（当然是英语啦），在美国肯定如此；但对我而言，似乎我们必须要改变的一种根本性思想就是：当你学习文学的时候，你只需要使用一种语言就够了。所有的人都应该受到鼓励去把文学看做是出现在不同语言中的事物，去观察它不同的多语言显现形式。显而易见，没有那个人能够通晓世界上所有的语言，所以你总是站在一个巨大的未知世界的边缘处，这尤其让人感到自己的渺小和卑微。文学是关于它用作表达媒介的那种语言的，而且，实际上语言的差异不断地消失又不断地出现，即使是在英语文学内也是如此。意识到这一点对我们是很有裨益的。这里我只需要给你举一个例子，人们通常都将英语文学和法语文学分开来研究,他们却不知道这样一个事实:很多中世纪时期的法语文学实际上都是在英国创作的。在长达二百多年间,法语是英国的全国性语言。技术上讲,有些极为著名的中世纪法国诗歌其实是英国文学的一部分,因为它们是在英国创作的。但它们又都不容置疑地被纳入法国传统中,就好像它们从来就与英国没有任何联系一样。如果当你意识到实际上一大部分英国文学是用法语写成的时候,你会突然感觉到它跟以前是多么的不同啊。而且,正如我在前面所提到的那样,很多文艺复兴时期的英国作家是用拉丁文写作的;他们使用一种不同的语言进行写作,但并没有感到有什么矛盾或者不妥之处。既然比较文学是反对只学习某种单一的语言的,那么它就提供了一种重新思考文学的整体形式的方法,它使我们意识到这样一个事实:文学是创作于多种不同语言之中的,而这些语言又常常是以不同的方式相互关联;它们不是分开的,也从来没有被分开过。

问:就我所知,您曾经在很多亚洲国家和非洲国家讲学,包括印度和埃及等国。与您一起生活了二十年的妻子也是一位亚裔,一个生于英国的巴基斯坦人。因此我觉得您是不是对亚洲文化有了很多体会和认识。您能否尝试比较一下西方文化和您所知道的东方文化如印度文化、巴基斯坦文化或者中国文化呢?我知道这是很不容易的。

答:这个对我来说确实很难。我想指出的一点是:英国文化现在已经是带有南亚特征了。它已经变得十分混杂。而且英国人实际上也已经混杂化了。所有英国人都带上了各种各样的亚洲文化的特征以及其他文化的特征,譬如说加勒比文化。

问:可是,英国的主流不还是欧洲文化吗?

答:没错,你会以为是这样的,直到你去看看另一个使用英语的文化,譬如说美国文化,然后你就会突然意识到英国文化(已经变得)带有多么多的印度文化或者南亚文化特征。我认为这些文化掺杂在一起的方式是极其有趣的。譬如说,现在有很多南亚人在电影和电视等各种行业从事媒体工作。他们中很多都带有英国的某些幽默传统。在英国,很多南亚人的作品都是幽默的——这是他们所能找到的对付多种问题尤其是种族问题的最有效的方法了。他们所采用的这种幽默源自以前英国工人阶级的幽默传统。因此这是一种混合物,它带有种种形式的挪用,使得那些英国亚裔与比如说印度的亚洲人迥然有别,在后者那里,幽默在印度小说中的作用和重要性显然要小多了。而大多数英国人则对亚洲文化的各种特征都是相当习惯的。他们没有对其感到反感。它确实在各个方面丰富了英国文化,它与我在其中长大的更加传统的英国文化是有很大不同的。

这就是我在我的最新著作《论英国的种族性》(*The Idea of English Ethnicity*)中的主要论点。1980 年代和 1990 年代的黑人批评家和亚裔批评家们常常认为英国文化是同质性的。实际上它从来就不是那样的。它一直都是混杂的,由各种各样的形式构成的。譬如说,虽然有很多冲突,但是英国文化吸收了大量的爱尔兰文化,尤其是在 19 世纪;后来又在 20 世纪末吸收了很多南亚文化和加勒比文化。从某种程度上说,这种巨大变化(transformation)是跨国出现的,所以你会看到印度本身已经与 1947 年的印度有了极大的不同,尤其是自从 1990 年代,它已经变得更加美国化了,到处都是大型购物商场之类的东西。所以多种变化或者转型都在持续不断地发生着。因而这里的问题就是:是否真有某种核心的文化差异仍然未被翻译,也或许它本来就是不可翻译的?你也可以说是否有一种根本性的差异?而我对于是否存在这种本质性差异并不是很有把握的。我认为在某些时候是会有差异出现的。譬如,如果我们考察一下阶级因素,我们以英国的中产阶级和印度的中产阶级为例,如果你把他们放到一处,那么他们之间的文化差异比英国工人阶级和印度农民之间的文化差异要小得多,英国工人阶级和印度农民之间的差异要更大、更具实质性。不过,很多来自南亚的移民都是来自劳动者阶层的。有个很大的差异常常为某些批评家所忽略,那就是很多移民美国的南亚人可能都是来自职业中产阶级,而可以肯定的是,很多来自南亚的学界人士通常都属于印度最高种姓的婆罗门阶层;而在英国,移民大多数来自工人阶级或者农民阶级。

问:这里有什么特殊原因吗?

答:这是由不同的移民政策造成的。基本情况是:英国从第二次世界大战之后就一直鼓励移民,因为它需要体力劳动者,而在美国直到 1960 年代还主要是接受来自欧洲的移民,即使是在肯尼迪(Bobby Kennedy)对非欧洲移民开放之后，你要想在去美国工作还是需要具有一定的资格。你不可能只是告诉他们："我是个工人，能给我签证吗？"——除非你赢得了绿卡彩票。在英国，从第二次世界大战之后就存在体力劳动者的短缺现象，很多加勒比海地区的人和先前英国的殖民地印度的人就都来到了英国。

再转回头来看你提出的问题。我觉得我可能比很多人更习惯于在日常生活中应付处理文化差异的问题。我有个印度朋友曾经对另一个朋友说我与大多数英美人士不同，因为"他不会去把他者变成他者"（"he doesn't other the other"）。我或许对一些细节之处更为敏感些，也更加警觉，也就是那些细微的行为差异之类的，哪些是可接受的，哪些不可接受，就是那些足以区分不同文化的东西。因为我有时候会看见别人看不见的事情；或许我更能意识到人们所犯的错误，或者会使人感到不自在。举个例子说，当你碰见人们的时候，你是否需要有身体接触比如握手，或者如果再熟悉一点的话，是否需要亲吻他们的面颊。在一些文化中碰触（触摸）人们是可以的；在另一些文化中则是不可以的，尤其是异性之间。身体接触在不同的文化中是不一样的。这些就是你通过经验学来的知识。我想，这使得我能够在不同的文化中更加游刃有余。在某个层面上看，正是在这一点上出现了难题，这些难题造成了一种疏离的感觉。归根结底，其实是一种十分类似于风俗习惯（manners）的东西造成了（文化）差异。而这就是我认为人们能够学习但却未必愿意学习的东西，他们甚至都没有意识到这些差异，更遑论学习了。人们没有学习，这或许是因为他们没有走出他们自己的群体和文化去接触外面的世界。就我来说，由于种种原因，我十分习惯于与来自世界各地的人们一起度过大量时间，自从我长大成人以后就一直是这样。所以到了现在，如果我呆在一个有各种肤色的人的房间里，反而要比呆在一个只有白人的房间里感觉更自在些。如果全是来自单一背景的白人，我就会感到很不舒服——对我而言，就好像是缺了什么似的，也就是其他种族的人。我不太喜欢那样的环境。但我不会声称自己是定义那些文化差异的专家，因为我觉得那就太自负了。

今天，人们变得越来越意识到这些事情了。事实上，有些咨询机构通过给那些计划开辟新市场的公司提供相应的建议来赚取大笔咨询费，譬如说，如何在中国做生意等等。他们会告诉那家公司说，要想在中国开展业务，你首先要如何如何,而绝对不能如何如何。它已经演变成了一种十分有利可图的行当了。但有趣的是,即使如此,我们也可以看到有些公司取得了成功,它们转变了自己的经营模式因而在异域也取得了非凡业绩,而有些公司却没有成功。其实这不是那么容易做到的,因为有各种各样的细微因素使事情做起来并不那么容易。正是因为这些原因,对印度人而言,他们去英国做生意就比较容易些,因为他们了解英国的体制,因为他们和英国可能已经有了很多接触了。

问:这能否也可以被看做是殖民遗产的一部分呢?

答:是啊,在传统共享这种意义上确实是这样的。但有趣的是,自从大英帝国终结后,它们作为不同的国家和文化走得更近了,因为在过去五十年间,它们之间的混杂交往比过去以往任何时候都多。以前就好像是截然分开的两层东西,现在则更像是掺杂在一起了。而印度人也对我说过,他们感觉到了英国更自在,而当他们去美国时,他们就感到陌生得多——就像美籍印度裔作家拉西利(Jhumpa Lahiri)在其《同名同姓》(*The Namesake*)中所描述的那样。就是在那一刻,他们意识到了待在英国相对地是多么自在。因此,我想,那个共同的殖民文化传统确实在发挥作用。同理,西班牙人在拉丁美洲、法国人在塞内加尔也都会感到更加自在些。这些都可谓是殖民遗产。首先最重要的是语言问题,其次当然就是某种息息相通的感觉(sympathies)。从这一角度讲,对于很多英国人来说,或许东亚是最让他们感到不自在的地方了,因为这是最不为他们所知的或者是他们所知最少的地方。这里的东亚包括中国、日本和韩国。它们或许是英国人感到更不好对付的地方了。当然,香港是个例外,它在其文化的一些方面都保留了很多英国的特征。

问:多谢!您的回答非常详细。您也撰写过一些关于马克思主义理论的文章。如果我没有误解的话,您认为马克思主义理论很多时候都被误读了,被滥用了,其理论框架也变成了一种欧洲中心论的、机械教条的理论。您能否简单说说马克思主义对您的影响?将马克思主义理论运用于文学研究领域并加以发展会牵涉到哪些问题?您怎样看待马克思主义及其前景?

答:很多读过《白色神话》的人都简单化地认为我是个反马克思主义

者,其实根本就不是这样的。如果我不是在马克思主义中发现了很多有价值的东西的话,我根本不会花费那么多的时间去研究它。如果你不介意的话,我倒愿意将自己称作是一个“马克思主义异议分子”(“dissident Marxist”)——对一些人来说,这可能比做一个反马克思主义者更加不可饶恕。我认为,以历史的眼光来看,马克思主义是这样的。一方面,从某种意义上说,它是有史以来最智慧、最强大、当然也是最活跃的智性传统之一,因为在过去的两个世纪中,无数知识分子从马克思主义中汲取营养和智慧。没有任何类似的理论扮演了同样的角色,如果有的话,或许早期的神学可以算是一个,这是因为与马克思主义相类似,所有的智性工作都是在其轨道之中和其范围之内完成的。有很长一段时间,在很多地方,做一个知识分子就是做一个马克思主义者。这两者几乎是同义词。但另一方面,它又确实有、或者历史上曾经有过这样一种倾向:发展出一种理论上的僵化状态。部分或许是因为列宁主义的影响,列宁主义有关政党以及作为人民先锋的政党更聪明等思想。这种态度最糟糕的时刻是斯大林时代,斯大林歪曲了马克思主义。而我看到,毛泽东在其理论著述中对这一倾向作了意义十分重大的逆转,因为在毛泽东看来,不但知识分子应该为人民服务,而且他们应该向人民群众学习——这就是应该将民众的思想注入马克思主义的观点。我们也可以从其他马克思主义者那里看到类似的观点,比如葛兰西。

在我看来,马克思主义首先是一种极为重要的批判性工具,它使人们可以与现实产生一定的距离,它提供了另外一种思索现实并思考有没有可能改善事物的态度。这种批判性视角反过来又依赖于某种不容置疑的伦理假设,那就是:世界上应该有某种社会正义,这就是说,即使人们并非在所有意义上都是平等的(这不是说人们都是完全一致的),人与人之间应该有一种广泛的平等。这应该成为人们的权利,他们应该大致有着与其他人相似的东西,而不应该在财富,或者简单地说,在健康保险和教育等事物方面有着巨大的鸿沟。这一直是马克思主义的目标,其中有些是吸取自自由主义的,而不仅仅属于马克思主义。自由主义开始于这样的思想:通过教育可以造就平等;或者至少,如果每个人都有获取教育的平等权利,那么,在某种水平上他们就会享有平等机会。这是一个美好的假设。但这里被忽略的是人们在文化背景方面的差异。如果你是来自一个受过良好教育的家庭,教育对你而言成了一种规范了,那么这种情况就十分有别于一个来自工人阶级家庭的人,对后者而言,教育是陌生而遥远的。因此,当国家使教育变成强迫性的义务教育时,即使是在政府好心好意的情况下,像在欧洲和美国,我们也会遇到来自工人阶级的某种程度的抵制,因为这似乎是国家将什么东西强加给人们一样。所以很多出身寒微的人在面对教育制度时,他们都对这种局面和社会表示抵制,尤其是当他们常常发现他们的学校不如别人的好时。所以我们不能简单地说:“给每个人平等的教育权,然后就完事大吉了,然后大家都各尽其能地不要落伍”,因为这样是不会奏效的。马克思主义和马克思总是指出,仅仅拥有平等的教育权是远远不够的,因为仅仅通过教育,机会的平等是永远不会真正实现的。

因此,当我思考真正的问题时,这一直是至关重要的。我的问题是:怎样才能带来平等?在任何特定的文化中,是什么东西阻碍了平等的产生?什么东西能够使我们转变普通百姓的日常材料和社会生活?有时候我发现种种形式的马克思主义:从某种意义上说,我感觉人们已经不再思考最终目的(the ultimate objectives)了,因为他们陷入了特定的意识形态问题或者争论中,诸如此类的。这实际上就是我为什么认为:在自由或民主地采纳马克思主义的全球性政治方面,从政治上说服人们是极其困难的。人们做出了很多努力试图去劝说世界各地的人们去充分利用社会主义的好处,但即使这样也是一种极为困难的斗争。在我看来,这是一个十分有趣的问题:你或许认为这些都是为了他们的利益,但他们却退而远之,这里的思考到底缺少了什么呢?换句话说,为什么它没有变得更受欢迎呢?

马克思主义对我而言一直是非常重要的,但它从来就不是一种我所倾心折服的意识形态,那样的话,我就不能创造性地思索新的、从未想到过的可能性了。我一直都想为自己保留一些空间和机会,我希望能够保持一点距离,以便能够探索其他的可能性,比如说精神分析,以看看它们能够提供什么新思路。因此在这种意义上,我极少因为某些新事物、新思想不符合现存的马克思主义理论就简单粗暴地反对或者拒绝。德里达是另一个例子。我并不是简单地说:“哦,他不是一个马克思主义者。我要反对他。”我总是要了解这些人都在干些什么,到底发生了什么事情,其基本价值是什么,即使在另一个层面上来讲我的价值仍旧保持不变。这就是我为什么敢于对德里达感兴趣的原因,因为事实上,我知道的价值观是非常确定的,因此阅读德里达甚至撰写有关德里达的文章都不会对我的价值构成威胁。

与此相关,有些人则总是抱着一套自己的成见,当其他人带来某种新思想时,他们就对其大加挞伐,因为这种新思想不符合他们原来的那套意见。德里达就曾面临过类似的遭遇。有人说:“哇,他所做的事情与我做的不一样,所以我们来攻击他吧。”而我则是首先聆听人们要说什么,然后再决定它是否适合我。我并不是简单地在其他人那里寻找一个我自己意见的模板。如果你只是要寻找某种与你已有的思想完全相同的事物,那么也就没有必要去阅读什么新东西了。

问:这么说,您的思想总是对着新事物和其他的选择开放的?

答:是的,我希望如此。我总是努力让我的头脑保持开放。

问:我记得您曾经称自己为社会主义者而非马克思主义者。这是很有趣的。您能否说说您在什么意义上认为自己不是一个马克思主义者,在何种意义上是个社会主义者呢?

答:这个么,在某种层面上,我当时可能是在一种欧洲的语境中思考问题的,因为对我来说,马克思主义的社会主义者(Marxist socialist)或许是最好的称谓了。社会主义和马克思主义之间的关系是一个巨大的问题,很多政治哲学家都著文阐释它,譬如卡斯特若迪斯(Castoriadis),或者更晚近的彼得·斯罗特迪克(Peter Sloterdijk)。首先是如何去界定它们。一个马克思主义者可以有多种含义。它可以指你是一个马克思的追随者和信奉者。它可以指你是前共产党的一个成员,尽管它是一个国际性的组织,但本质上是一个苏联组织。它也可以指这样一个人:他看到真理已经被马克思阐明而没有任何东西可以增加了。但是,马克思自己的态度当然绝对不会是这样的。我是说,如果他能够活到一百五十岁的话,他也会根据历史情境的变化和理论的发展而不断地改换他自己的分析,就像他在他的一生中所做的那样。所以我们就有了阿尔图赛所提出的那个十分有趣的问题:马克思自己是不是总是一个马克思主义者呢?如果不是的话,我们该如何看待他早期的那些非马克思主义的文本?阿尔图赛的质疑表明:马克思自己就不总是一个马克思主义者。实际上阿尔图赛还指出,在《资本论》之前,马克思根本就不是一个真正的马克思主义者。因此我想要说的就是:我希望有机会去阅读马克思,而不是必须要简单地追随他。我们应该能够与马克思有不同的意见。

而如果你说自己是一个社会主义者的话,你就是在作一个关于你的政治价值的简单的政治陈述,它没有一个事先就有的、早已决定好的意识形态认同。我不认为社会主义和马克思主义是完全相同的,尽管马克思主义是社会主义的一种形态(form)。从历史上看,社会主义是一个远为古老也更加宽泛的政治运动。正因为此,社会主义可以指代很多不同的事物。通常人们倾向于将社会主义一词当做马克思主义的一种温和的形式来使用,比如说当人们谈起欧洲政治体制时,就认为它其实是一种社会民主而非直截了当的资本主义。马克思主义似乎比社会主义更加严峻些,因为它在公众的心目中倾向于与压迫而非赞同联系在一起。社会主义对于很多人来说都是一种明白易懂的思想,因为它本质上优先突出社会价值和社群利益。它是一种广为流行的政治形态(political form)。而从历史上看,马克思主义总是被某种精英群体自上而下他压制下来。如果你与人们谈论马克思主义,或许这不是他们能够容易理解的一件事。他们没有读过马克思,而马克思主义也不是那么容易被阐释(翻译)为普通的政治话语的,因为它是基于一种特定的理论,也就是一种分析——《资本论》里面的理论的,而不是建基于大家广为认可的价值的。毕竟,有多少人真正读过三卷本的《资本论》呢?而社会主义则代表了某些我认为几乎所有人都认可的东西。因此,从政治上看,社会主义一词在欧洲更加有意义,但它会带来其他问题:有时候它会被滥用、被扭曲,就像纳粹的"国家社会主义"思想那样;有时候它又会变得过度温和,以至于你根本就看不出它究竟是不是社会主义,就像前英国首相布莱尔。碰见这样的情况时,你真想说:"等等!"这根本就不是社会主义!这时候你真想收回这个词汇来,以免被人滥用误用。因此,这就说明要用对词语是一件十分棘手的事。这就是说,你不得不按照你所相信的——如果对你而言那就是它们所代表的——去定义事物(这些概念)。而马克思主义也是如此。对于不同的人来说,马克思主义可以指称不同的事物,因此大家在使用这些术语时,都需要弄清楚它们到底是什么意思。所有这些术语、这些政治范畴中,没有一个其意思是单一的。它们都有着十分宽广的角度，涵盖着多种意义——这就是政治。如果你要获得大众支持，政治思想就必须十分宽泛，以便能够吸引大量不同的人群认同这些思想。马克思主义和社会主义等术语都没有固定的意义，虽然它们都蕴含着某种政治在里面。如果你思考一下自从 1949 起中国的历史以及它与马克思主义之间关系的变化，这一点就十分清楚了。今天大家都问的一个问题当然就是：在何种意义上中国仍旧是一个社会主义国家或者马克思主义国家？这一问题的答案仍旧不甚明朗。

问：您是如何看待“第三世界”这一范畴的？在你的著述中您曾指出，在第二世界崩塌之后，原来的第三世界实际上已经从原来对第二世界的依附变成了对第一世界的依附。在过去的十五年间，所谓的“第三世界理论”被用来为一种中国模式的后殖民主义正名，这种后殖民主义其实是诉诸于某种中国民族主义甚至是某种本质主义的“中华性”。您能否对此作一个简单的评论呢？

答：我的意思是，如果根据“三个世界”理论，第三世界是针对第一世界和第二世界，而且是在这二者之间作出平衡，那么如果第二世界已经消失了的话，从依附哪个阵营的角度来说，所谓的第三世界也就没有任何选择了。

很长一段时间以来，人们就试图定义某种第三条道路，这一历史可以追溯到 1955 年的万隆会议，中国也派代表参加了那次会议。从技术上讲，第三世界理论就是按照西方（the West）、苏联阵营和包括不结盟国家的第三世界而发明出来的。在实践上，在冷战时期，大多数的不结盟国家也都被迫以某种方式与两个主要阵营中的一个站成一队。这是它们无法避免的。但是后来，“第三世界”这一术语逐渐被赋予了不同的含义，也就是“第三等级的世界”的意思，与贫穷和国家的失败联系在一起了。到现在，即使你不喜欢“第三世界”这个术语，也很难找到一个新的词汇来替代它，因为它里面含有“第三级”的意思。人们谈论西方和非西方，或者西方和其余的地方（the rest）。人们谈论北方和南方。最近几年，随着巴西、中国、印度和俄罗斯的经济的爆炸性增长，局势又有了很大的变化。所以“第三世界”这一术语已经不再令人满意了，也是由于以前的第三世界现在已经变得非常非常多样化了，譬如说从经济方面来看。你不可能真的以同样的方式把所有一切都堆到一起。很难说“第三世界”仍旧原封不动地存在。譬如说,就生活水平而言,新加坡就比大多数第一世界国家更加繁荣。因此在这种意义上它绝对不是第三世界。再就是那些像埃塞俄比亚或者索马里那样的国家,那里的生活水平低得几乎无法与任何别的国家相比。因此我想我们需要意识到像中国、印度和索马里这样的国家之间的巨大差异。把它们都归入一个范畴是没有意义的。我想现在人们已经开始意识到这一点了,但从某种意义上说,还没有哪个术语能够可以用来描述其他不同的布局。西方阵营无疑是仍旧存在的,它们在某个层面上作为一个阵营展开运作;尽管它们之间存在差异,但归根结底,在实质性问题上,这些国家仍旧在政治上统一作战。然后再看数量巨大、千差万别的非西方国家,有些国家或许会形成某种类似的阵营,但未必是经济上的,譬如所谓的穆斯林世界,其他的则不是。与此同时,它们在经济上也都在不断发生着变化。现在是真实的事情在五年之后或许就不再是真的了,因此如今很难找到什么稳定的范畴。

仍然有所谓的非西方世界吗?是的,只要所谓的西方世界仍然存在。这里的西方世界基本上是指欧洲、美国、加拿大、澳大利亚和日本。日本属于西方世界吗?实际上是的。它总是与西方阵营步调一致、同仇敌忾。但从另一层面来讲,它当然又不属于西方。它自己也不认为自己属于西方。所以要想抓住这些术语是很难的。你可以将它们当做某种简便的表达法来使用,但一旦你开始认真思索它们或者仔细推敲它们,它们就站不住脚了。所以你只需要思考你在某种特定的语境下讨论的是什么问题。我有时候也像大家一样使用“第三世界”这一术语,但一般而言我尽量避免使用它。我努力寻找其他的表达方式来说明我的意思而不使用“第三世界”。我努力去探寻其他的途径,而我肯定不同意这样的观点:第三世界有某些内在的本质上的相似性,即使有人仍旧这样认为。我认为它没有。也许它在某个时期曾经有过,但现在它已经非常不同了。或许我们应该使用复数的第三世界(third worlds)。

你的问题也提及了第三世界与后殖民主义以及与中国的民族主义的关系。一般而言,尽管我刚刚就“第三世界”这个术语提出了警告,我们还是可以说:后殖民主义的卓尔不群之处就是它把第三世界置于首位。它试图从第三世界各种底层的视角去看待世界。中国在20世纪的头几十年间被压迫于底层，从这个角度说，一种后殖民主义的视角能够成为后殖民主义努力要争取的更大范围的重新平衡工作的一部分。但正如我早先所指出的，这其实不能被等同于一种逆反的东方主义，或者一种新的中国民族主义。它直接就是民族主义。比如说，中国的后殖民主义将会包括对农民工问题的思考，或者对诸如维吾尔等少数族的文化政治的思考等。

问：从您的著述中我感觉到您有一种强烈的社会责任感。您在作品中十分关注社会正义和人类的平等，较之您所研究的后殖民理论家如斯皮瓦克和巴巴等，您似乎更多地参与了社会运动或者社会活动主义。您是如何看待后殖民论者与现实世界的这种疏远或者隔离的？很多文化理论家称之为后殖民主义的“社会冷漠症”。在您看来，后殖民批评家能够在为人类建设一个更美好的世界方面作出哪些贡献呢？

答：首先，我不认为斯皮瓦克和巴巴不关注或者没有参与这些社会问题这种说法是真的。他们或许没有这么说，但实际上他们却是这样做的。比如斯皮瓦克就花费了大量时间在印度也在中国从事组建培训教师的学校。而霍米·巴巴对人权的兴趣也反映出他的政治承担。巴巴著述中关于少数族人权的论述，给人一种很强的感觉，那就是在他的著述中有一种政治目的。他并非只是为了一首诗的缘故而评论它或者诸如此类的。归根结底，如果你问他：“你为什么要写作？”他会这样回答你：“我写作是因为我不认为我们已经充分地定义了少数族的政治选民（the political constituency）：我想要对文化表述的政治作出某种干预，提出有关如何进行干预的新思想。我想要在那个层面上进行某种政治干预。”

所以我想他们确实参与了，但我要说的是：不同的人投身于社会正义事业的方式是不一样的，而且情况也本该如此。我们不可能都是千篇一律的。另一方面，我们确实也看到，有很多后殖民批评家，根本就没有显示出多少追求社会正义的迹象来，因为他们倾向于只将后殖民主义当做一种一般的视角来使用，或者他们倾向于撰写关于非英国作家或者联合王国的作家，但最终却只是提供了一种相当传统的主体性文学批评的形式，比如说对阿切比的批评，但是有时候你感觉他们所做的工作没有本质的差别。后殖民主义的政治并没有被真正贯彻。

因此,在我看来,似乎无论人们自己所做的工作是什么,就他们自己的政治活动和承担而言(在某种层面上,这些将都是分开的、亲自动手的活动),在一定程度上,人们的政治承担(在活动主义意义上)也能够通过他们的写作而得以传达出来,这是由于他们所拥有的关切,这是由于他们所做的联系、他们所强调的问题等等。实际上我可以想到为数不少的后殖民批评家确实都是这样做的。或者换句话说,最好的后殖民批评家都是这样做的。事实上我觉得这里有个大致的一般规律,那就是:他们越多地参与政治,他们就会成为更好的理论家。或者说,他们是越好的理论家,他们就倾向于越多地参与政治。我认为这两者是相互关联的。我们举爱尔兰批评家戴维·劳埃德(David Lloyd)为例,他研究的是爱尔兰话语和少数族话语,他的研究十分杰出。我们可以从他的写作中看出,他对他所从事的工作的政治——也就是包括他的研究工作在内的更广泛的政治构成——是十分警觉的。爱德华·萨义德明显又是一个好例子。政治上十分活跃的人,由于他们对这种政治承担的积极参与,因而会作出更多的思考,并会努力将种种局势重新理论化,最终生产出新理论、新叙述、新的思维方式和借以解决政治问题的新路子。他们常常是一些十分有力的干预者,我看自己与他们也没什么不同。当然我也不会声称自己比任何人更具政治性。这也是有些人沉湎其中的无聊游戏:他们因为别人的政治性不够而攻击别人,暗示说他们自己比其他人更具政治性。我不喜欢这种作品。我认为这其实是一种自我放纵和自恋情结。如果你心中持有某种政治,如果你无论以何种方式参与了政治你都会去加以实施的话,那么这种政治就会从你的写作中传达出来,因为你有一种感觉,知道哪些问题是最重要的;而在后殖民批评或者后殖民理论领域,我们都清楚这是具有重要意义的。那些从事后殖民批评却对政治活动主义没有任何承担的人,他们的作品常常平淡乏味。我就是在这里划上一道分界线的。你很容易知道这一点——这是十分显而易见的。对这一类缺乏力量的作品而言,它们的弱点就是缺少政治呼唤;这些作品没有传达出任何的政治担当。它们缺少相对于学术性和政治性而言的那种真实世界的感觉。

问:您曾经以不同的文体撰写并发表了多种著作,这里面主要是理论性著作,但也包括理论小说(theoretical fictions);而您的有些著作如《后殖民主义:一个简短的介绍》(中译本书名为《后殖民主义与世界格局》,译林出版社,2008)又很富有诗意,而且由于有很多图片而更加直观,具有很强的视觉冲击力。那么您是怎么看待您自己的作品的?您会说它们是文学的、理论的、诗性的、社会性的、历史性的、政治性的,还是所有这一切的综合体?抑或简单地将其描述为后殖民的?

答:所有这一切都是。我很愿意用所有这些词来描述我的著述。实际上,我愿意通过所有这一切途径去思索后殖民问题。我是说,虽然我也像所有人一样,将后殖民一词作为某种简略语(shorthand)来使用,但它本身不是一种文类,它不是某种特定的小说形式或者历史形式。这是当你怀有某种政治承担时所从事的写作。在这一层面上,我觉得对我而言一个奇怪的事情就是我的背景是文学的。我处身于文学系,但我却没写多少文学批评。当然我也写过一些文学批评,如果我想写的话,是可以写的。但是我不经常正式地评论文学。事实上,除了文学,我几乎什么都写。我写历史、写人类学、写哲学等等,总之,什么都写。但另一方面,我仍旧认为自己是很文学的。我这样想的思路之一就是:在某种层面上,虽然我不评论文学,但我经常以一种文学的方式进行写作,力图使用文学资源、运用文学的笔法来完成我的工作。可以这样说,文学能够穿越不同的文体而圆满地完成自己的任务,而历史就不能。因此莎士比亚能够写作历史剧,或者说,莎士比亚能够"做"历史(do history),而历史却不能"做"莎士比亚。

事实上,如果回首历史,我们就可以知道,早期的大多数传统的文学批评家也都写其他东西。以阿诺德(Matthew Arnold)为例,他进行文学批评,但他也写诗,他写各种各样的散论。或者柯勒律治(Coleridge),他写的诗自然是十分精彩的,但他也写哲学、从事文学批评。或者德昆西(De Quincey),或者王尔德(Wilde)。你知道,大量的文学创作者实际上的写作范围要比狭义的文学宽阔得多,那么批评家为什么不能这样呢?这就是我要说的意思。尤其是在19世纪,从智性上说,我就是浸淫在这个世纪的作品中而长大的。因此,我总是深受它们的启发。我一直非常喜欢像柯勒律治和德昆西这样的作家。德昆西写过关于经济学的著作,但他也写过关于吸食鸦片以及很多其他方面的作品。我看不出人们为什么不可以转换自己的创作领域。但在某种意义上说,只有文学人士才被许可这样做;你一旦进入另一个学科比如说社会学或者人类学的话,那么其限制性就会大大增强。或许那些像詹姆斯·克利福德(James Clifford)之类的人类学家试图摆脱这种限制,但一般来说,你所受到的限制要比在文学领域里大得多。我尤其喜欢那些跨文类写作的作者,当我看到有人这样做时,我就将他们置于一个十分特殊的位置上。我跟他们建立联系并发现他们对我很有启发。因此我把沃尔特·本雅明(Walter Benjamin)和罗兰·巴特(Roland Barthes)等看做是作者中的榜样,他们两人都善于将批评创造性地转化为某种艺术形式。在我自己的写作中,我也试图跨越疆界,因为这样可以使得我做到那些如果我自始至终从事某种单一类型的写作所无法完成的事情。譬如在《后殖民主义:一个简短的介绍》中,我有意在一些章节使用了不同的写作风格,希望读者拿不准他们读到的到底是小说还是历史:这到底是真实的历史还是杜撰出来的?这是真实的叙事还是作者的发明?我们有时候不太确定——因为对我而言,历史似乎也是一种纯粹发明出来的叙事。从方法论上看,它其实与文学叙事没有本质的区别。它倾向于排除某些事物,尤其是个人的主观意见,或者主观性,但是大量的后殖民写作在书写历史的时候都拒绝了这种路数(division)。人们没必要这样小心翼翼地死守着某种文类,他们倾向于更加漠不关心,如果我可以这样说的话。这就是文学的力量。它能穿破不同的疆界。它能提供范围更广的种种经验。因此,在某种意义上,这也是它的政治的一部分:文学就像感情充电,具有激发人们强烈感情的能力,而这种能力是其他形式的写作所不具备的。这是一种情感上的冲击力。它能够影响读者,它在读者身上产生出某种情感。它在感情上应该是具备说服力的,我自己就是这样做的。而在另一个层面上看,我就是喜欢语言所能做到的事情。在这个意义上看,我仍然是很文学的。对我而言,能够使用语言资源是一件乐事,而这也是我与霍米·巴巴的相似之处:你知道,他是一个极富诗情的作者。有人对我说他们看不懂他的理论。我就告诉他们说:把他的理论当诗来读试试看,我想问题就不大了。你不会指望条分缕析地去理解一首诗。你在读一首诗的时候,你会感觉到你不能完全理解它;而在某种意义上,这种不理解反而会由于它所激发的情感而帮助你更好地欣赏它。所以,把它当诗来读吧。

当有些人从事文学批评的时候,我很不喜欢他们的是:他们对语言没有任何感受性，在他们自己的写作中体味不到任何语言的乐趣，太枯燥、太乏味、十足糟糕、单调的文章。譬如说，当我读一篇有关乔伊斯或者任何其他著名作家的批评性文章时，我发现该文写得完全平淡无味，其作者本身一点也没有语言感觉，于是我就变得很没耐心了。我觉得该文作者完全不得要领。乔伊斯是一个作家，却被削减为对内容或者什么其他东西的分析，没有一点语言感，没有一点文学素养，而这种语言感和文学素养正是使得乔伊斯的作品引人入胜的地方啊。这位批判者没有抓住问题的实质。说实话，我觉得文学评论如果不是比它所评论的文学作品本身好，就没有存在的必要。要不然我还是更喜欢阅读原来的文本！没错，一般而言，我是更喜欢阅读原书而不是阅读关于它们的批评性文章。这也是我自己不愿意直接从事文学评论的原因之一。我不是说我没有从很多文学批评著作中学到很多东西，因为我确实学到了很多。但是一般说来，我只是越来越感到，当我读文学批评时我更愿意阅读原来的文学作品而已。如果你问我：你更喜欢读《哈姆雷特》呢，还是一篇关于它的论文呢？我当然更喜欢读《哈姆雷特》本身。也许我的观察力与该论文的观察力不一样，但我或许可以从阅读原著中获得更多的乐趣。检验文学批评是好是坏的标准应该是这样的：要看它是否真的好，看它所能够带给你的快乐、所激起的情感或者激动是否与原著所带给你的一样，甚至比阅读原著所带来的更多。这样的话，你就可以不阅读《哈姆雷特》原著，而乐意抽出一点时间来读一读批评作品。你也知道，真正好的文学批评就应该是这样的。它总是引人入胜，它写得十分精彩。因此你觉得花点时间阅读它是值得做的。对我而言，大多数文学批评都不具有这样的素质。当一部书被制成电影时人们总是说："哦，电影不如原书好看。"对于文学批评和文学之间的关系，我觉得也是如此。我认为这实际上是一个很好的测试方式，因为如果每个文学批判者都想到这一点，那么他就会逼迫所有人，包括我自己，去写出更好的文学批评来。它就应该与原著一样好！这就是为什么我不愿意进行文学批评的原因，因为我觉得通常情况下，我的写作是比不上莎士比亚的……[笑声]

问：哈哈……但您也是一个作家啊，您还写过诗呢。

答：是的，不错，我也写诗。

问:您有没有发表过您的诗作呢?

答:是的,发表过一些。我没有出版过整本的诗集,但我在杂志和期刊上零星发表过一些诗。

问:您写诗总共有多少了?够不够出一部诗集呢?

答:哦,很多了。如果有可能,我倒真愿意把它们收集起来出版一部诗集。我喜欢这样做。我总是有许许多多其他的事情要做,但如果有机会我是会出一本诗集的。我从没有真正努力地尝试过,但那将是一件令人激动的、令人高兴的事。

问:无论近期能否出诗集,写诗本身对您而言也是一种难得的乐趣吧。

答:是的,写诗确实是一件极大的乐趣。而对我来说,将我自身的一部分表达出来,并用词语把它转译出来也是十分重要的。尤其应该鼓励文学系的人、文学系的学生去这样做:要思考一下文学创作的事情。如果你自己尝试去写一点诗,无论你写的诗多么糟糕,至少你已经开始逐步更多地理解关于诗的一切了。但是,在批评家和艺术家之间却发展出一种滑稽可笑的分裂。我认为文学批评应该是另一种形式的文学:批评家也是艺术家。对我而言,这种分裂没有任何意义。这其实是一种学术界的发明,但却是一种十分怪诞的发明,因为它是发疯的建制机构和学科分支的产物。

问:学科的这种非自然状态,这种怪诞的情形,我们可否将其看做是现代性的一种后果呢?

答:这是有可能的。因为大学和学科分支等都是现代性的一部分,在这一点上看是可能的。我是说,这是学科分支的结果之一,因此不同的活动都专门化了。你不是写诗而是评诗。但你不能两样都做。对我来说这真是十分滑稽的事。在欧洲,这一切从一个人很小的时候就发生了:如果你学的是英文,那么你很快就不被教授如何去进行文学写作,没人会教你怎样去写诗。老师们会教你如何去赏析文学作品。从你很小的时候你就被鼓励去表达自我,但等长大一些之后人们反而不鼓励你这样做了。当然,所有这一切都是一种政治上的事情。它将所有人都置于一种相对被动的境地。你不可能成为艺术家,艺术家都是浪漫的、特殊的,等等。我不是说写作应该成为考试课程的一部分，但是人们应该受到鼓励去进行写作。实际上我常常对我的学生说："记住，当你写论文的时候，一定将自己看做是一个作家。不要只是给我写一篇论文。要运用你的想象力。将你自己想象为一个作家，就像你的研究对象一样的作家。"有时候他们做不到，但我还是尽量鼓励他们将他们的论文当做文学作品来写。譬如当我在牛津大学教授文学课程——我那时经常教的课程是1740年以来的英国文学——时，有时候我会鼓励他们去写一些模仿作品，而不是批评性文章。我会说：写一篇乔伊斯式的作品，运用乔伊斯的风格。这样做就是为了让他们多花些工夫用一种文学的方式去对文本作出回应。实际上在牛津，当修完为期三年的文学课程后，那些以更多的文学色彩来完成他们的论文的学生，或者那些有些文学风格的学生，总是做得更好。因此最终看来，这是值得的。而且他们得的分数也更高些，因为考官们喜欢阅读他们的论文。阅读他们的论文是一种乐趣，因此他们得分就高些。所以我鼓励他们将自己当做作家来写作论文不但没有害了他们，反而对他们很有裨益。

问：多谢。您能否谈谈后殖民主义的未来呢？

答：去年在美国语言学会会刊（*PMLA*）上，有一场关于后殖民主义之未来的讨论。他们邀请了一些在后殖民主义领域有过著述的人士来讨论后殖民主义的未来。在他们所有的讨论中，没有一个人承认自己是一个后殖民批评家。他们不停地说"我们应该做这个、我们应该做那个"。他们一方面似乎是在说"这个么，它已经完蛋了"，而关于这场讨论的不同寻常之处却在于：他们都将其看做是一种局限于美国之内的纯粹的学术活动。但我在他们的讨论中却看不到什么后殖民理论。首先，他们完全是局限于学术疆界内部展开讨论的。其次，他们从未提到过美国之外所发生的事情：他们谈及后殖民主义时，就好像它只是某种以美国为中心的活动，而毫不参照其他地方——后殖民地区！无论如何，这次讨论确实使人们变得心灰意冷了，我对此并不感到意外。它也使有些学生远离了这一领域。

我认为，在某个层面上说，后殖民研究有时候是其自身之成功的受害者，因为它已经变得十分沉溺于其他学科中，有时候很难看出后殖民研究的中心到底是在哪里了，因为它到处都是——甚至在中世纪研究和神学中我们也可以发现它的身影。我想目前的情况是,像萨义德、斯皮瓦克和巴巴等所筑造起来的巨大的理论模式没有被不断地重造、被重新发明出来;而且不断有其他问题产生出来,人们对其争相谈论——流散和跨国研究、动物研究等等,不一而足。数不清的新词汇源源不断地涌出来,使我们很难说清楚后殖民研究的未来到底会如何。我认为在某些方面这反而是很有好处的,因为那些选择留在后殖民研究领域里的人将是那些致力于后殖民主义的政治的人。如果你考虑全球正义问题,那么在后殖民研究工作结束之前我们还有很长的路要走,因为这个世界仍旧十分不公正,而文化上也极其不均衡。世界上各种底层文化的价值仍然受到贬低,它们的价值根本就没有被完整地认可过。在这两个领域内还有大量的工作要做。第三点,在恢复反殖民运动的文化工作(the cultural work)方面,还有大量的历史性工作(historical work)需要我们去完成。

因此,对我来说,所有这一切似乎都有必要继续进行下去,不论它们是否还能被叫做后殖民。在某种意义上,只要这些研究能够继续下去,名称问题就不会对我造成多大困扰;但我觉得后殖民一词仍然最为合适,这是因为它仍旧扎根于某种政治历史并寻求在某些方面取得成就。实际上,没有很多智性位置(intellectual positions)或者视角能够明晰地陈明它们是致力于这种问题或者那种价值的。如果我说跨国研究,那么它除了指代反民族主义,并不指代在政治上超出它范围之外的任何事物;如果我说流散研究,那么我可以跨越全世界和流散者的种种文化去审视他们。这些词汇只是描述它们的研究焦点或者它们的研究视角,但它们除此之外就别无所指了。而后殖民研究却不是这样的。从这一角度看,它还将继续存在下去;只要它还能代表这种种不同的价值,它就将继续存在下去。你也许会说:“或许我们应该用‘世界社会主义’来替换它。”但它所包含的是整个文化领域、整体的文化焦点、对它所做的智性工作——政治工作同时也包括智性工作——的整体的历史性恢复。因此,在我看来,后殖民主义的未来是一样的,但是会更多,因为仍然有大量的工作需要去做,其工作远未完成。我不会说,我也不能说它自己会转型,会完全改观。但我确信,新的理论和方法会涌现出来;我希望它有足够的弹性可以将这些都含纳进来。我希望它能够在方法上或者它的重心上作出改变。但最终看来,我觉得它的价值必须保持不变。

它将坚持其核心身份。但也会有办法让它可以接纳新的问题。比如说，到目前为止，它还未能理解基于宗教的新式抵抗形式。我认为，如果说后殖民主义有什么需要更充分地去加以处理的大挑战，那就是：宽泛地说，对权力的抵制在全球范围内都变成宗教性的，而不再是其他的政治形势了。到目前为止，后殖民主义还未能对此提出自己的见解。在我看来，这似乎就是它的软肋，而这是一个值得深思熟虑的问题。事实上，这一语境中所提出的很多社会问题甚至政治问题都在转变，但是，反殖民主义或者反西方抵制的现代形式，也就是原教旨主义或者伊斯兰基要主义，已经根本上改编了、采纳了并挪用了反殖民主义的大多数语言。

我们也可以说当代诉诸于暴力也是一种反殖民策略，而我也对此作过很多思考：反殖民的活动主义者在暴力和非暴力之间所作出的选择，以及在当代语境中重估使用非暴力的力量而不是暴力的必要性。或许，从后殖民的角度去看待非暴力传统可以帮助人们明确非暴力的方法是比暴力方法更为行之有效的一种形式，在我看来，暴力只会不可避免地导致更多的暴力。这就是暴力的问题，这也是对其作出回应时所要面临的挑战。这是后殖民主义在将来必须要处理的一个问题。这个问题很难对付，很多人对此避而不谈是毫不奇怪的。这确实是个难题。

问：您前面谈到神学领域也成为后殖民研究所触及的新区域，我想中国学者对此不是太熟悉，能否再就此方面详细谈一下？

答：后殖民理论确实含纳了多种不同的概念（这些概念都是被设计出来以解决或者重新思考特定问题的），这一思想，是它为什么（正如我前面所讲的）被如此多的学科领域推崇和使用的原因。它的非欧洲中心论的立场给人们提供了一种重新思考某些问题并从他们各自角度去发言的方法，然而，后殖民理论竟然被来自如此不同的学科背景的不同学者所使用，这确实是极不寻常的。回顾历史，我所能想到的在过去五十年间唯一可以与它相媲美的一个例子或许就是结构主义了。结构主义是一个更加具体的方法论，它也给人们提供了一种完全不同的视角。但一般来说，这种情况并不经常发生。

下面我就要谈到你所提出的具体问题，也就是关于神学的问题。我第一次接触后殖民神学的问题是在去年(2008)的蓝贝斯神学大会(Lambeth Conference)上,我被邀请作一个关于后殖民主义的发言。蓝贝斯大会由英国圣公会教会——一个全球性的新教教会——组织举办,每十年举行一次。在大会上,来自世界各地的主教们一起讨论当今有关神学的或者建制性的问题,这次讨论的是能否容忍同性恋者做神父的问题。英国圣公会,正如其名字所表示的那样,是由英国国教(也就是英国圣公会)领导的。他们将这一全球性组织的名字从英国国教改为英国圣公会是为了使它听起来更加公正合理一些。然而,另一个仍旧发生作用的事实是英国国教也有一段殖民历史。当英国在世界各地展开殖民活动的时候,政府通常也随之建立起英国圣公会教堂,这主要是为英国居民或者殖民者服务的。譬如,如果你现在去印度,你还会在很多大一点的城市里看到英国圣公会的哥特式教堂,也有很多属于各个教派的传教士到处活动以说服当地人民皈依基督教。到19世纪下半叶,殖民主义的逻辑和辩解之道之一就是要传播基督教;有些人以此作为殖民统治的一种借口。因此在教会和殖民之间的相互关系有着很长的历史渊源。现在殖民地已经成为明日黄花,但是英国圣公会却还在世界各地继续存在。然而,有一种感觉却是挥之不去的,那就是:英国圣公会教会(当然了,一般而言,所有的基督教教派都是这样的,而不仅仅是英国圣公会)从来就没有真正正视过它自己在殖民历史上的角色。对此,今天的人们当然有很多看法。教会在殖民历史上也扮演了它的角色,但是,虽然长期以来在英国文化中,对英国所扮演的角色从历史上和文化上都一直会根据其殖民历史作出重新评价,而在某种意义上说,这就是后殖民主义所要关心的,但是英国圣公会却从来没有认真地正视它在那段历史上所扮演的角色。这就是为什么他们对谈论后殖民主义感兴趣的原因,因为他们现在想要去面对、去讨论这些问题。英国圣公会仍旧是一个全球性的组织结构,其触角仍旧伸到世界各地,譬如在这次大会上,我的发言的讨论人是一个来自白沙瓦(Peshawar)的主教。他是一个巴基斯坦人,在塔利班控制的巴基斯坦北部地区担任主教,直至现在。这太令我感到惊奇了,尤其是白沙瓦就是我在《后殖民主义:一个简短的介绍》的开端所描述的地方。除了这一殖民历史,后殖民神学的要旨在于突出这样一个事实:基督教作为宗教其实源自现在所谓的西方之外:从一种非西方的视角来看,它会是什么样子呢?

问：在您那部十分具有原创性的著作《后殖民主义：历史性导引》(*Postcolonialism: An Historical Introduction*,2001 年，台湾 2006 年出了繁体字中译本)中，您对不同种类的反殖民形式作了一个历史性陈述，这里面包括切·格瓦拉(Che Guevara)、恩克鲁玛(Kwame Nkrumah)、胡志明和毛泽东等。这与很多其他后殖民理论家如斯皮瓦克和霍米·巴巴等的话语分析极为不同。我们能否称之为某种后殖民主义的宏大叙事？您能否说说将这些后殖民形式归为同一个大叙事的目的？是否受到了詹姆逊关于马克思主义的宏大叙事的影响呢？

答：写那本书时的困难之一就是当我检视这些不同的历史时，我需要一种方法或者一个框架，以便将他们都整合在一起，但又不把他们看做是一个单一性历史的一部分，因为它们其实本来就不是这样的。譬如说，中国抵抗日本侵略与恩克鲁玛抵抗英国的侵略之间是什么关系？你或许会说它们是完全不同的历史事件。但是，从另一个角度来看，他们确实有些类似。他们都是抵抗外来侵略、反抗试图宰制他们国家的列强的好例子。因此在一个层面上看，它们是很不一样的；而在另一个层面上看，它们又在殖民统治这一点上有着结构上的相似性。因此我很难将它们归为某种单一叙事，而且我也不愿意将它们变成一个紧凑而单一的叙事。当然，我自己也写了一本书(《白色神话》,1990),抨击那种将历史置于一个单一的欧洲中心论的框架的历史观念。因此我必须对此保持警惕。然而，我所做的，在某种程度上就是制造出某一类的叙事，虽然它是对截然不同的各种时刻的叙述；这些不同的历史时刻，在特定的时间、对应着特定的历史事件，有着巨大的变化。

譬如，在反殖民斗争的历史上，宽泛地说，大多数声言反对殖民主义的人——这倒不是说亲身去抵抗殖民主义，而是进行这方面的写作——都是来自欧洲和美国，这种情形一直持续到 20 世纪。这就是主导性形式。而我事实上还发现有很多欧洲人也是抵制殖民主义的。并非所有的欧洲人都认为帝国主义是一件好事：在欧洲内部，对殖民主义也有很多抵制，这可以追溯到 16 世纪西班牙的巴托洛梅·卡萨斯(Bartolomé de las Casas),包括英国的埃德蒙·伯克(Edmund Burke)和亚当·斯密(Adam Smith)、马克思和 19 世纪的很多其他人物等等。因此在欧洲也有着一整条抵制的传统。但从 1917 年布尔什维克革命开始，事情就发生了急剧的变化，将整个叙事轨迹转换为一种全新的模式。俄国革命之后,殖民地人民突然感到有了一次机会,因为这里出现了一个积极反抗帝国主义的国家。在那之前,没有任何国家为殖民地人民反抗殖民者提供过任何道义上的或者物质上的支持。如果任何殖民地国家成功地推翻了殖民者,将殖民霸权赶出国门,那么无一例外的是,另一个殖民列强就会乘虚而入,抓住机会迅速占领并取而代之。因此苏联的干预是非常非常重要的,因为它在人类历史上第一次使人们看到了真正的自由与国家主权的希望和前景。但实际上,在斯大林上台之后,苏联在推进反殖民斗争方面其实不是十分奏效,因为它的意识形态十分教条僵化,不适合殖民地国家的现实。然而,它确实创造了某种支持的后盾,从1917年开始,几乎所有抵制殖民主义并寻求赶走殖民霸权的人们都将苏联看做是他们的同盟军,并求助于各种不同形式的马克思主义思想,因为正是马克思主义,也只有马克思主义,为人们提供了一种反帝国主义的政治意识形态。因此,它确实是某种宏大叙事,但它也恰巧是一种十分真实的宏大叙事。而它确实发生了。1917年之后,反殖民主义的主导性形式变成了马克思主义的。然而,也有例外,而且是很大的例外,那就是我在书中写到的印度的甘地。由于种种原因,在印度,马克思主义、印度共产党并没有实质性地参与反殖民斗争,没有在这场斗争发挥多少重要作用。实际上是国大党、尤其是甘地发展出了一种全新的斗争形式,也就是进行和平抵制这种形式。这就是我所讲述的有关殖民地斗争的另一种叙事:爱尔兰人所谓的"道义力量"("moral force")和暴力斗争之间的区分。这是另一种按照所使用的不同方法看待反殖民斗争的方式。本质上看,你不得不选择这种或者那种方式:这就是两种可能的选择。

因此,反殖民斗争是一种可以被当做某种整体性来看待的叙事。我对此并不反对,在这种意义上,我认同詹姆逊:可以有宏大叙事,但它是复数的。反殖民主义是一种关于某个特定的历史性斗争的宏大叙事。这种叙事不是关于发生在世界上的一切事物的,而是一种特殊的线索,这种线索有一种宏大叙事。而我也认为它在另一种意义上也是一种宏大叙事,这也是我试图要传达的:它是一种非常高贵的叙事,因为你知道,人们所要为之奋斗的不过就是自治,一种任何人都想过上的体面的生活,一种不被外国霸权任意宰割、控制和镇压的生活。被殖民者的要求实际上并不算多。他们只不过是想要在某种程度上参与对他们自己国家的治理和管辖。他们不过是想要参与一点对他们自己的生活的管理。而为了这个相对简单的、并不十分激进的要求，他们却不得不进行艰苦卓绝的斗争。在这场斗争中，成千上万的人们失去了生命，受尽折磨。因此，我认为从这个角度上看，它确实是一个宏大叙事；而这一叙事的结果就是到20世纪末，我们可以说，除了寥寥几个特殊情况之外，殖民时代基本上已经结束了。因此我十分乐于称之为一种宏大叙事。我实际上从来就不是一个对后现代主义的反基础力量（anti-foundational force）含糊不清的人，因为我也同意：如果你有一种历史性眼光，你就总是能看到某些种类的基础（foundations）。因此，我从来就没有完全信服过那些反基础性的观点。

问：后殖民主义和现代性之间的关系是怎样的？您是否认为后殖民主义论者解构了单一现代性而为多种现代性铺平了道路？

答：是的。这在印度尤为突出，我们应该思考现代性，不是作为一个单一的实体或者是一个单一的时刻，而是作为一整套不同形式的现代性或者人们所说的多样另类现代性（alternative modernities）。所有这一切，可以说都是相互关联的，而且在某种意义上都分享了现代性这一事实。我认为现代性并不构成某种单一的阶段（phase）：现代性并不是采取了同样的形式，它也不是为了全世界包含着同样的实体。这将是对现代性的一种后殖民阅读方式：指出另类现代性也在现代性自身的一般轨道上同时运作着。

至于后殖民主义和后现代主义之间的关系，我要强调一种我已经在前面提到的差异：后现代主义发展出了反基础性（anti-foundational）思考的种种形式，这与后殖民主义是截然不同的；在我看来，后者是十分基础性的，也是十分物质性的（material）。在这一点上，二者是不能混为一谈的。显而易见，因为这二者都是以“后一”开头的，故而人们常把它们放到一处谈，但在我看来，它们是相互对立的形式。

问：下一个问题也与现代性有关。您在清华大学的演讲中提到后殖民主义的道德性力量，也谈到殖民主义所造成的各种社会不公正，这与生态批评的很多关切点是十分相近的。您能否多谈一点当今全球化世界上后殖民主义的道德诉求和生态批评之间的关系呢？

答:生态运动的一个大英雄之一就是印度的甘地。如果你去看看反殖民主义思想家的历史,那么有些像甘地那样的人确实发展出了一种关于世界的理论,其政治也包含着生态的问题。甘地对现代性持一种严厉批判的态度,尤其是它那种人定胜天(nature)的意识形态;实际上有时候甚至到了荒唐的程度。譬如,他在其反殖民著作《印度自治》(*Hind Swaraj*)花费了整整一章的篇幅谴责火车,而他自己却为了获得对他的事业的支持,一生都乘坐火车四处奔走。但他确实强调这种思想:工业化,以及引导我们走上消费主义之路的现代性种种形式,都严重地戕害了我们的环境;他也同样强调:你不必为了解决当地问题而跑步奔向某些工业化的形式。人们现在感到很多去殖民(decolonized)国家的领袖们——印度的尼赫鲁或者埃及的纳赛尔(Nasser)——所犯的错误之一就是,他们太过于轻易地采取了现代性的思想,他们认为前进的道路就是使他们的国家获得现代性,而取得现代性的方法就是启动巨大的基础建设工程,这些项目无一例外都需要大量的外来专家。在这些情况下,当地人民的知识往往被漠视不顾,只有到了后来,当地知识和生态知识才逐渐发挥作用。例如在印度,外聘专家会跑来要求种植桉树,因为据说桉树生长迅速而且产量极高。但实际上它们却破坏了生长地地表上的整个生态系统。甘地是一个对这类问题十分敏感的人,他现在成了当代发展理论的先驱者,这种发展理论不但寻求以生态理论作为起点,而且也以当地知识为考虑问题的出发点。

因此,在生态批评和反殖民主义思想中发展出的理论之间存在着很强的联系。另一个例子就是阿米尔卡·加布拉尔(Amílcar Cabral),他是西非的几内亚比绍(Guinea-Bissau)独立运动的领导人,后来被葡萄牙人暗杀了。他是一个农学家,由于工作需要,他走遍了各地农村,为农事提供建议和咨询。在工作中,他的足迹实际上遍及全国各地,这给了他丰富的地方知识,这些知识在独立斗争中十分有用。他是以下思想的早期的鼓吹者:实际上当地人民对当地的情形状况最为了解,而非那些外聘的技术专家。当他们与葡萄牙人奋战的时候,加布拉尔和他的军队也教给当地农民更好的庄稼种植技术——这些技术都是他自己从积累多年的当地经验中学到的。

后殖民主义和生态批评都对现代性的某些思想提出批判,这些思想认为进步就是对技术的应用。其他关于现代性的相关问题就是:只要你一发明了现代性的思想,你也就立即指明了一大片不现代的地区和人们。因此现代性是一个将这个世界分割开来的概念。这又牵涉到另一个甚至在后殖民理论中也加以运用的术语——“他者”,我自己很不喜欢这个术语。最近几年,有很多围绕“他者”展开的讨论。我不认为有什么他者。“他者”是一个被发明出来的指代某一类人的范畴,你决定要这样称呼他们,但其实他们是不存在的。而现代性就是人们被称作他者的一种方式之一,因为他们被描述为“原始的”,也就是现代性的对立面。这一分割经常不太明确地延伸到指涉城里人和乡下人之间的区别。因此,在我看来,生态批评和生态学思想在某种意义上试图打破现代性和原始性之间的这种区分,因为它们都可以说是意识形态范畴:一旦你看到现代性被对立于某种原始性的思想,那么你就要对这种现代性多加小心、慎重思考了。而实际上,据我们所知,所谓的原始民族都有很丰富的知识。后殖民主义和生态批评都意识到:知识在实践中其实是受到各种机构譬如大学的很大限制的,这些机构只认可某些知识,却将世界上其他大量的知识砍掉或者对其加以贬抑。譬如,我们是从南美洲玻利维亚农民那里学会使用奎宁来预防和治疗疟疾的,这种药提取自金鸡纳树。最近有很多类似的例子,美国的孟山都公司(Monsanto)想要注册南亚的各种印度香料的商标,包括姜黄等,因为他们发现姜黄含有某种有益的药用价值。因此,在某种形式的后殖民主义和生态学、生态批评之间存在着很多共同关心的话题和思想的契合。考虑到中国的饮食习惯,另一种思想在中国或许不太容易接受,这就是对动物生命的关注。尽管后殖民主义在动物批评(animal criticism)中并没有起到什么作用,但它对其是抱有同情的,因为它认可这样的观点:我们关于人类的思想和关于动物的思想是相互关联的。我们越是善待动物,我们就会越有人性。有一种思考人类的方式导致了过去的种种暴行,它恰恰就是有些人类被描述为原始的,而且因为原始所以就是次于人类的劣等人、弱智人,他们只是比动物略微好一点而已。如果我们将动物看做是自足的存在物,这就会阻止我们援用关于次等人类的范畴。后殖民主义倡导弗朗茨·法侬所谓的新人类,这种新人类包括所有的人,而不只是某些人。为了做到这一点,我们必须停止在人类和动物之间划出一道绝对的疆界——因为人类也是动物。

问:这差不多就是访谈的尾声了,但由于本访谈将在中国以汉语的形式发表，您是否还要对关心您和后殖民理论的中国读者说点什么呢？有没有您想说而我没有问到的呢？

答：我很想说几句，尽管我感到我还处在学习中国的阶段呢。一件让我很感兴趣的事就是中国对后殖民主义本身的兴趣——虽然我还搞不太懂中国学者的主要兴趣在哪里。在我所到过的世界上的所有地方，那里都有某种对后殖民主义的兴趣，总是在普泛的兴趣之外还存在某种特殊的、当地的情况。那么，中国人对后殖民主义的看法是怎样的呢？它可能是对视角的简单逆转：从一种西方的或者欧洲中心论的观点转到一种非西方的观点；或者它也可以联系中国的历史，以及19世纪和20世纪上半叶帝国主义列强尤其是日本所造成的中国的半殖民地状况，也包括义和团运动（1898—1901）等各个时期。它也可能是对探索中国文化多样性、少数民族以及其他群体在国家中的作用和角色（尤其在西部边疆地区）的日益增长的兴趣；或者它也可能探讨数量巨大的中国流散者和他们不同于中国大陆的文化身份等问题。它有可能是这其中的任何问题或者所有问题——但我还没有找到答案。

后　记

本访谈集的结集出版，首先要感谢我的博士论文导师、清华大学外语系王宁教授。作为一位在国际上知名的文学理论家，王宁教授在世界范围内的学术交流在我所接触的当代学者中可以说是最为频繁的，交流的层次也是极高的。他不但每年都要应邀到世界各地的一流高等学府如哈佛大学、耶鲁大学、剑桥大学、杜克大学、华盛顿大学等演讲或者授课，也经常邀请国外最为著名的学者，尤其是文学理论家和文化理论家，来华参加各种学术活动包括演讲、论坛、各种规模的学术研讨会等。如果这些著名学者的行程不是特别紧，王老师就安排我为他们作访谈，对霍米·巴巴、J. 希利斯·米勒、杜威·佛克马、佳亚特里·斯皮瓦克、戴维·戴姆罗什、罗伯特·杨、约翰·塞尔等学者的采访都是这样完成的。王老师不但是本访谈集最初的提议者，八年来也一直关注着每一篇访谈的质量和影响。没有王老师的倡议和帮助，就不可能有本书。

我也要感谢国家留学基金委。我于2007年成功申请到了"美国哈佛大学博士后项目"，在哈佛进行为期一学年(2007—2008)的学术研究和交流活动。这使我暂时摆脱了繁重的教学任务和家庭琐事，可以专心完成我的国家社科基金项目和教育部人文社科项目。在哈佛，我选修了几门自己感兴趣的课(包括霍米·巴巴的文学理论课、王德威的文学课等)，参加了不计其数的学术报告和学术研讨会(应该在100次以上)，查找了很多国内不容易找到的研究资料。此外，我利用近水楼台之便利，对在哈佛大学、耶鲁大学和麻省理工学院执教的一些享有崇高国际声誉的学者进行了较为细致的访谈，其中包括：著名文学理论家斯蒂芬·格林布拉特(哈佛大学)和劳伦斯·布依尔(哈佛大学)，著名汉学家孙康宜(耶鲁大学)和伊维德(哈佛大学)，著名语言学家、政治批评家诺姆·乔姆斯基(MIT)等。

本访谈集的时间跨度长达八年。最早的一篇作于2002年6月,是对当代著名文学理论家、后殖民主义理论的代表人物之一、哈佛大学讲座教授霍米·巴巴所作的访谈;最晚的一篇作于2009年,是对当代著名后殖民主义理论先驱、纽约大学讲座教授罗伯特·杨的访谈。本访谈集进行的时间以后殖民理论家开始,又以后殖民理论家结束,再加上中间我们对另一位后殖民理论大师、女权主义的代表性人物佳亚特里·斯皮瓦克的访谈,这样,由罗伯特·杨最初提出、三十年内为国际文化界所广泛认可的后殖民理论家"圣三一",我们集子里就包括了两位(另一位是曾任教于哥伦比亚大学的爱德华·萨义德,已于2003年仙逝,令人惋惜),足以让人玩味;而根据字数统计,对这三位后殖民理论大家的长篇访谈总计七万六千余字,占全书总字数的三分之一,这种布局不能不让我感叹这本小册子所具有的"后殖民主义色彩",也不可避免地让我联想到我们的时代或许真的是一个后殖民主义时代。当然,本集中的访谈对象也包括了其他多位享誉全球的文学理论家或者文化理论大师、语言学家、哲学家和政治批评家、教育家等,其中有杜威·佛克马、J. 希利斯·米勒、劳伦斯·布依尔、斯蒂芬·格林布拉特、戴维·戴姆罗什、孙康宜、伊维德、约翰·塞尔、诺姆·乔姆斯基、龚鹏程诸位教授,还有前面已经提及的王宁教授。从我们所采访的对象和所讨论的话题来看,本访谈集或深或浅地涉及了世界上近五十年来的主要文学批评流派和文化思潮如后现代主义、解构主义、后殖民主义、新历史主义、生态批评、文化研究等。这些文学的或者文化的思潮都曾经在世界范围内风靡一时,虽然流行的时间长短不一,所涉领域各有不同,理论建树也各有千秋,但毫无疑问的是,它们都在人类的文化事业史上留下了难以磨灭的印记,对它们进行认真的回顾、总结和反思是很有意义的。总的看来,本访谈集所体现出的后现代主义精神、全球化时代的文化研究氛围、反中心反建制的"解构"色彩也是颇为浓厚的。从某种意义上说,本访谈集其实反映了国际文学理论界,甚至是国际文化界在过去五十年间的来龙去脉,触及了这半个世纪以来在文学研究和文化研究领域内的大多数敏感话题,在一定程度上把握了时代的文化脉搏,也预示了未来一段时期的文化走势。

本访谈集中各篇的编排完全以采访时间为序。读者在阅读本书时,可能会注意到采访者所提的一些问题都是大同小异的,如后殖民主义理论的前景、比较文学学科所面临的挑战和发展趋势、当代知识分子的社会承担、文学经典的重构与文学史的重写等当代学者都十分关心和热烈讨论的议题。这应该说是采访者有意为之的，目的是通过将这些理论大家们对同一问题的看法进行对比，开阔读者的思路，造成一种开放性的问题意识，留下广阔的异质性思考空间，而非试图去暗示或者提供什么学术明星的标准答案。寻找答案需要作深刻的有时候甚至是痛苦的思索，而更重要的是要自己去动脑筋。

本访谈集中的很多篇目已经在国内外多种学术期刊上发表，在此，我对以下期刊表示感谢：《外国文学》、《南方文坛》、《译林》、《文艺研究》、《国外理论动态》、《探索与争鸣》、《书屋》、《文学理论前沿》、《外国文学研究》、*A Review of International English Literature* 等。

有几篇访谈是我和一些同事、朋友共同合作完成的，我们所提的问题互为补充，在采访中的配合也十分默契。与他们的合作是愉快而难忘的，在这里一并表示感谢。

学术书籍的出版本来就不景气，恰逢世界范围的经济危机，无异于雪上加霜，在此要特别感谢北京大学出版社对本书的兴趣，也感谢本书责任编辑艾英女士辛勤的付出。

生安锋

2009 年 9 月 9 日于京郊西三旗